全国高等职业教育快递专业（方向）专业课程推荐教材

快递操作实务

国家邮政局职业技能鉴定指导中心　组织编写

人民交通出版社股份有限公司
China Communications Press Co., Ltd.

内 容 提 要

本教材按照《快递业务员》国家职业技能标准,依据相关法律、法规,本着以职业能力培养为重点,与行业企业合作进行"基于工作过程"的系统化课程开发与设计的思路,突出"一体化"教学要求,结合快递业实际,与职业院校快递专业(方向)教学紧密结合,根据快递作业流程按项目、分任务对快件收寄、分拣、封发、派送等方面内容进行阐释。

本书为职业院校快递专业(方向)教学推荐用书,也可作为快递从业人员职业培训教材使用。

图书在版编目(CIP)数据

快递操作实务 / 国家邮政局职业技能鉴定指导中心组织编写. — 北京:人民交通出版社股份有限公司,2016.3

全国高等职业教育快递专业(方向)专业课程推荐教材
ISBN 978-7-114-12810-3

Ⅰ. ①快… Ⅱ. ①国… Ⅲ. ①邮件投递—高等职业教育—教材 Ⅳ. ①F618.1

中国版本图书馆 CIP 数据核字(2016)第 029890 号

全国高等职业教育快递专业(方向)专业课程推荐教材

书　　名:	快递操作实务
著 作 者:	国家邮政局职业技能鉴定指导中心
责任编辑:	孙　玺　周　宇
出版发行:	人民交通出版社股份有限公司
地　　址:	(100011)北京市朝阳区安定门外外馆斜街3号
网　　址:	http://www.ccpress.com.cn
销售电话:	(010)59757973
总 经 销:	人民交通出版社股份有限公司
经　　销:	各地新华书店
印　　刷:	北京市密东印刷有限公司
开　　本:	787×1092　1/16
印　　张:	16.5
字　　数:	380 千
版　　次:	2016 年 3 月　第 1 版
印　　次:	2016 年 3 月　第 1 次印刷
书　　号:	ISBN 978-7-114-12810-3
定　　价:	38.00 元

(有印刷、装订质量问题的图书,由本公司负责调换)

《快递操作实务》
编审委员会

主　　任：邢小江
副 主 任：尹贻军
委　　员：张虎林　蒋　辰　王　韬　温雁冰　张　慧
　　　　　高俊霞　张俊山　卫　明　林　睿　施　军
　　　　　拾　娟　周思伟　孙培玉　肖方旭　章碧霞
　　　　　王俊伟　孙学琴　苗爱华　魏新军　闫爱华

主　　编：王凤雷　徐昌然　左朝君
副 主 编：于晓霞　苑海涛　杜华云
编写人员：李　栋　王鲁金　孙瑞莹　李纪彬　张珊珊
　　　　　李　鑫　王　然　刘怀峰　刘　伟

前　言

　　快递业是现代服务业的重要组成部分,是推动流通方式转型、促进消费升级的现代化先导性产业。近年来,我国快递业发展迅速,企业数量大幅增加,业务规模持续扩大,服务水平不断提升,在降低流通成本、支撑电子商务、服务生产生活、扩大就业渠道等方面发挥了积极作用。当前,行业发展进入改革创新、转型升级、提质增效的关键时期,但行业人才队伍规模、结构、素质还不能满足现代邮政业创新发展和人民群众日益增长的用邮需要,需要一支素质高、能力强、数量足、结构优的现代邮政技术技能人才队伍。国务院印发的《关于促进快递业发展的若干意见》提出了建设专业人才队伍的总体要求。国家邮政局和教育部联合印发的《关于加快发展邮政行业职业教育的指导意见》明确提出到2020年邮政行业职业教育的发展目标任务,对健全教材体系提出了具体要求。

　　为贯彻落实《关于加快发展邮政行业职业教育的指导意见》要求,加快推进快递专业(方向)课程建设,国家邮政局职业技能鉴定指导中心组织行业(企业)专家学者认真研究目前高职高专职业院校"一体化"教学模式和特点,依据《快递业务员》国家职业技能标准,根据快递生产作业流程研究"一体化"教学课程,编写完成了《快递操作实务》和《快递客户关系管理》2本"一体化"教学用教材。教材编写本着以职业能力培养为重点,与行业企业合作进行"基于工作过程"的系统化课程开发与设计的思路,突出"一体化"教学要求,体现职业性、实践性和前瞻性。教材结合行业实际,根据快递作业流程按项目、分任务进行编写,集品牌快递企业的经验做法,与职业院校快递专业(方向)教学紧密结合,对快件收寄、分拣、封发、派送、客户关系管理、客户服务等方面内容进行了较为系统的阐释,可作为职业院校快递专业(方向)教学和快递从业人员职业培训使用。

　　教材在编写过程中,得到了各方面的大力支持和帮助:山东工程技师学院的专家和学者承担了教材内容的具体编写工作;国家邮政局相关司局,邮政业安全中心、部分省快递协会和邮政行业职业技能鉴定专家委员会的相关负责同志和专家对教材的编写提出了很多很好的意见建议;百世物流科技(中国)有限公司、中外运-敦豪国际航空快件有限公司、中通速递股份有限公司、上海圆通速递有限公司、申通快递有限公司、上海韵达货运有限公司等多家快递企业的相关业务和培训专家，山东交通学院、山东职业学院的相关专家学者为教材的编写提供了许多帮助和建议，在此一并表示衷心感谢！

由于编者水平有限，书中难免存在疏漏，希望广大读者指正，以便今后不断完善。

国家邮政局职业技能鉴定指导中心

2016 年 2 月

目　　录

项目一　快件收寄 ··· 1
　　任务一　收寄准备 ··· 1
　　任务二　收寄验视 ··· 7
　　任务三　快件包装 ··· 18
　　任务四　运单填写及粘贴 ··· 27
　　任务五　称重计费 ··· 38
　　任务六　增值快件的收寄 ··· 45
　　任务七　电子商务快件的收寄 ·· 52
　　任务八　后续处理 ··· 56
项目二　快件接收 ··· 63
　　任务一　总包接收 ··· 64
　　任务二　总包拆解 ··· 78
项目三　快件分拣 ··· 87
　　任务一　分拣方式和操作要求 ·· 88
　　任务二　国内快件分拣 ·· 96
　　任务三　异常快件的处理 ··· 108
项目四　快件封发 ··· 112
　　任务一　快件总包封装 ·· 112
　　任务二　快件总包的装车发运 ·· 118
项目五　快件派送 ··· 126
　　任务一　交接检查 ··· 126
　　任务二　派送路线设计与派送路单制作 ····································· 134
　　任务三　派送服务与签收 ··· 142
　　任务四　异常快件与增值件的派送 ·· 155
　　任务五　派送后续处理 ·· 160
项目六　国际及中国港澳台快件的收派 ·· 167
　　任务一　国际快递运单的填写 ·· 169
　　任务二　国际快递单证的制作 ·· 175
　　任务三　快件清关 ··· 185

1

任务四　国际快件分拣 …………………………………………… 201
　　任务五　国际及中国港澳台快件的派送 ………………………… 219
　　任务六　跨境电商快件的收派 …………………………………… 227
项目七　快递操作安全 ……………………………………………… 234
　　任务一　快件运输安全 …………………………………………… 235
　　任务二　快件处理安全 …………………………………………… 237
　　任务三　快件派送安全 …………………………………………… 242
　　任务四　突发事件应急处置 ……………………………………… 244
项目八　快递业务英语 ……………………………………………… 246
　　任务一　业务问询用语（Service Enquiries） …………………… 246
　　任务二　业务办理用语（Transaction） ………………………… 247
　　任务三　业务营销用语（Marketing Services） ………………… 249
附录 …………………………………………………………………… 253
参考文献 ……………………………………………………………… 255

项目一 快件收寄

>>> 知识目标 >>>

◆ 掌握收寄准备的内容
◆ 掌握快件验视及包装的知识
◆ 掌握运单填写及称重计费的知识
◆ 熟悉特殊快件及电子商务快件的收寄
◆ 掌握收寄后续处理的内容

>>> 能力目标 >>>

◆ 能按要求对快件进行验视及包装
◆ 能指导客户填写并粘贴快递运单
◆ 能对特殊快件及电子商务快件进行收寄
◆ 能对收寄的快件进行后续处理

>>> 导入案例 >>>

2014年10月,我国北方某城市一快递公司的营业场所正在进行快件处理作业,突然网点内发出爆炸巨响,并冒出很浓的白烟,事故中造成两名作业人员受伤。据现场目击者说,疑似爆炸物是一个长约50cm的长方体硬纸板箱,箱子的一头已经破损,隐约看到里面是装有白酒的玻璃瓶。

经调查该快件是一名刚入职不久的收派员在路边收寄的,寄件人是一名男子,快递运单上未留姓名也没有填写联系方式,这名收派员因为时间匆忙没有对快件进行开箱验视,导致爆炸事故发生。

近年来,快递行业迅猛发展,已经深入到人们生活的各个方面。然而因快递行业发生的一些不良事件,引发了人们对快递安全问题的担心。为杜绝类似事件的发生,作为一名收派员应严格落实收寄验视制度,对疑似危险品而寄件人不能提供相关安全证明的快件,应当拒绝收寄,按照收寄的作业流程完成每项工作,严把收寄关。

任务一 收寄准备

>>> 任务提出 >>>

小李是某快递公司新招聘的收派员,经过一个月的岗前培训,小李被分配到一工业园区进行收派作业。早上小李到达营业场所开始一天的工作,他需要做哪些准备工作呢?

快递操作实务

>>> 任务分析 >>>

为了能够顺利完成当天的收件任务,收派员小李在离开网点去收件前应完成3个方面的准备工作:

①收派员代表企业形象,必须注意个人仪容仪表检查。

②为将收寄的快件及时带回营业场所,需要对运输工具及用品用具进行检查。

③为正确迅速收取快件,前往收寄地点时,还应准备好移动扫描设备、个人证件及其他物品。

一、上门收寄流程

收寄流程是指收派员从客户处收取快件的全过程,包括验视、包装、运单填写和款项交接等环节。收寄可分为上门收寄及营业场所收寄两种方式。收寄是用户与快递邮件、物流货物揽收部门或邮政企业发生的业务联系的开始环节,是整个物品全程寄递过程的开始。它的工作质量直接决定了后续分拣封发、运输、投递3大环节的作业质量。

上门收寄是指收派员在接收到客户寄件需求信息后,在约定时间内到达客户处收取快件,并将快件统一带回快递企业收寄处理点,完成快递运单(快递详情单)、快件、款项交接的全过程。

营业场所收寄是指客户到公司营业场所寄发快件,由快递服务人员进行询问、验视、封装、填写单据和收取费用的过程。

在快件收寄的两种方式中,上门收寄以便捷、灵活见长,营业场所收寄则以营业场所固定为特色,两种方式的工作流程有许多相似之处,但上门收寄的工作环节更多,要求也更高。该项目任务设置主要以上门收寄为主。

1. 流程图(图1-1)

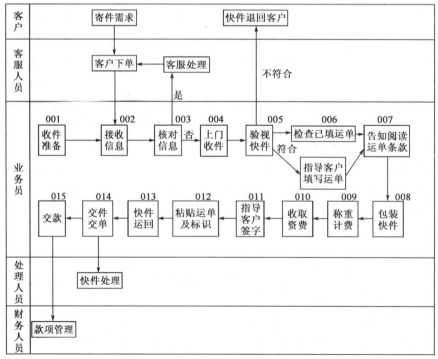

图1-1 上门收寄流程图

2.流程说明(表1-1)

上门收寄流程说明　　　　　　　　表1-1

编号	流程活动	流程活动说明
001	收件准备	准备好需要使用的操作设备、物料(用品用具)、单证等
002	接收信息	接收客户寄件需求的信息。接收方式由快递企业客服人员通知、客户直接致电、网上系统直接下单
003	核对信息	检查客户寄件需求的信息。客户地址超出收派员的服务范围或信息有误,须及时反馈给客服人员或客户
004	上门收件	在约定时间内到客户指定处收取快件
005	验视快件	识别快件的重量和规格是否符合规定。超出规定则建议客户将快件分成多件寄递,不同意则礼貌地拒绝接收
005	验视快件	验视寄递物品内件是否属于禁止或限制寄递的物品。属于禁止寄递或超出限制寄递要求的,则礼貌地拒绝接收,并及时向公司相关部门报告违法禁寄物品情况
006	检查已填写运单	客户运单如事先已经填好,对填写内容进行检查
006	指导客户填写运单	客户尚未填写运单,正确指导客户完整填写运单内容
007	告知阅读运单条款	告知客户阅读运单背书条款
008	包装快件	指导或协助客户使用规范包装物料和填充物品包装快件,使快件符合运输的要求,保证寄递物品安全
009	称重计费	对包装完好的快件进行称重,计算快件资费,将计费重量及资费分别填写在运单的相应位置
010	收取资费	确认快件资费的支付方和支付方式(现结、记账),客户选择寄付现结则收取相应的资费;客户选择寄付记账,则须在运单账号栏注明客户的记账账号
011	指导客户签字	指导客户在确认运单填写内容后,用正楷字在客户签字栏签全名
012	粘贴运单及标识	按照粘贴规范,将运单、标识等粘贴在快件的相关位置
013	快件运回	将收取的快件在规定时间内运回收寄处理点
014	交件交单	复查快件包装和运单(留底联)内容,确认无问题后交给收寄处理点的相应工作人员
015	交款	将当天收取的款项交给收寄处理点的相应工作人员

二、业务准备

(1)认真开好班会,听取班组长布置的相关任务及收件需注意的事项。

(2)及时查看营业场所内的宣传公告栏,看有无最新的通知,比如当天的天气及交通情况、收件路线的更改、企业的最新业务要求等。

(3)通过手持终端下载收件信息,检查收件地址是否都在自己的区域内,并及时与客服人员联络。

三、运输工具的检查

常见的收件运输工具有电动三轮车、摩托车、汽车,出行前,应做好运输工具的检查。确保运输工具工作状态良好,是实现人身安全、快件安全以及高效收派必不可少的一项前期工作。

(1)电动三轮车检查要点。

①检查轮胎气压,气压不足及时充气。气压充足可以降低轮胎与道路的摩擦,气压不足时电动车骑行费力,消耗电能增多,续行里程缩短。

②车把转向是否可靠,前后制动是否灵敏,整车螺栓是否松动,链条、飞轮是否需要加油,确保行车安全。

③电池盒的插座、充电器的插头是否松动,电池盒是否锁好,电量是否充足。

④配套工具及附件是否备齐。

【小提示】

电动三轮车日常使用及保养小知识

对于电动三轮车来说,除了车辆各大部件的自身质量问题外,正确使用和维护是延长使用寿命的关键,因此使用时需注意:

1. 平时保持车体清洁,注意避免雨淋、曝晒。雨天行驶时,不能让积水浸入电机以免造成损坏。经常检查控制器、仪表、灯光、制动等,发现异常情况,应及时处理,排除故障。

2. 在行驶中要人力、电机配合使用,起步时,脚踏行驶至一定速度后再开启电门加速。在上坡、顶风、负重行驶中,最好人力与电力同时配合,以避免蓄电池超负荷放电。不能使用回升电压行驶,防止严重亏电,损伤电池。

3. 养成充电习惯,随用随充使电池经常保持电量充足。必须使用随车专备充电器进行充电。充电时,充电器上不要覆盖任何物品,应置于通风口,同时注意避免液体和金属颗粒进入充电器内部,防止跌落与撞击,以免造成损伤。电池在车上充电时,应关闭电门锁,不要将电池倒置充电。

4. 在保证安全的前提下,行驶中,应尽量减少频繁制动、启动。制动时,应松开调速把,以免损害电机及其他机件。

5. 较复杂的电气电子方面的故障,最好由专业人员检测。

安全注意事项:

6. 下车推行时,应关闭电源,以防推行时无意转动调速把,车子突然启动发生意外。

7. 制动时,电机的电流会立即切断;但制动放开,如果这时加速手把还在加速位置,电机将立即得到电流启动,这样不利于安全。加速完毕后,须将手把推回原位。

8. 充电时注意事项:充电器内含高压线路,不要擅自拆卸。充电过程中,若闻到有异味或电池温度过高,应立即停止充电。

(2)摩托车检查要点。

①检查摩托车的外观,清洁外表及蓄电池表面。

②检查加油口箱的存油量及混合比是否按规定比例混合;变速器润滑油是否足够;蓄电池是否有足够的存电;电解液平面是否高于极板 10~15mm,如不足时,应及时添加蒸馏水;轮胎

气压是否亏气,如不足时,应及时给轮胎充气。

③检查有无漏油、漏电、漏气现象。

④检查加油口箱盖、机油口盖、蓄电池盖、气门嘴盖是否齐全有效。

⑤检查灯光、喇叭、反光镜是否正常;水冷式发动机是否漏水。

⑥检查转向、制动、加速踏板、离合器及传动部分是否牢固可靠,操纵灵活。

⑦检查螺栓及接线头是否松动。

⑧启动发动机,检查有无异响,检查怠速、加速及发电机的工作情况。

⑨检查驾驶证、车辆牌照、行驶证等相关证照及随车工具是否带齐。

(3)汽车检查要点。

①车辆外观。查看有无明显破损,有无有碍安全的漏洞,车门能否关牢、锁死。

②车辆内部。查看车厢内是否清洁,防止污染快件。

③行车安全。查看轮胎的胎面是否有鼓包、裂纹、切口、刺穿、过分磨损等情况;检查制动系统,观察制动距离是否正常;发动机运转是否良好,火花塞点火是否正常;机油、制动油、冷却剂是否足量。

④检查车中的各种胶接零件有无松动,车子的照明灯、信号、喇叭、门锁、玻璃升降器手柄是否能正常使用。

⑤配套工具。简单修理工具,备用轮胎。

四、移动扫描设备、证件及其他物品准备

1. 移动扫描设备的准备

快递领域中常见到的移动扫描设备,是收派员在收派服务时用于采集快件信息的终端设备。市面上各种数据采集器种类、型号繁多,但其主要功能和构造相差不大,在使用前需检查的要点及保养常识如下:

(1)手持终端检查要点。

①电量是否充足,如果电量不足,一般会自动提示。

②是否能打开条码识别功能。

③是否能正常读取条码信息。

④按键是否灵敏、正确。

⑤显示屏是否正常显示扫描信息。

⑥采集器通信接口是否清洁、有无杂物。

⑦运行程序和速度是否正常。

⑧采集器能否实时上传数据。

⑨历史数据是否已经上传且删除。

(2)日常维护与保养知识。

①避免剧烈摔碰、挤压,远离强磁场。

②注意防潮、防湿,通信口避免杂物进入。

③电池电力不足时,手持终端将会提示,应及时充电。

④当用户程序不能正常运行时,应重新设置系统程序及应用程序。

⑤不要擅自拆卸机器，若出现故障应与公司相关人员联系。

2. 证件准备

证件包括个人证件和车辆营运证。个人证件是向客户证明身份的证件，主要包括工牌(工作证)、居民身份证、驾驶证、行驶证等。

3. 其他物品的准备

出行收件前，收派员应携带足够的工作用具和包装材料，如快递运单、包装箱、名片、专用双肩背包、单肩挎包、通信设备、书写用笔、各式单证、零钱、介刀、便携式电子秤、卷尺、绑带、雨披、雨布等(图 1-2)。

物品名称	物品说明	示例图片
运单	用户客户填写寄递信息	
包装箱	用于快件的包装	
背包或挎包	用于文件类、小包裹类快件的集装	
便携式电子秤（内置卷尺）	收派员随身携带，用于计量快件重量或体积的工具	
介刀	收派员日常收派件使用	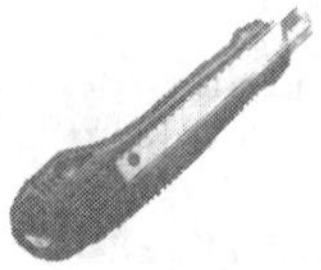
圆珠笔	供收派员在收寄和派送快件过程中书写使用	

图 1-2　工作用具和包装材料的准备

五、个人仪容仪表检查

收派员在离开收寄网点之前,仪容仪表要达到以下要求(图1-3):

(1)身着公司统一制服,服装要整洁,摆好衣领。
(2)工牌佩戴于胸前,不得佩戴装饰性很强的装饰物、标记和吉祥物。
(3)衣服袖口须扣上,上衣下摆须束在裤内。
(4)保持鞋面干净,不可穿拖鞋。
(5)整理好自己的仪容(头发、面容、耳部等)。
(6)调整好心态和情绪,争取以饱满的精神状态和积极热忱的面貌出现在客户面前。

图1-3 收派员仪容仪表规范

任务二 收寄验视

>>> 任务提出 >>>

小李来到某寄件客户处,发现该客户今天要寄递的快件都已经包装好了。为严格执行收寄验视制度,小李需要对这些快件进行收寄验视。那么小李应验视哪些内容呢?发现了禁限寄物品又如何处理呢?

>>> 任务分析 >>>

至客户处对收取的快件进行验视时,收派员小李需要验视包装内物品,识别常见的禁限寄物品;如果有航空快件,能识别常见的航空违禁品;为方便后期包装和快件计费,能测量快件的重量及规格。

一、收寄验视

收寄验视是指收派员接收用户寄递的快件时,查验快件是否符合禁止寄递、限制寄递的规定,以及用户在快递运单上所填写的内容是否与其寄递物品的名称、类别、数量等相符的行为。收派员应当在用户在场的情况下,当面验视寄递物品。对于个人用户寄递或者发现疑似禁止寄递和限制寄递的物品,应当逐一验视。受用户委托长期、批量提供快递服务的,应当采取抽检方式验视快件的内件。依照国家规定需要用户提供有关书面凭证的,应当要求用户提供凭证原件,核对无误后,方可收寄。拒绝验视或者拒不提供相应书面凭证的,不予收寄。

(一)收寄验视的内容

对用户寄递的快件,收派员应当验视以下内容:
(1)用户填写的邮件快递运单或者快递运单上的信息是否完整、清楚。
(2)用户填写的物品名称、类别、数量是否与寄递的实物相符。
(3)用户寄递的物品及使用的封装材料、填充材料是否属于禁止寄递的物品。
(4)用户寄递的限制寄递物品是否超出规定的范围。

(5)用户是否按照法律、行政法规的规定出示身份证件或者其他书面凭证。
(6)快件的封装是否满足寄递安全需要。
(7)其他需要验视的内容。

(二)收寄验视的基本要求

寄件人应如实申报所寄递的物品,收派员应根据申报内容对交寄的物品、包装物、填充物等进行实物验视。验视时,应按以下要求进行操作:

(1)应在收寄现场对用户交寄的物品进行验视,具备条件的可在视频监控下验视。
(2)验视时,宜由寄件人打开封装。
(3)重点查验用户交寄的物品、包装物、填充物是否符合国家关于禁止寄递、限制寄递的规定,以及是否与快递运单上所填报的内容相符。
(4)验视时,快递业务员应注意人身安全,不应用鼻腔直闻,不应用手触摸不明液体、粉末、胶状等物品。
(5)对交寄物品内有夹层的,应逐层清查;对于一票多件的快件,应逐件清查。
(6)验视后,如用户提出再次核实寄递物品,应在用户最终确认寄递物品后,进行再次验视。
(7)特殊地区应通过安检机进行加验。
(8)验视后,快递服务组织应以加盖验视章等方式做出验视标识,记录验视人员姓名或者工号,并与用户一起当面封装。

(三)快递实名收寄

收派员除了对寄件人寄递的物品、包装物、填充物等进行实物验视,遇到以下情况还应要求寄件人出示身份证件,在快递运单上如实填写寄件人和收件人信息:

(1)寄往国家重大活动举办区域或者在该区域收寄的快件。
(2)在车站、酒店、广场等人员流动的公共场所收寄的快件。
(3)内件属于国家限制寄递物品的快件。
(4)国务院邮政管理部门规定的其他情形。

(四)不予收寄情况

有下列情形之一的,不予收寄:
(1)用户拒绝当面验视的。
(2)用户填写的快递运单信息不完整的。
(3)用户在快递运单上填写的信息与其交寄的实物不符或者填写的信息模糊,并且拒绝修改或者拒绝重新填写的。
(4)用户寄递禁止寄递物品或者使用的封装材料、填充材料属于禁止寄递物品,或者在内件物品、封装材料、填充材料中夹带禁止寄递物品的。
(5)用户未按照法律、行政法规的规定出示身份证件或者其他书面凭证的。
(6)用户寄递限制寄递的物品超出规定范围的。
(7)用户寄递的快件不符合储存、转运安全要求的。

(8)快递企业依法要求用户开拆所交寄的信件,用户拒绝开拆的。
(9)法律、行政法规和国家规定的其他情形。

二、禁寄物品

(一)常见禁寄物品

禁寄物品是指国家法律、法规禁止寄递的物品(图1-4),主要包括:
(1)各类武器、弹药,如枪支、子弹、炮弹、炸弹等。
(2)各类易爆炸性物品,如雷管、炸药、火药、鞭炮等。
(3)各类易燃烧性物品,包括液体、气体和固体(图1-5～图1-7),如汽油、煤油、桐油、酒精、生漆、柴油、气雾剂、气体打火机、瓦斯气瓶、磷、硫黄、火柴等。

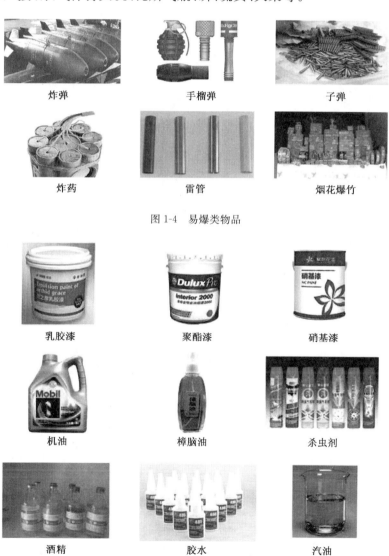

图1-4 易爆类物品

图1-5 易燃烧类液体

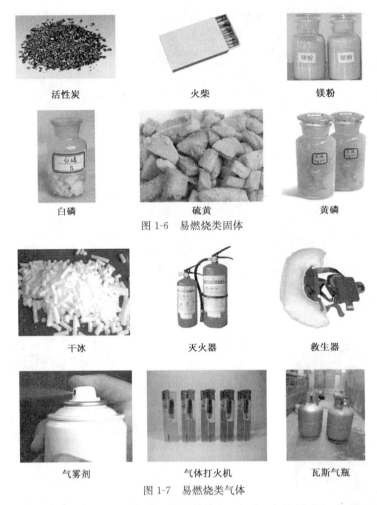

图 1-6　易燃烧类固体

图 1-7　易燃烧类气体

(4)各类易腐蚀性物品(图 1-8),如火硫酸、盐酸、硝酸、有机溶剂、农药、过氧化氢、危险化学品等。

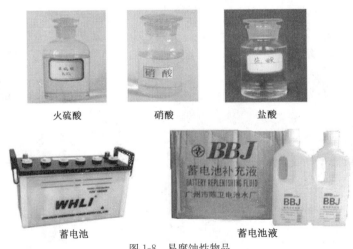

图 1-8　易腐蚀性物品

(5)各类放射性元素及容器(图1-9),如铀、钴、镭、钚等。

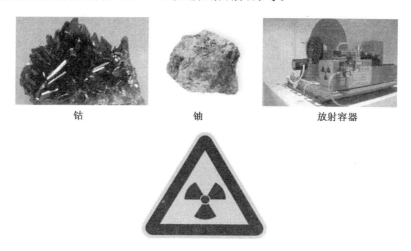

图1-9 放射性元素及标志

(6)各类烈性毒药(图1-10),如铊、氰化物、砒霜等。

图1-10 烈性毒药

(7)各类麻醉药物(图1-11),如鸦片(包括罂粟壳、花、苞、叶)、吗啡、可卡因、海洛因、大麻、冰毒、麻黄素及其他制品等。

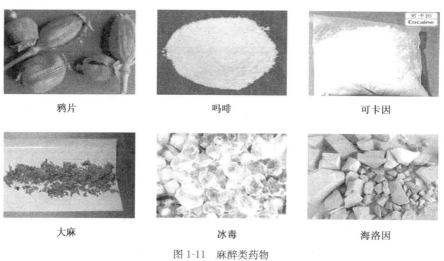

图1-11 麻醉类药物

(8)各类生化制品和传染性物品(图1-12),如炭疽、危险性病菌、医药用废弃物等。

(9)各种危害国家安全和社会政治稳定以及淫秽的出版物、宣传品、印刷品等。

(10)各种妨害公共卫生的物品(图1-13),如尸骨、动物器官、肢体、未经硝制的兽皮、未经药制的兽骨等。

血液

医药用废弃物

兽皮

兽骨

图1-12 传染性物品　　　　　　　　　　　图1-13 妨害公共卫生的物品

(11)国家法律、法规、行政规章明令禁止流通、寄递或进出境的物品(图1-14～图1-16),如国家秘密文件和资料、国家货币及伪造的货币和有价证券、仿真武器、管制刀具、珍贵文物、濒危野生动物及其制品等。

国家货币

文物

赌博设备

图1-14 国家明令禁止的物品(一)

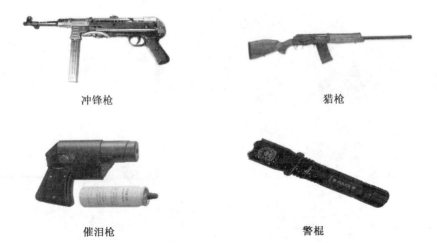

图1-15 国家明令禁止的物品(二)

活体动物　　　　　受保护动物皮革、皮毛　　　　动物标本

图1-16　国家明令禁止的物品(三)

(12)包装不妥,可能危害人身安全、污染或者损毁其他寄递件、设备的物品等(图1-17)。

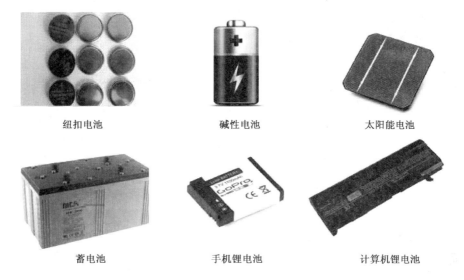

图1-17　可能危害人身安全的物品

(13)各寄达国(地区)禁止寄递的进口物品等。

(14)其他禁止寄递的物品(图1-18),如验钞机、磁铁及其他含有大块磁性物质的物品。

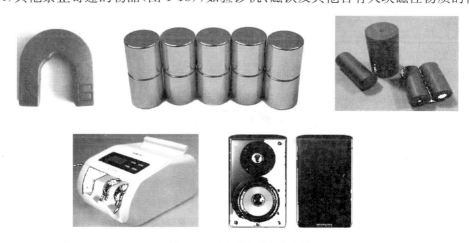

图1-18　其他禁止寄递的物品

(二)禁寄物品处理办法

(1)企业发现各类武器、弹药等物品,应立即通知公安部门处理,疏散人员,维护现场,同时通报国家安全机关。

(2)企业发现各类放射性物品、生化制品、麻醉药物、传染性物品和烈性毒药,应立即通知防化、公安部门,按应急预案处理,同时通报国家安全机关。

(3)企业发现各类易燃易爆等危险物品,收寄环节发现的,不予收寄;处理环节发现的,应停止转发;派送环节发现的,不予派送。对危险品要隔离存放。对其中易发生危害的危险品,应通知公安部门,同时通报国家安全机关,采取措施进行销毁。需要消除污染的,应报请卫生防疫部门处理。其他危险品,可通知寄件人限期领回。对寄递物品中其他非危险品,应当整理重封,随附证明发寄或通知收件人到派送环节领取。

(4)企业发现各种危害国家安全和社会政治稳定以及淫秽的出版物、宣传品、印刷品,应及时通知公安、国家安全和新闻出版部门处理。

(5)企业发现妨害公共卫生的物品和容易腐烂的物品,应视情况通知寄件人限期领回,无法通知寄件人领回的可就地销毁。

(6)企业对包装不妥,可能危害人身安全,污染或损毁其他寄递物品和设备的,收寄环节发现的,应通知寄件人限期领回;处理或派送中发现的,应根据具体情况妥善处理。

(7)企业发现禁止进出境的物品,应移交海关处理。

(8)其他情形,可通知相关政府监管部门处理。

三、航空违禁品

发运航空件时,除了遵循国家有关的禁限寄规定外,还要遵循国家民航总局的有关禁限寄规定。对于违反国家禁寄规定的物品,严禁收寄;对于符合国家禁限寄规定,但是不符合航空运输安全的物品,在收寄时应明确告知客户,并在快件外包装上粘贴"汽运"或"陆运"标识,禁止发运航空件。

1. 航空违禁品

航空违禁品是指威胁航空飞行安全的物品,主要包括:

(1)枪支和警械。各种类型的军用枪支、民用枪支、运动枪、猎枪、信号枪、麻醉注射枪、样品枪和逼真的玩具枪等。

(2)弹药和爆炸物品。炸弹、手榴弹、子弹、照明弹、教练弹、烟幕弹、炸药、引信、雷管、导火索、导雷索及其他爆炸物品和纵火器材。

(3)管制刀具。匕首、三棱刀(包括机械加工用的三棱刮刀、带有自锁装置的弹簧刀以及其他属于管制刀具类的单刃、双刃、三棱刀)。

(4)管制刀具以外的利器或钝器。菜刀、大剪刀、大水果刀、大餐刀、工艺品刀、剑,文艺体育单位表演用刀、矛、钗、戟,少数民族生活用的佩刀、佩剑、斧子、短棍、加重或有尖钉的手杖、铁头登山杖,以及其他被认为可能危害航空安全的各种器械。

(5)易燃易爆物品。酒精、煤油、汽油、硝化甘油、硝铵、松香油、橡胶水、油漆、白酒(限1kg)、丁烷液化气罐及其他瓶装压缩气体和液化气体、硫化磷、闪光粉、黄磷、硝化纤维胶片、金属钠、金属钾、烟花、鞭炮等。

(6)毒害品。氰化钾、砷、有毒农药、氯气、有毒化学试剂、灭鼠药剂等。

(7)氧化剂。烟雾剂、发光剂、过氧化钠、过氧化钾、硝酸铵、过氧化铅、过氧醋酸等各种无机、有机氧化剂和过氧化物等。

(8)腐蚀物品。硫酸、硝酸、盐酸、氢氧化钾、氢氧化钠、有液蓄电池等具有腐蚀性的物品(图1-19)。

(9)放射性物品。放射性同位素等放射性物品。

(10)易传播病毒的物品。传染性细菌、病毒和带有活病原体的物品等。

(11)其他危害民用飞机飞行安全的危险物品。包括有特殊刺激性气味的物品和未加消磁防护包装的磁铁、磁钢等含强磁的制品(图1-20)。

图1-19 禁止航空运输有液蓄电池

图1-20 禁止航空运输强磁物品

2.航空违禁品的处理

所有航空快件在交付运输前,必须进行安检,如发现航空违禁品,应该采取以下措施:

(1)违禁品属于国家禁寄规定的,按照国家有关禁寄物品处理办法处理。

(2)对于能够转陆运的,应积极与寄件人沟通,让客户清楚此种"违禁品"不能以航空方式寄递(图1-21)。如侥幸发往机场,会被航空公司"安检部门"查扣。同时,如果因该物品导致飞机发生意外,公安部门还会追究相关的刑事责任。与寄件人沟通后,快件加贴"转陆运"标识,按陆运中转关系正常寄递。

图1-21 不能发航空件的部分常见物品

3.隐含危险品的寄递物品

发运航空快件时,寄件人发运的物品中可能隐含有某些危险品,应认真查验,必要时,寄件人需出具非危险品证明。常见隐含危险品的物品包括:

(1)航材、汽车零部件:隐含磁性、油料、蓄电池、压缩气体等。
(2)呼吸器:隐含压缩气体、化学氧气发生器或液化氧气等。
(3)野营用具:隐含易燃气体(丁烷、丙烷等)、易燃液体(煤油、汽油、酒精)、易燃固体(己胺、火柴)等。
(4)低温物品:暗示有低温液化气体,如液氮、氦、氖、氩等。
(5)牙科器械:可能含有易燃的树脂或者溶剂,压缩或者液化气体、汞或者放射性物质等。
(6)诊断标本:可能含有感染性物质。
(7)潜水设备:可能含有压缩气体、高照明度的潜水灯具等。
(8)电气设备:可能带有磁性物质,开关或者电子管含汞,或含有电池等。
(9)摄影和宣传媒介设备:可能含有烟火设备、内燃发动机、湿电池、燃料、热能发生器等。
(10)药品:可能含有放射性材料、易燃液体、易燃固体、氧化剂、毒性和腐蚀性物质等。
(11)修理工具箱:可能含有有机过氧货物、黏合剂、树脂、松解液等。
(12)金属建筑材料、金属管材:可能含有影响飞机仪器的磁性物质。

四、限寄物品

国家为适应控制某些物品流通和保护某些物品特许经营权的需要,对一些物品的寄递限定在一定范围内,这就是限寄。限寄规定是本着既照顾和方便客户的合法需要和正常往来,又限制投机倒把和走私违法行为而制订的。限定的范围包括价值上的限制和数量上的限制,也就是通常所说的限值和限量。限值和限量的规定会根据海关或国家临时情况变化而有所变更,具体内容以海关最新公布的限值和限量要求为准。

我国限制寄递出境的物品有:
(1)金、银等贵重金属及制品。
(2)国家货币、外币及有价证券。
(3)无线电收发信机、通信保密机。
(4)贵重中药材及其制成药(麝香不准寄递出境)。
(5)一般文物(1949年以后的,具体可参照2007年实施的《文物出境审核标准》)。
(6)海关限制出境的其他物品。

我国海关对限制寄递物品的限量和限值规定:

(1)限量规定。根据限量有关规定,在国内范围互相寄递的物品,如卷烟、雪茄烟每件以两条(400支)为限,两种合寄时,也限制在400支以内。寄递烟丝、烟叶每次均各以5kg为限,两种合寄时,也限制在10kg以内。每人每次限寄1件,不准一次多件或多次交寄。

(2)限值规定。对于寄往中国港澳台地区及国外的物品,除需遵守限量规定外,还应遵守海关限值的有关规定。海关总署公告2010年第43号规定:

①个人寄自或寄往中国港、澳、台地区的物品,每次限值为800元人民币;中药材、中成药每次限值为100元人民币。

②个人寄自或寄往其他国家和地区的物品,每次限值为1 000元人民币;中药材、中成药每次限值200元人民币。

③个人邮寄进出境物品超出规定限值的,应办理退运手续或者按照货物规定办理通关手

续。但邮包内仅有一件物品且不可分割的，虽超出规定限值，经海关审核确属个人自用的，可以按照个人物品规定办理通关手续。

（4）外国人、华侨和中国港、澳、台同胞寄递的出境物品，只要不超过合理数量，原则上不受出口限制。

（5）如果寄达国（或地区）对某些寄递物品有限量、限值的规定，应当按照寄达国（或地区）的规定办理。

五、快件重量规格

（一）快件重量限度

重量限度是指对单件快件所规定的最高重量限制。目前，在快件收寄、处理、派送过程中，搬运装卸工作大部分都由人工完成，自动化水平较低。为体现快递"快"的特性，同时出于保护劳动者健康安全的考虑，快件在重量上不宜超出单人搬运能力的范围。《快递服务》邮政行业标准对快件重量的规定为：国内单件快件重量不宜超过 50kg（图 1-22）。

（二）快件规格限度

在验视快件时，除要考虑重量的限制（计算得出的体积重量也不宜超过 50kg）以外，还需考虑快件运输所使用的运输工具的限制，由于快递运输跨区域较大，一票快件可能经过公路、铁路、航空等多种运输方式，因此需要进行综合分析考虑，收派员一般应按照最严格的规格限制条件来考虑是否收取该票快件。

根据《快递服务》邮政行业标准的规定：快件的单件包装规格任何一边的长度不宜超过 150cm，长、宽、高三边长度之和不宜超过 300cm（图 1-23）。

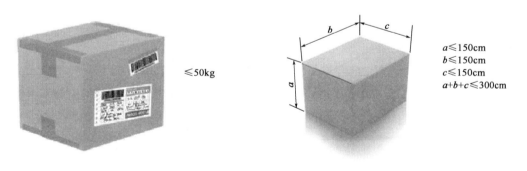

图 1-22 国内快件单件限重　　　　图 1-23 快件规格限度

1. 航空快件规格

对于航空快件，收派员应该按照国际航空运输协会（IATA）的规定，根据航班机型及始发站、中转站和目的站机场的设备条件、装卸能力，来确定可收运快件的最大尺寸和重量。

（1）最大规格

非宽体飞机载运的快件，每件快件重量一般不超过 80kg，体积一般不超过 40cm×60cm×100cm。宽体飞机载运的快件，每件快件重量一般不超过 250kg，体积一般不超过 100cm×100cm×140cm。快件重量或体积如果超过以上标准，快递企业也可依据具体机型及出发地和目的地机场的装卸设备条件,确定该快件是否可收寄。

(2)最小规格

每件快件的长、宽、高之和不得小于40cm。若低于以上标准,快递企业需要对快件进行加大包装处理。

2.铁路快件规格

(1)铁路快件运输所承运的快件,单件快件体积以适于装入旅客列车行李车为限,但根据《铁路货物运输规程》规定:按零担托运的货物,一件体积最小不得小于 $0.02m^3$（一件重量在10kg以上的除外）。

(2)铁路货车车厢的规格为长15.5m、宽2.8m、高2.8m,快件的体积不得超出车厢的规格,确定铁路运输快件最大尺寸,同时还须考虑扣除车门尺寸。

3.公路快件规格

快件公路运输通常都是使用货车,各个运输环节根据货量大小选择不同吨位的货位,确定快件尺寸规格时,须考虑与货车尺寸相匹配。

任务三 快件包装

>>> 任务提出 >>>

小李去收件时,发现寄件客户大龙家的快件都是自备的包装箱,而另一位客户徐女士因为不经常寄递快件,并没有准备合适的包装材料,针对两种不同的客户,小李应该如何进行包装?

>>> 任务分析 >>>

对于已经准备好包装箱的客户,小李应检查包装及内部填充材料是否符合要求;对于没有合适包装材料的客户,则需要小李使用携带的包装材料进行现场包装。为了快速准确进行快件包装,小李要根据快件包装原则进行包装,还要熟悉各种快件包装材料的特性,根据客户需要和寄递物品性质选择合适的包装材料以及填充材料,在包装时使用常用的包装技术对快件进行包装,以达到保护快件安全的目的。

一、快件包装的基本要求

收派员或寄件人应根据快件的性质、数量选配适宜的包装材料进行封装,并满足以下要求:

(1)快件包装应坚固、完好,防止快件突出物对用户、快递业务员或其他人员造成伤害,防止运输过程中包装破裂,确保封装的快件不污染或损坏其他快件。

(2)快件包装应整洁、干燥,没有异味和油渍;包装外表面不应有突出的钉、钩、刺等,便于搬运、装卸和摆放。

(3)包装应根据快件尺寸、重量和运输特性选择合适大小的外包装及填充物,避免不足包装造成物品损坏及过度包装造成材料浪费。

(4)使用不干胶带对包装箱进行包装时,宜使用带有地名及品牌企业名标识的专用不干胶带。

（5）包装完成后，应牢固张贴快递运单，并对易碎品等张贴相应标识。

二、包装材料的选择

包装材料在功能上主要分为外包装材料和内部填充材料。外包装材料主要包括包装袋、包装盒、包装箱、包装桶等；内部填充材料则主要包括气泡膜、海绵、泡沫板、珍珠棉等。

1. 包装袋

包装袋一般是筒管状结构，一端预先封死，在包装结束后再封装另一端，包装操作一般采用充填操作。包装袋按照尺寸可以分成以下3种类型：

（1）集装袋。这是一种大容积、高强度的运输包装袋，盛装重量在10～50kg。

（2）一般运输包装袋。这类包装袋的盛装重量是5～10kg，大部分是由植物纤维或合成树脂纤维纺织而成的织物袋。

（3）小型包装袋（或称普通包装袋，如图1-24所示）。这类包装袋盛装重量较少，通常用单层材料或双层材料制成，某些具有特殊要求的包装袋也使用多层不同材料复合而成。主要包括塑料包装袋和文件封。在快递包装过程中，此类包装一般用于信件类或是其他重要的容易湿损快件的包装。

图1-24 小型包装袋

例如：客户发送一本样本刊物，担心在运输过程中被淋湿或出现湿损，便可以使用塑料包装袋对快件进行包装，但是只使用塑料包装袋，可能会导致快件到达目的地后出现折损的情况，可以先用塑料包装袋包裹寄递物品，然后再装入文件封。

2. 包装盒

包装盒是介于刚性和柔性包装两者之间的一种包装。此类包装材料具有较高的抗压强度且不易变形等特点。包装结构一般是规则几何形状的立方体，也可裁制成其他形状，如圆盒状、尖角状，一般容量较小，有开封装置。包装操作一般采用码入或装填，然后将开封装置闭合。包装盒整体强度不大，包装量也不大，不适合做运输包装。适合包装块状及各种异形物品，在快递包装过程中，此类包装一般用于快件的内包装。

例如：客户在批量发送手表的过程中，就会采用先将单只手表包装放入小包装盒后，再将包装后的小包装盒手表通过合理的填充包装后装入大包装箱，以达到安全运输的目的。

包装盒的材质有很多，常见的包装盒如下：

（1）木质包装盒，如茶叶盒、首饰盒等。

（2）铁质包装盒，如月饼盒、珠宝盒等。

(3)塑料包装盒,如眼镜盒、VCD包装盒等。

3. 包装箱

包装箱是刚性包装技术中的重要一类。包装材料为刚性或半刚性,有较高强度且不易变形。包装结构和包装盒相同,只是容积、外形都大于包装盒,两者通常以 10L(dm^3)为分界。包装操作主要为码放,然后将开闭装置闭合或将一端固定封死。包装箱整体强度较高,抗变形能力强,包装量也较大,适合做运输包装。在快递包装过程中,包装箱一般作为外包装使用。常见包装箱有以下几种:

(1)瓦楞纸箱(图1-25)。瓦楞纸箱是用瓦楞纸板制成的箱形容器。按外形结构分为折叠式瓦楞纸箱、固定式瓦楞纸箱和异形瓦楞纸箱 3 种。瓦楞纸箱是目前快递过程中最为常用的包装之一,广泛用于高档服装、电子配件类等快递产品的包装。一般来说,使用足够硬度的瓦楞纸箱和有效的填充物品,就可以保证寄递物品在运输途中的安全。

图 1-25　瓦楞纸箱

(2)木箱。木箱是流通领域中常用的一种包装容器,其用量要少于瓦楞箱。木箱主要有木板箱、框板箱、框架箱 3 种(图 1-26)。

木板箱　　　　框板箱　　　　框架箱

图 1-26　各种木箱

①木板箱。木板箱一般用作小型运输包装容器,能装载多种性质不同的物品。木板箱作为运输包装容器具有很多优点:有抗拒碰裂、溃散、戳穿的性能,有较大的耐压强度,能承受较大负荷,制作方便等。但木板箱的箱体较重,体积也较大,其本身没有防水性。在快递过程中,一般微小型机器的发运使用木板箱。

②框板箱。框板箱是由条木与人造板材制装配而成。在快递过程中,一般大幅的照片类物品的发运使用框板箱。

③框架箱。框架箱是由一定截面的条木构成的箱体骨架,根据需要也可在骨架外面加木板覆盖。这类框架箱有两种形式,无木板覆盖的称为敞开式框架箱,有木板覆盖的称为覆盖式框架箱。框架箱由于有坚固的骨架结构,因此,具有较好的抗震和抗扭力,有较大的耐压能力,而且其装载量大。在快递过程中,一般中小型机器的发运使用框架箱。

(3)塑料箱(图1-27)。一般用做小型运输包装容器,其优点是:自重轻,耐蚀性好、可装载多种商品,整体性强,强度和耐用性能满足反复使用的要求,可制成多种色彩以对装载物分类,手握搬运方便,没有木刺,不易伤手。在快递过程中,固定客户间重要资料的往来适宜使用此类塑料箱。

图 1-27　塑料箱

4.包装筒

包装筒是筒身各处横截面形状完全一致的一种包装容器,是刚性包装的一种。包装材料强度较高,罐体抗变形能力强。包装操作是装填操作,然后将罐口封闭,可作运输包装、外包装,也可作内包装用。包装筒主要有两种:

(1)小型包装筒(图 1-28)。这是典型的罐体,可用金属材料或非金属材料制造,容量不大,一般快递中用于易损坏或是易折损物品的装运。

图 1-28　小型包装筒

例如:客户发送的半成品眼镜片,可以集中装在小型包装桶里;也可以是客户需要打印的大幅工程制图,卷起后装于小型包装桶内,可以有效防止物品在运输过程中的挤压、变形。

(2)中型包装筒(图 1-29)。外形也是典型的筒状,容量较大,一般做化工原材料、土特产的外包装,起到运输包装作用。快递过程中一般用于寄递颗粒状物品。

图 1-29　中型包装筒

5.常见内部填充材料及作用(表 1-2)

常见内部填充材料及作用　　　　　　　表 1-2

填充材料名称	作　用	图　片
海绵块	用于易碎物品的填充,可缓解在搬运过程中寄递物品受到的外部作用力	
气泡膜	气泡膜表面柔软,且有气泡,可有效缓冲运输中外力对寄递物品的震荡性损伤,主要适用于电子产品	

续上表

填充材料名称	作用	图片
珍珠棉	此填充物体积小、有弹性，用于填充包装空隙，或对易碎物品填充，以保障快件运输安全	
隔离段	防止寄递物品相互碰撞而造成快件伤损，主要用于易碎类物品，如手机、玻璃杯等	
发泡胶	能够缓冲或者减少在运输过程中因快件与箱体碰撞而引起的货件损坏，还可缓解外界货物对快件的挤压，适用于易碎以及表面易划伤的货物包装	
防震板	俗称泡沫、泡沫板，为内填充材料，当快件受到震荡或坠落地面时，能起到缓冲、防振的作用。在防振、防破损包装中起重要作用	
充气型塑料薄膜	可以作为小件物品的减震填充	

三、包装技术要求

为了使寄递物品在运输过程中避免损坏,合理的包装非常重要。大量地使用内部填充材料固然可以起到保护内件的作用,但是也会使快件的重量和体积增加,无形之中又增加了运费的支出。采用合理的包装技术,既起到保护内件的作用,又不浪费材料。

1. 防振保护

防振包装又称缓冲包装,是指为减缓内装物受到冲击和振动,保护其免受损坏所采取的一定防护措施的包装。防振包装在各种包装方法中占有非常重要的地位,为了防止快件遭到损坏,就要设法减少外力的影响。防振包装主要有以下 3 种方法:

(1) 全面防振包装方法

全面防振包装方法是指寄递物品和外包装之间全部用防振材料进行填充,对寄递物品进行保护的包装方法。一般来讲,就是将寄递物品的四周全部用缓冲材料包裹后装入包装箱。此类方法可以有效地减少因外力作用而导致的寄递物品损坏。

① 使用材料:主要有纸箱、气泡纸、海绵、泡沫板等。

② 应用范围:在快递过程中,需要使用全面防振包装的物品主要有手机、相机、手表、MP4、陶瓷工艺品等易碎、易损的高价值物品。

③ 应用举例:以手机包装为例,简要介绍全面防振包装法。

a. 首先,将手机的电池与主机分离[图 1-30a];

b. 然后,将电池和主机分别用气泡纸或是海绵缠绕[图 1-30b];

c. 缠绕层数以 20cm 高处落下可以弹起为宜[图 1-30c];

d. 将缠绕后的手机装入适宜规格的瓦楞纸箱,如装入后发现有空隙存在,需使用海绵或是泡沫板进行填充,填充至箱内快件不再晃动为宜,然后封箱[图 1-30d]。

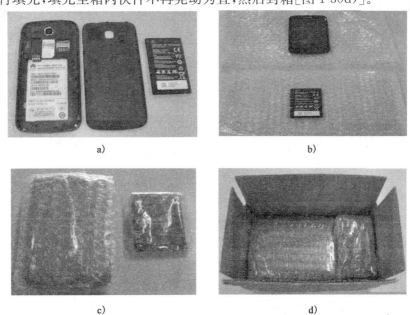

图 1-30 手机包装步骤

【小提示】

电池不可拆卸的手机如何寄递？

由于锂电安全性较低，容易引起爆炸，因此基于航空安全理由，航空邮件中禁止寄送锂电池产品（图1-31）。

如果要寄送iPhone、iPad等电子产品，最好是具备"完整的商业包装盒"——就是说，iPhone和iPad最好是没拆封用过的。如拆封用过，则应告知客户采用陆运方式运输。

图1-31　不可拆卸电池手机禁止航空寄递

④形状不规则物品：对于形状不规则的物品（图1-32），应选用比此物品更大的纸箱，用珍珠棉铺底后，将物品放入纸箱，然后用珍珠棉将物品淹没，使其固定在箱中而不能晃动，并保证物品各个面与纸箱保持3cm以上的距离，然后将纸箱用胶带纸封闭。

(2) 部分防振包装方法

部分防振包装方法是指寄递物品的拐角、侧面或局部位置使用防振材料进行垫衬，以达到防振效果的包装方法。此类方法使用最少的防振材料取得最好的防振效果，可有效降低包装的成本和寄递快件的费用。

①使用材料：纸箱、防振板、充气型塑料薄膜防振袋等。

图1-32　不规则物品包装示意图

②应用范围：在日常快递过程中，需要使用部分防振包装的物品主要有液晶电视机、电视机、显示器、计算机主机、仪器仪表等。

③应用举例：以计算机主机（图中用纸盒代替）的包装为例，简要介绍部分防振包装方法：

a. 首先将包装箱打开，准备好发泡塑料[图1-33a)、图1-33b)]；

b. 将寄递物品放入准备好的发泡塑料内[图1-33c)、图1-33d)]；

c. 将固定好的寄递物品正确装入纸箱，并确定无法晃动[图1-33e)]；

d. 封箱[图1-33f)]。

(3) 悬浮式防振包装法

悬浮式防振包装法是指使用弹簧、绳子、吊环等材料把寄递物品悬吊在外包装容器内，使产品不与四壁接触，以达到保护寄递物品的包装方法（图1-34）。

①使用材料：纸箱（木箱）、绳子、弹簧、吊环等。

②应用范围：精密电子仪器等。在快递过程中使用较少。

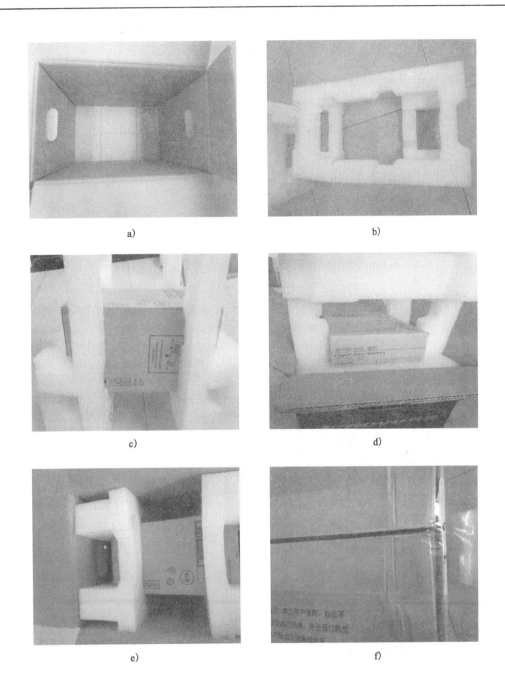

图 1-33 计算机主机的包装步骤

2. 防破损保护

为了避免快件破损,在包装过程中应采取以下几种防破损保护技术:

(1)捆扎及裹紧技术。捆扎及裹紧技术的作用,是使杂货、散货形成一个牢固整体,以增加整体性,便于处理,从而减少破损。

例如：客户发送1 000份证件，如果毫无顺序的杂乱摆放，则可能会折损或是折断一部分，但是如果整理一下，然后再简单包装发运，出现损坏的概率就要小很多(图1-35)。

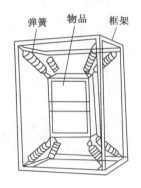

图1-34 悬浮式防振包装示意图

图1-35 捆扎示意图

(2)集装技术。相同规格的物品集中托运。

例如：客户发送的100箱水果，能统一整齐的码放在车厢里，则此批货物到达目的地后发生损坏的概率要比凌乱摆放小很多(图1-36)。

a)

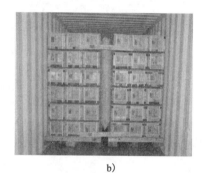
b)

图1-36 集装示意图

(3)选择高强度保护材料。通过外包装材料的高强度来防止内包装物品受外力的作用，而减少寄递物品的破损(图1-37)。

a)

b)

图1-37 高强度保护材料

四、包装应注意的事项

(1)适度包装,不能片面追求寄递物品的安全性而导致包装材料的浪费。
(2)禁止使用报刊类物品、塑料薄膜类物品作为快件的外包装。
(3)对于重复利用的旧包装,需将原有快件快递运单标志及其他特殊标志清除后再使用。
(4)对于价值较高快件,在做好快件包装的同时,建议客户选择保价或保险业务。
(5)在使用纸箱包装快件的过程中,应根据寄递物品的重量体积选择合适强度的纸箱,避免因纸箱强度不够,导致快件损坏。

任务四　运单填写及粘贴

>>> **任务提出** >>>

大龙的快件很多,发往全国各地,自己的计算机上就存有运单模板,虽然大龙可以使用小李提供的空白运单直接打印,省去了填写运单的麻烦,但小李仍然要对打印好的运单逐一检查是否有误。

而对于另一位打电话要求上门取件的徐女士,由于其不熟悉快递运单的填写规范,小李要协助客户正确填写运单。

>>> **任务分析** >>>

收派员小李在协助客户填写快递运单时,要向客户告知快递运单背书合同的有关内容,以避免产生不必要的纠纷;遇到不熟悉运单填写规则的客户,要按照规范指导客户填写运单;会对各种不同形状的物品进行运单粘贴,并能将各种所需包装标识粘贴在正确位置以便后续操作。

一、快递运单认知

快递运单,又称快递详情单,是快递企业为寄件人准备的,由寄件人或其代理人签发的重要的运输单据。快递运单是快递企业与寄件人之间的寄递合同,其内容对双方均具有约束力。当寄件人以物品所有人或代理人的名义填写并签署快件运单后,即表示接受和遵守本运单的背书条款,并受法律保护。

(一)快递运单的内容

运单是一种格式合同,其格式由正面寄递信息和背书条款两部分组成。
(1)运单正面内容是对快件涉及信息的详细描述。
其主要包括寄件人信息、收件人信息、寄递物品性质、重量、资费、数量、寄件人签名、收件人签名、寄件日期、收件日期、付款方式、收派员名称或工号等内容。每一份运单正面都有一个条形码(各快递企业使用的条形码编码规则有所区别),将条形码与运单内容进行捆绑,便于快件运输途中的查询和操作。
(2)运单背书条款是确定快递企业与客户之间权利、义务的主要内容。
背书条款由快递企业和寄件人共同承认、遵守,具有法律效力,自签字之日起确认生效。

收寄快件时,收派员有义务在寄件时提醒寄件人阅读背书内容。背书条款主要包括以下内容:
①查询方式与期限。
②客户和快递企业双方的权利与责任。
③客户和快递企业产生争议后的解决途径。
④赔偿的有关规定。

【小提示】
《国内快递服务协议》(示范文本)
1. 快递详情单是本协议的组成部分。本协议自寄件人、快递服务组织收寄人员在快递详情单上签字或盖章后成立。
2. 快递服务组织依法收寄快件,对信件以外的快件按照国家有关规定当场验视,对禁寄物品和拒绝验视的物品不予收寄。向寄件人提供自快件交寄之日起一年内的查询服务。
3. 寄件人不得交寄国家禁止寄递的物品,不得隐瞒交寄快件的内件状况,应当依照相关规定出示有效证件,准确、工整地填写快递详情单。
4. 快递服务组织在服务过程中造成快件延误、毁损、灭失的,应承担赔偿责任。双方没有约定赔偿标准的,可按照相关法律规定执行。既无约定也无相关法律规定的,按快递服务标准规定执行。快递服务组织有偿代为封装的,承担因封装不善造成的延误、毁损、灭失责任。
5. 寄件人违规交寄或填单有误,造成快件延误、无法送达或无法退还,或因封装不善造成快件延误、毁损、灭失的,由寄件人承担责任。

(二)运单各联功能介绍

快递运单的正本一式多联,各联内容和版式完全相同(图1-38)。国内快递运单宜采用3联,有快递企业存根联、寄件人存根联、收件人存根联等。国际出境快递运单根据需要可增加海关存根联。快递企业根据业务需要,可适当增减快递运单的联数,但国内快递运单最多不宜超过5联,国际出境快递运单最多不宜超过6联。常见的有以下几种功能的运单联:

(1)寄件人存根联。收派员将该联运单交给寄件人保存,它是收取寄付费用(寄付现结及寄付月结款)的依据,也是寄件人查询快件运送状态的依据。

(2)快递企业收件存根联。收派员成功收取客户寄递的快件后,将该联运单取下交给收寄处理点的工作人员。快递企业需要将该联运单内容录入信息系统,以便客户通过网络查询快件运送状态。它是快递企业收寄快件的记账凭证,是营业收入的原始依据,是收派员收件票数统计的依据,同时也是客户寄件信息录入系统的源头。

(3)收件人存根联。派送快件成功后,收派员将该联运单交给签收快件的客户保存。该联运单是客户签收快件的证明和快递企业收取到付费用及记账款的凭证,同时也是快件出现问题时,投诉和理赔的依据。

(4)快递企业派件存根联。该联运单随快件同行,在快件到达目的地派送成功后,收派员将其取下交给收寄处理点的工作人员。该联运单是签收客户核收快件的依据,也是快件派送企业统计派送票数和派送营业收入的统计依据。

项目一 快件收寄

快递服务组织名称、标识 Express Service Provider Name & Logo		国 内 快 递 详 情 单 EXPRESS WAYBILL 条形码或编号位置 Barcode or Waybill No.	
寄件人姓名 FROM	联系电话 (非常重要) PHONE (VERY IMPORTANT)	收件人姓名 TO	联系电话 (非常重要) PHONE (VERY IMPORTANT)
单位名称 COMPANY NAME		单位名称 COMPANY NAME	
寄件地址 ADDRESS		收件地址 ADDRESS	
用户代码 CUSTOMER CODE	邮政编码 □□□□□□ POSTAL CODE	城市 CITY	邮政编码 □□□□□□ POSTAL CODE
物品 PARCEL	如系物品，请据实填写内件名称及数量。如需保价，请据实申报保价金额并交纳保价费。 PLEASE SPECIFY THE CONTENTS AND AMOUNT OF THE PARCEL, DECLARE VALUE FOR CARRIAGE AND PAY THE APPROPRIATE CHARGE.	重量　千克 WEIGHT　公斤	体积　长　×宽　×高　厘米³ VOLUME　L　×W　×H　厘米³
文件 □ DOCUMENT	保价 □ DECLARING A VALUE FOR CARRIAGE	保价金额：万 仟 佰 拾 元 (大写) DECLARED VALUE FOR CARRIAGE	付款方式　现金 □　协议结算 □ MEANS OF PAYMENT　CASH　AGREEMENT
内件品名 NAME OF CONTENTS	数量 AMOUNT	资费　Y CHARGE	加急费　Y　包装费　Y　保价费　CHARGE FOR URGENCY　　　PACKAGING　　DECLARED VALUE Y SURCHARGE　　FEE　　1%□ 2%□ 3%□ 　　　　　　　　　　　　　　商定AGREEMENT
		费用总计　Y TOTAL	
特别声明 SPECIAL STATEMENT	非禁寄品 □　易碎 □　加急 □　其他 □ NON-PROHIBITED ARTICLES　FRAGILE　URGENT　OTHERS	非保价快件赔偿限额 COMPENSATION LIMITS FOR ARTICLES WITHOUT DECLARED VALUE	资费2倍 □　资费5倍 □　商定 □ CHARGE ×2　CHARGE ×5　AGREEMENT
	收寄人员签名： ACCEPTED BY (SIGNATURE)	收寄单位 业务专用章 Business Seal of the express service provider	收件人签名： RECEIVER'S SIGNATURE Y年 M月 D日 H时 证件号： ID: ID NO:	代签人签名： AUTHORIZED SIGNATORY: 证件号： ID: ID NO:
寄件人签名： SENDER'S SIGNATURE Y年 M月 D日 H时		备注REMARKS	Y年 M月 D日 H时
单号位置	请正楷用力填写！填写本单前，务请阅读背面快递服务协议！您的签名意味着理解整并接受协议内容 YOUR SIGNATURE INDICATES YOU HAVE READ, FULLY UNDERSTAND AND ACCEPT THE "DOMESTIC EXPRESS SERVICE AGREEMENT" ON THE BACK OF THIS FORM.		
	服务电话：　　　查询电话：　　　网址： PRESS HARD　　HOTLINE　　INQUIRY LINE　　WEBSITE		

图1-38 国内快递运单

(5)随包裹报关联。进出口快件须有报关使用的运单联,非进出口快件可不设此联。

(6)其他运单联。各快递企业根据业务实际需求设计的、用作其他用途的运单联。

(三)快递运单的作用

(1)寄件人与快递企业之间的寄递合同。

运单是寄件人与快递企业之间缔结的快件寄递合同,在双方共同签名后产生法律效力,在快件到达目的地并交付给运单上所记载的收件人后,合同履行完毕。

(2)快递企业签发的已接收快件的证明。

快递运单也是快件收据,在寄件人将快件交寄后,快递企业就会将其中一联交给寄件人(寄件人存根),作为已经接收快件的证明。一般情况下,它是快递企业收到快件并在良好条件下装运的证明。

(3)付费方和快递企业据以核收费用的账单。

快递运单记载着快递服务所需支付的费用,并详细列明了费用的种类、金额,因此,可作为付费方的付费凭证。其中存根联也是快递企业的记账凭证。

(4)快递运单是报关单证之一。

快递运单是快件出口的报关单证之一。在快件到达目的地机场进行进口报关时,快递运单通常也是海关查验放行的基本单证。

(5)快递运单是快递企业安排内部业务的依据。

快递运单随快件同行,证明了快件的身份。运单上载有关该票快件收取、转运、派送的事项,快递企业会据此对快件的运输做出相应安排。

(四)快递电子运单

电子运单(图1-39)区别于传统"几联复写"的快递运单,以一份电子数据的形式存在信息系统中,并以热敏方式打印输出快件信息。通过快递系统与用户系统对接、运单号与订单号自动捆绑、以热敏方式打印输出快件信息的电子运单,具有运单现制、打印效率高、成本低、便于分拣处理等特点。

电子运单能减少人工录单环节。如果全部采用电子运单,一个大型的快递公司就能减少近千名录单员。现在多家快递企业均力推电子运单,消费者通过手机APP应用、微信等途径下单即可享受电子运单服务。

电子运单在发货、运输配送过程中优势众多。比如,能将打印速度提高4~8倍,有效提高商家发货速度30%以上,大大降低商家的出错率,同时还能加快快递配送效率,节省纸张、节能环保。毫无疑问,正是这些强大的优势获取了电商和快递企业对其的青睐。电子运单是实现快递节约成本的重要一环。

图1-39 国内快递电子运单样例

二、运单填写要求

快递企业一般根据《快递服务》邮政行业标准中推荐的格式,结合企业快递服务产品类型设计运单格式。虽然运单格式存在差异,但运单栏目内容都大同小异(图1-38)。

1. 运单填写的总体要求

(1)文字要求。运单填写须使用规范的汉字,不得使用不规范的简化字,更不得使用自造字、异写字。如果使用少数民族文字,应当加注汉字。用外文或汉语拼音写的,也应当加注汉字名址。

(2)书写要求。在运单的正确位置填写各项内容。书写应使用黑色或蓝色笔,或打字机、针式打印机填写,确保各联所填写的内容一致,并且从第一联到最后一联的字迹都能清晰辨认。禁止使用铅笔或红色笔书写。字迹要求工整、刚劲有力,数字栏填写不能过大,不能压底线或超出运单方框的范围。

2. 运单内容填写规范

(1)寄件人信息。包括寄件人公司名称、姓名、电话、所在地邮编等。

①寄件人公司名称。私人寄件可不填写寄件人公司名称;公司寄件必须填写寄件人公司名称。

②寄件人姓名。必须填写全名,填写英文名或中文名可根据快件类型确定。

③寄件人电话。必须填写寄件人电话,包括电话区号和电话号码(座机或手机号码由客户自行提供),以便快件异常时可以及时联系到寄件人。

④寄件人所在地邮编。是否填写根据各快递企业的要求。如运单要求填写邮政编码,则要请客户提供正确的邮政编码。

⑤寄件人地址。详细填写寄件人地址,以便在快件退回时可以尽快找到寄件人。

(2)收件人信息。包括收件人公司名称、姓名、电话、所在地邮编等。

①收件人公司名称。收件人是私人,可不填写收件人公司名称;收件人在公司签收快件,则必须填写收件人公司名称。

②收件人姓名。必须填写全名,填写英文名或中文名可根据快件类型确定。

③收件人电话。必须填写收件人电话,包括电话区号和电话号码(座机或手机号码可由客户自行提供),便于及时联系到收件人。

④收件人所在地邮编。是否填写根据各快递企业的要求。如运单要求填写邮政编码,须请客户提供正确的邮政编码。

⑤收件人地址。详细填写收件人地址,按"××省××市××镇××村××工业区/管理区××栋(大厦)××楼××单元"或"××省××市××区××街道(路)××号××大厦××楼××单元"详细填写,方便派送。因购物中心、大型商场、集贸市场等楼层复杂和专柜较多,凡寄往此类地址的快件需注明专柜名称及号码。

(3)寄递物品信息。详细填写寄递物品的实际名称,不允许有笼统字眼,如"样板(版、品)"、"电子零件"等。品名内容后不可有"部分"字样,应写明具体数量。出口件的寄递物品需根据物品性质、材料来详细申报,例如衫、裤要注明为针织、棉、毛、皮、人造皮革、化纤等原材料,玩具要注明为布、塑料或塑料、毛绒等材质,以保证快件发运过程中安全检查正常及通关顺利。

(4)数量、价值。与寄件人共同确认寄递物品的数量及价值后填写。

(5)重量填写。根据快件性质和规格,与寄件人共同确认后填写快件实际称重重量和计算的体积重量。

(6)资费。根据快件重量,计算快件的资费,并与寄件人共同确认后填写。

(7)付款方式。收派员与寄件人共同确认后,寄件人在运单上勾选正确的付款方式。

(8)日期。寄件日期和收件日期均要如实填写日期时间,详细到分钟。

(9)寄件人签署。寄件人在该栏签字,确认快件已经完好交给收派员,收派员切忌替代寄件人签字。

(10)收件人签署。收件人在收到快件并对快件外包装进行检查后,在运单收件人签名栏签字,确认快件已经签收。

(11)取件员签署。上门收取快件的收派员,在收取客户的快件后,在此处写上姓名或工号,表明此票快件由该收派员收取。

(12)派件员签署。收派员将快件派送到收件人处时,请客户检查快件内容,在运单上写上派件员的名称或工号,表明该票快件由此派件员派送。

(13)备注。如有其他的特殊需求或者快件出现异常,可在备注栏上标明。

3. 运单填写注意事项

(1)电话填写注意。注意电话的位数,例如国内座机号码目前为7位或8位,如不足7位或多于8位,则号码肯定有误;国内的手机号码为11位,如手机号码超过或不足11位,可能号码有误。此时,须再次与客户确认号码的正确性。

(2)收派员必须提示客户阅读背书条款。

(3)收派员一般情况下不得替客户填写寄件人信息、收件人信息、寄递物品信息、寄件和收件日期、寄件人签署、收件人签名等,严禁替代客户签字。

三、运单粘贴方法

(一)运单的粘贴

粘贴牢固是运单粘贴最基本的要求,在粘贴牢固的前提下,还要整齐、美观。

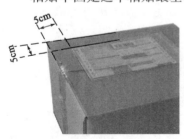

图1-40 运单粘贴位置

1. 运单粘贴位置(图1-40)

根据快件表面美观、大方的要求,以及从左到右的操作和阅读习惯,运单应粘贴在快件外包装上面适当位置,运单与快件边缘留出5cm的距离为好。把表面的4个角落位置留出来,以备标识、随带单证的粘贴。

2. 运单粘贴方法

各快递企业根据自身运单的特性采取不同的粘贴方式,不干胶运单直接粘贴和运单袋封装是其中最常见的两种方式。

(1)不干胶运单直接粘贴(表1-3)

不干胶运单直接粘贴操作说明　　　　　　　　　　　　　　　　　表1-3

操作步骤说明	操作图示
1.把运单背面的不干胶布面撕掉。注意从打孔边撕比较容易,因为只有打孔边没有粘胶	
2.把运单的左边打孔边先贴到运单粘贴的位置,然后往右边平摸运单,使运单平整的粘贴在快件表面上	

优点和不足
优点: 1.运单粘贴很方便,不需要其他的辅助物料; 2.粘贴牢固,运单不会整份脱落 不足: 1.运单正面裸露,缺乏保护,容易造成运单的污损、湿损、部分脱落; 2.各环节直接在运单上的标注或涂改,影响快件的美观和运单信息的完整; 3.运单内容的准确性缺乏保障,因为裸露的运单方便增、删、修改

(2)运单袋封装(表1-4)

运单袋封装操作说明　　　　　　　　　　　　　　　　　表1-4

第一种:普通透明运单袋(无不干胶)	
操作步骤说明	操作图示
1.把运单平整装进运单袋内,并把运单袋口封好。注意运单袋封口时,须赶出袋内的空气,以袋子与运单能贴在一起为准	

续上表

操作步骤说明	操作图示
2.把装有运单的运单袋放在快件表面粘贴运单的位置	
3.用透明胶纸把运单袋粘牢在快件表面。注意为保证运单粘贴的牢固,透明胶纸粘贴呈"++"形	

优点和不足
优点: 1.透明的运单袋对运单有保护作用,避免运单污损或淋湿; 2.不能随便修改运单内容,确保运单内容前后一致; 3.各环节直接在运单袋上标注内容,保证运单信息完整,且不易被涂鸦 不足: 需要加透明胶纸粘贴,如胶纸粘贴不稳,则容易造成运单脱落

第二种:不干胶透明运单袋

操作步骤说明	操作图示
1.把运单平整装进运单袋内,并把运单袋口封好。注意运单袋封口时,须赶出袋内的空气,以袋子与运单能贴在一起为准	
2.把运单袋背面的不干胶布面撕掉。注意应从袋口处撕,因为袋口处没有粘胶	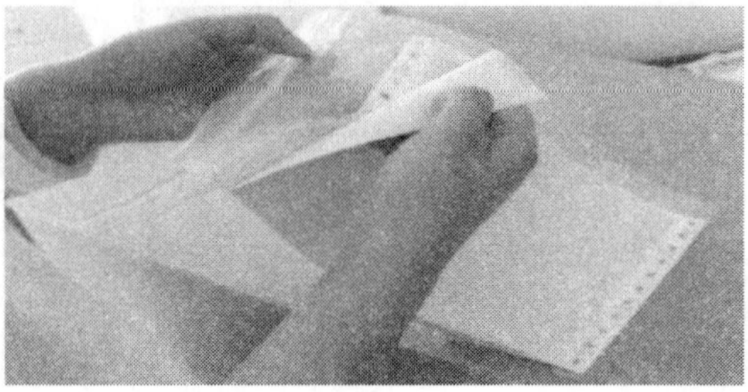

项目一 快件收寄

续上表

操作步骤说明	操作图示
3.把运单袋左边先贴到运单粘贴的位置,然后往右边平摸运单袋,使运单平整的粘贴在快件表面上	 
优点和不足	
优点: 1.透明的运单袋对运单有保护作用,避免运单污损或淋湿; 2.不能随便修改运单内容,确保运单内容前后一致; 3.各环节直接在运单袋上标注内容,保证运单信息完整,且不易被涂鸦; 4.由于不干胶直接粘贴,运单粘贴牢固,不易脱落 不足: 遇到特别冷的天气,不干胶的黏性会减弱,粘贴时须注意	

3.运单粘贴注意事项

(1)运单粘贴应尽量避开骑缝线,由于箱子挤压时,骑缝线容易爆开,导致运单破损或脱落。

(2)运单应粘贴在快件的最大平整表面,避免运单粘贴皱褶等。

(3)使用胶纸时,不得使用有颜色或带文字的透明胶纸覆盖运单内容,胶纸不得覆盖条形码、收件人签署、派件员姓名、派件日期栏的内容。

(4)运单粘贴须保持平整,运单不能有皱褶、折叠或破损。

(5)挤出运单袋内的空气,再粘贴胶纸,避免挤破运单袋。

(6)如果是国际快件,须注意将相关的报关单据与运单一起装进运单袋内或者按照快递企业的具体要求操作。如有形式发票,应将形式发票和运单一起装进运单袋内,或者按照公司的具体要求操作。

(7)运单要与内件一致,避免运单错贴在其他快件上。

4.不规则快件的运单粘贴

(1)圆柱形快件的运单粘贴。

圆柱底面足够大(能平铺粘贴运单),将运单粘贴在圆柱形物体的底面,注意运单不得架在底面边缘,避免快件叠放时把运单磕破。例如油漆桶,把运单粘贴在底面正中央位置,不得贴在边缘高起的脚上(图1-41)。

如果圆柱物体较小,底部无法平整粘贴运单,则将运单环绕圆柱面粘贴,注意运单号码不得被遮盖。例如奶粉罐,将运单环绕罐身粘贴,为了运单粘贴的牢固,运单粘贴好之后,须加贴透明胶纸环绕两底部粘贴运单,确保运单不会顺着罐身滑落(图1-42)。

图1-41 圆柱形快件的运单粘贴

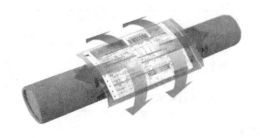
图1-42 较小圆柱形物体的运单粘贴

（2）锥形物体的运单粘贴。

体积较大的锥形物体，选择能完整粘贴运单的最大侧面，平整粘贴运单（图1-43）。

体积较小的锥形物体，如果单个侧面无法平整粘贴运单，可将运单内容部分粘贴在不同的两个侧面，但运单条码必须在同一个侧面上，不能折叠（图1-44）。

图1-43 较大锥形物体的运单粘贴

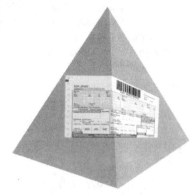
图1-44 较小锥形物体的运单粘贴

（3）小物品快件的运单粘贴。

对于体积特别小，不足以粘贴运单（即运单环绕一周能把整个快件包裹起来）的快件（通常称为小件），为了保护快件的安全，避免遗漏，建议将其装在文件封或防水文件袋中寄递。运单粘贴在文件封或防水文件袋的指定位置（图1-45）。

图1-45 小物品快件运单粘贴

（4）对于特殊包装的快件，运单粘贴应遵循以下原则：

首先，运单的条码不得被覆盖，包括不得被物品覆盖和不得被颜色覆盖；其次，运单条码不得被折,即运单的条码须在同一表面展示,不得折叠或在两个(含以上)表面上(图1-46)。

图1-46 错误的运单粘贴方式

(二)快递标识的粘贴

1. 快递标识

快递标识是指按快件的特点,对于易碎、保价、自取、陆运、航空等快件,在包装上用贴纸、图形或文字的形式标明,用来指示运输、装卸、处理人员在作业时需要注意的事项,以保证快件的安全。

2. 快递标识的粘贴方法

(1)正面粘贴(图1-47)

与分拣直接相关的标识,为便于分拣操作,宜将其与运单粘贴在同一表面。例如国际件标识、自取件标识。

(2)侧面粘贴(图1-48)

向上、防辐射等标识应粘贴在快件侧面,便于在搬运、码放时能够很容易地识别。例如向上标识、防辐射标识等。

图1-47 正面粘贴快递标识

图1-48 侧面粘贴快递标识

3. 三角粘贴（图1-49）

需要多面见到的标识，可以贴在包装箱的角上，包住快件角落的3个方向。例如易碎标识，斜贴在快件粘贴运单的正面角落，另外两个角粘贴在其他两个侧面。

4. 沿骑缝线粘贴（图1-50）

作为封箱操作使用，有密封不允许打开作用的标识，每件快件至少粘贴2张，要求每个可拆封的骑缝线都得粘贴。例如，保价标识应粘贴在每个表面的骑缝线上，起到封条的作用，提醒不允许拆开包装。

图1-49 三角粘贴快递标识

图1-50 沿骑缝线粘贴快递标识

（三）随运单证的粘贴

随运单证包括代签回单、代收货款证明、形式发票、报关单、转运单等。各快递企业对随运单证的粘贴方式不一，有些企业将随运单证和运单一起放入装运单的塑料袋，用胶纸粘贴在快件上；有些企业将随运单证和托寄物一起存放。

任务五　称　重　计　费

>>> 任务提出 >>>

对大龙家的快件，由于之前已经签署了协议，是以月结的方式进行计费，因此小李对快件逐个称重，记录每个快件的应收费用，并让大龙签字。

对于第一次接触的客户徐女士，小李则是使用随身携带的称重器对快件进行称重，在运单上写清重量，计算好费用后直接向徐女士收取，采用了一次结清的方式。费用缴清后，小李将运单其中一联撕下交由徐女士自行保管。徐女士寄递的是与工作相关的物品，按照单位要求可以报销，需要小李提供正式发票。

>>> 任务分析 >>>

在称重计费这个环节，为了更好地服务客户，小李要熟悉快件重量计算的规则，包括实际重量和体积重量的计算,以作为快件收费的依据;收取营业款时,熟练使用公司规定的营业款计算规则,根据重量计算营业款;会使用度量衡工具进行称重并使用计算器等工具进行寄递费用的计算;为方便公司后续操作,要学会使用配备的终端设备进行快件扫描及信息录入;能向用户开具发票,和运单一起作为用户寄递快件的凭证。

一、快件重量计算

1. 取数规则

快件重量的取数规则是舍位取整,最小计量单位为1。

对于轻泡快件,量取快件各边长度时,最小单位为1cm。例如7.1cm按照8.0cm计算;7.8cm按照8.0cm计算。

读取实际重量或计算体积重量时,最小的计重单位为1kg。例如8.1kg按照9.0kg计算;8.7kg按照9.0kg计算。

2. 快件重量计算

(1)实际重量。指一票需要投递快件包括包装在内的实际总重量,即计重秤上直接显示读取的重量。

(2)体积重量。指使用快件的最大长宽高,通过规定的公式计算出来的重量。当寄递物品体积较大而实重较轻时,因运输工具(飞机、火车、汽车等)承载能力及能装载物品体积所限,需采取量取物品体积折算成重量的办法作为计算资费的重量。

①航空运输的体积重量计算。

国际航空运输协会规定的轻泡快件重量计算公式如下:

长(cm)×宽(cm)×高(cm)÷6 000=体积重量(kg)

a. 规则物品:长(cm)×宽(cm)×高(cm)÷6 000=体积重量(kg)。规则物品测量时注意,尺子须与规则物品的边相互平行,且尺子不能折弯或与物体的测量边成一定的角度。

b. 不规则物品:最长(cm)×最宽(cm)×最高(cm)÷6 000=体积重量(kg)。强调最大的长、宽、高读数,即相当于把不规则物品放到一个矩形容器中,不规则物品的各个顶点刚好与矩形容器接触为宜,此时量出来的长、宽、高为该物品的最大长、宽、高。例如圆锥体、圆柱体长、宽、高的计算(图1-51)。

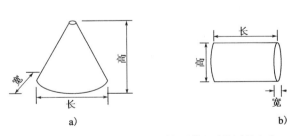

图1-51 不规则物品体积计算测量办法

例1:一票从上海寄往北京的快件(航空运输),使用纸箱包装,纸箱的长、宽、高分别为60cm、40cm、30cm,快件实重5kg,其计费重量的计算方法为:

体积重量=(60cm×40cm×30cm)÷6 000=12(kg)

体积重量大于实际重量,所以该票快件的计费质量应为12kg。

②陆路运输的体积重量计算。在陆路运输中尚未有统一的体积重量计算方法,一般以航空运输体积重量计算为参考,采取长、宽、高相乘然后除以一个系数的方法。但是不同快递企业设计的系数不尽相同。

a. 规则物品:长(cm)×宽(cm)×高(cm)÷系数=体积重量(kg)。
b. 不规则物品:最长(cm)×最宽(cm)×最高(cm)÷系数=体积重量(kg)。

例2:一票从深圳寄往南昌的快件(陆路运输,系数为12 000),使用纸箱包装,纸箱的长、宽、高分别为60cm、40cm、60cm,快件实重18kg,其计费重量的计算方法为:

体积重量=(60cm×40cm×60cm)÷12 000=12(kg)

体积重量小于实际重量,所以该票快件的计费重量应为18kg。

(3)计费重量。快件运输过程中用于计算资费的重量,是整批快件实际重量和体积重量两者之中的较高者。即快件体积小,重量大时,按实际重量计算,计费重量=实际重量;快件体积大,重量小时,按体积重量计算,计费重量=体积重量。

对于一票多件快件,既有轻泡件又有重件,各企业的计重方法则不尽相同。有些企业采用"大大相加"的原则,即每一件快件计算最大的重量,整票快件的重量等于各件快件的最大重量之和。

例3:一票从深圳寄往杭州的快件(航空运输,系数为6 000),此票快件由2件快件组成,都使用相同的纸箱包装,快件A的长、宽、高分别为60cm、40cm、60cm,快件实重8kg,快件B的长、宽、高分别为60cm、40cm、30cm,快件实重为18kg。其计费重量的计算方法为:

快件A:体积重量=(60cm×40cm×60cm)÷6 000=24(kg)

体积重量大于实际重量,所以该件快件的计费重量应为24kg。

快件B:体积重量=(60cm×40cm×30cm)÷6 000=12(kg)

体积重量小于实际重量,所以该件快件的计费重量应为18kg。

该票快件的计费重量=快件A计费重量+快件B计费重量=24+18=42(kg)。

也有企业将一票快件整体进行重量计算,将整体的实际重量和体积重量相比,取较大者。如上例:

体积重量=快件A体积重量+快件B体积重量
　　　　=(60cm×40cm×60cm)÷6 000+(60cm×40cm×30cm)÷6 000
　　　　=24kg+12kg=36(kg)

实际重量=快件A实际重量+快件B实际重量=8kg+18kg=26(kg)

体积重量小于实际重量,所以该票快件的计费重量应为36kg。

二、营业款计算

1. 营业款的组成

营业款是指客户在享受快递服务时所需要支付给快递公司的费用总和,包括资费、包装费、附加服务费、保价费等。

(1)资费。指的是快递企业在为寄件人提供快递承运服务时,以快件的重量为基础,向客户收取的承运费用。资费也称为狭义的快件服务费用,当不产生包装费、附加服务费、保险或保价费等时，快件资费就是快件服务费用。

（2）包装费。指的是快递企业为了更好地保护寄递物品的安全，为寄件人提供专业包装而产生的包装费，包括包装材料费和包装人工费。

通常情况下，如果包装材料属于公司专用物料，包装不收取人工费。例如收寄快件时快递企业提供专门的包装纸箱，一般只收取一定的纸箱费用，不收取人工费用。

如果是快递企业帮助客户向外界寻求包装服务的，则一般需要收取包装人工费。例如某机械需要用木格包装，快递企业需请木格包装专业公司对机械进行包装，此时一般需要根据包装公司的要求，向寄件人收取包装材料费和包装人工费。

（3）附加服务费。快递企业为客户提供快递正常服务以外附加服务所加收的服务费，例如代收货款服务。随着电子商务的发展，电子商务商家除了投递商品以外，也提出了快递企业协助收取货款的需求。快递企业帮助寄件人收取货款，则需要收取一定的附加服务费。

此外，一些公司在收取资费时，还同时收取燃油附加费。

2. 资费的标准计算方式

资费是营业款的核心组成部分，与快件的重量直接挂钩，是收派员在收件现场需要准确计算的款项。各快递企业在实际操作中，存在以下两种资费计算方式：

（1）首重续重计算原则：

$$资费 = 首重价格 + 续重（计费重量）\times 续重价$$

首重：快递企业根据运营习惯规定的计算资费时的起算重量，也可以称为起重。起算重量的价格为首重价格。一般快递企业都将首重确定为1kg。

续重：快件首重以外的重量。续重＝计费重量－首重。通常续重价格比首重价格低，而且随着续重的增大，续重价格也会减少。例如对于一份重量为30kg的快件，如果首重为1kg，续重就是29kg。

例4：一票从深圳寄往广州的快件（陆路运输，系数为12 000），使用纸箱包装，纸箱的长、宽、高分别为60cm、40cm、30cm，快件实重8kg，计算其资费。快递企业的资费价格见表1-5。

资费价格表 表1-5

区　　间	首重1kg	1kg＜重量≤20kg	20kg＜重量≤50kg
上海—广州	12元	6元/kg	5元/kg
深圳—广州	10元	2元/kg	1元/kg

体积重量＝(60cm×40cm×30cm)÷12 000＝6(kg)

体积重量小于实际重量，所以该票快件的计费重量应为8kg。

资费＝首重价格＋续重×续重价格＝10＋(8－1)×2＝24(元)

例5：一票从上海寄往广州的快件（航空运输），使用纸箱包装，纸箱的长、宽、高分别为60cm、40cm、30cm，快件实重21.5kg，计算其资费。快递企业的资费价格见表1-6。

资费价格表 表1-6

区　　间	首重1kg	1kg＜重量≤20kg	20kg＜重量≤50kg
上海—广州	12元	6元/kg	5元/kg
深圳—广州	10元	2元/kg	1元/kg

体积重量＝(60cm×40cm×30cm)÷6 000＝12(kg)

体积重量小于实际重量,计费重量应为22kg。

资费＝首重价格＋续重×续重价格＝12＋(20－1)×6＋(22－20)×5＝136(元)

(2)单价计算原则:

$$资费＝单位价格×计费重量$$

单位计价是指按照平均每千克价格来计算资费。单位计价不区分首重和续重,明确平均每千克的价格,由价格乘以重量即可。这种计费方式与普通的运输计价方法类似。

例6: 一票从深圳寄往广州的快件(陆路运输,系数为12 000),使用纸箱包装,纸箱的长、宽、高分别为60cm、40cm、30cm,快件实重8kg,计算其资费。快递企业的资费价格见表1-7。

资 费 价 格 表　　　　　　　　　　　　　表1-7

区　　间	20kg及以下	20kg以上
上海—广州	6元/kg	4元/kg
深圳—广州	3元/kg	2元/kg

体积重量＝(60cm×40cm×30cm)÷12 000＝6(kg)

体积重量小于实际质量,所以该票快件的计费重量应为8kg。

资费＝单位价格×计费重量＝3×8＝24(元)

例7: 一票从上海寄往广州的快件(航空运输),使用纸箱包装,纸箱的长宽高分别为60cm、40cm、30cm,快件实重21.5kg,计算其资费。快递企业的资费价格见表1-8。

资 费 价 格 表　　　　　　　　　　　　　表1-8

区　　间	20kg及以下	20kg以上
上海—广州	6元/kg	4元/kg
深圳—广州	3元/kg	2元/kg

体积重量＝(60cm×40cm×30cm)÷6 000＝12(kg)

体积重量小于实际重量,计费重量应为22kg。

资费＝单位价格×计费重量＝6×20＋4×(22－20)＝128(元)

三、收寄设备的使用

(一)度量衡工具

因快件有实际重量及体积重量的计算需求,所以度量衡工具在快递领域中的使用也比较广泛。其中使用最多的是秤和尺,过秤称取快件的实际重量,用尺量取快件的最大长宽高,从而计算体积重量。下面,根据快件操作的特性介绍3种常用的度量衡工具:便携式电子手提秤、电子计重秤、卷尺。

1.便携式电子手提秤

收派员上门收取快件时,需要通过称重来计算资费,所以秤是必备的工具之一。其中电子手提秤轻便灵巧,便于随身携带,且本身带卷尺,便于称重和测量快件体积,因此被各快递企业广为采用(图1-52)。但其不足之处是误差较大。使用时,需要注意以下事项:

(1)需定期检查各部位螺钉及插栓有无松动或掉落,确认无误后再开机使用。

(2)使用时,吊钩和被测物均应钩于吊秤上、下吊钩的中央部位。

(3)为确保安全,在改变所吊重物的方向或位置时,应直接推动重物,不要直接推动吊秤。

(4)加载勿超过安全负荷,避免长时间起吊,以确保传感器使用寿命。

(5)在户外使用如遇雷电,应关机暂停使用。

(6)吊秤本体禁止受到激烈撞击,不使用时悬挂存放于通风干燥阴凉处。

图1-52 电子手提秤

2.电子计重秤

电子计重秤的称重范围比便携式手提秤的称重范围大、准确度高。但因电子计重秤体积较大,不便携带,目前,除了驾驶机动车收件的收派员,一般收派员都不随身携带电子计重秤,而是放在收寄处理点使用(图1-53)。如果快件重量超出电子手提秤称重范围,收派员在征询客户同意后,可以将快件带回收寄处理点使用电子计重秤称重。称重计算资费完毕后,应在第一时间将重量及资费告知客户,征询客户是否寄出快件的意见。如客户同意寄出则将快件寄出,并与客户确认付款方式;如客户不同意寄出,则与客户约定时间,将快件退回。使用电子计重秤称重需注意以下事项:

(1)电子计重秤应置于稳定平整的平面上。调整4个底脚螺钉使秤处于水平位置,然后开启电源(如果需要则应先放上专用秤盘)。

(2)开机计数显示结束后进入计重模式,"零位"标志和"千克"指示标志出现,可按"模式"键循环选择计重、计数、百分比3种功能模式。

(3)电子计重秤不能长期在去皮状态下使用,否则零位自动跟踪功能消失,零位会产生漂移。

3.卷尺

在快递领域中使用最多的长度测量工具是卷尺。卷尺根据材质不同可以分为:钢卷尺、纤维卷尺(皮卷尺、量衣卷尺)、塑料卷尺等。如收派员使用的便携式手提秤中没有卷尺,则须另外随身携带卷尺(图1-54)。

图1-53 电子计重秤　　　　　　　　图1-54 卷尺

目前,大多数快递企业使用钢卷尺。钢卷尺可分为自卷式卷尺、制动式卷尺和摇卷式卷尺。其中使用最多的是制动式卷尺,主要由尺带、盘式弹簧(发条弹簧)、卷尺外壳3部分组成。当拉出刻度尺时,盘式弹簧被卷紧,产生向回卷的力,当松开刻度尺的拉力时,刻度尺就会被盘式弹簧的拉力拉回。

(二)移动扫描设备

快递不仅局限于物的流动,信息流的采集和及时传送也有举足轻重的作用。现在越来越多的快递企业开始使用移动扫描设备采集原始快件信息。

移动扫描设备属于数据采集器(Bar Code Hand Terminal)的一种,或称掌上计算机。由于其具有一体性、机动性、体积小、重量轻、性能高等特点,适于手持。它是将条码扫描装置与数据终端一体化,带有电池可离线操作的终端计算机设备。具备实时采集、自动存储、即时显示、即时反馈、自动处理、自动传输功能。为现场数据的真实性、有效性、实时性、可用性提供了保证。使用移动扫描设备,快递企业实现了收派件环节的数据采集,既可以为营运管理和个性化增值服务提供基础信息,又可以为后续业务流程优化(半自动分拣、快速打单等)奠定技术基础。

目前,市场上的移动扫描设备款式多、更新换代很快(图 1-55)。各快递企业选择使用的移动扫描设备也不尽相同,其中 MC70 是较为常见的一种。MC70 事实上是一台小巧的复合型掌上计算机,它使用 Windows CE 操作系统,整合了条形码的扫描读取装置,采用先进的通用无线分组业务技术(GPRS),能够实现数据的自动上传和下载,以保证数据传输的高速、及时和准确。同时,准备了短信通道(SMS)作为数据传输备用通道,以确保数据传输及时快捷。

图 1-55　移动扫描设备

四、发票的相关知识

发票与收据不同,发票须由经销商向税务机关购买,在销售后,凭发票向国家缴纳税款,而收据仅仅是收费的证明,不是纳税的依据。

1. 从税目上划分

(1)增值税专用发票。全国统一式样,能抵扣一定比例的税款,一般面向公司和单位。

(2)营业发票。冠以本辖区名称且在辖区内统一式样的发票,由税务机关统一印制和供应,用票户申请领购使用。

2. 从形式上划分

(1)机打发票。又称机外发票,是利用计算机填写并使用其附设的打印机打印出票面内容的发票。这类发票包括普通计算机用及防伪计算机用的发票。

(2)定额发票。发票票面印有固定金额的发票。快递领域使用的发票,从税目上来看,使用最多的是营业发票;从形式上来看,使用最多的是机打发票。

任务六　增值快件的收寄

>>> **任务提出** >>>

某客户寄递一较贵重的物品,但担心物品在寄递过程中损毁或遗失,收派员小李在收寄此类快件事应如何处理。

>>> **任务分析** >>>

随着社会的发展,客户的个性化需求也日益增多,快递企业为在激烈的市场竞争中站稳脚跟、吸引更多的客户,都陆续推出了一些增值服务,其中保价快件、代收货款快件、限时快件是最为主要的3种增值快件类型。客户在寄递较贵重的物品时,收派员应建议客户对快件进行保价,按照保价快件的收寄要求操作。

一、保价快件的收寄

保价快件是指客户向快递企业申明快件价值,快递企业和客户之间协商约定由寄件人承担基础资费之外的保价费用的快件。快递企业以快件申明价值为限承担快件在收派、处理和运输过程中发生的遗失、损坏、短少等赔偿责任。

目前,快递市场中普遍存在保价服务的需求。保价服务作为一种附加服务,是快递企业争取客户资源,应对竞争和开发中高端市场的一项重要举措。

(一)保价快件的收寄

保价快件与普通快件的收寄流程大致相同,但是在收寄验视、快件包装、快递运单填写、称重计费等几个方面有着更加严格的要求。

1. 收寄验视

保价快件一般是客户认为比较重要或本身属于高价值的物品,因此在进行收寄验视时,要特别注意以下几点:

(1)验视快件是否属于禁寄物品。

收派员应熟练掌握相关禁限寄物品的规定,对收寄的保价快件严格验视。防止因验视疏忽导致收寄禁寄物品(如珍贵文物、濒危动物标本)而被相关部门没收,给公司造成损失。

(2)验视快件的数量。

保价快件的实际数量一定要与运单上标注的数量一致。

(3)验视快件的申报价值是否与实际价值相符合。

收派员在收取保价快件时,应要求寄件人出具快件(文件类除外)的相关价值证明,其申报价值不能超出快件的实际价值。对快递企业来说,快件价值越高,遗失、损毁所产生的风险越大。为了规避风险,快递企业一般都规定了保价物品的最高赔偿价值。一般文件类最高声明价值不超过2 000元,非文件类最高声明价值不超过20 000元。

2. 快件包装

由于快件在运输、搬卸过程中因包装不当造成的损毁情况较多,因此,对于保价快件的包装要求如下:

(1)保价快件的包装必须严丝合缝、不能直接裸露,内部填充无间隙,15kg 以上的快件必须使用打包带进行"井"字形打包。如图 1-56 所示的包装形式都是错误的。

 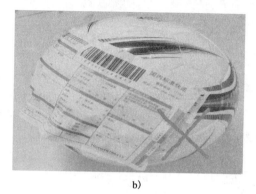

图 1-56 错误的包装方式

(2)计算机、手机等易碎易损的电子产品,必须使用其原包装;电视机、液晶电视机、显示器等原包装加木框(图 1-57)。

图 1-57 手机和显示器的包装

(3)粘贴保价快件的标识。保价快件必须使用保价标识提醒各操作环节注意保护快件。有的快递企业在包装箱两个表面的骑缝线上粘贴保价封签并请客户在封签上签名,也有的企业在 6 条骑缝线上都粘贴保价标识(图 1-58),确保只有破坏封签方能打开快件包装。

3. 称重

为能够及时发现保价快件是否短少,并进行相应处理,快递企业一般对保价快件重量精确度做出较高要求。例如某快递企业规定保价快件的重量必须精确到小数点后两位,且各交接环节须进行重量复核,确保从收取到派送整个过程的快件安全。

图 1-58 保价标签粘贴举例

4. 运单填写

(1)务必在运单上勾选"保价"选项,有的企业对保价快件采用专用的运单。

(2)托寄物内容一栏务必写明寄递物品的详细品名、数量,不能含糊不清。

(3)寄递物品的重量一定精确到小数点后两位;对于轻泡件,要精确测量外包装的长、宽、高,并计算体积重量。

(4)分别写清运费和保价费用,收取费用是运费和保价费用之和。

(二)保价快件的交接

1. 保价快件的交接要求

收派员当班回到营业场所,对保价快件的任何交接操作必须在监控设备的有效范围内进行,交接时需注意以下几点:

(1)单独交接。

收派员应向处理人员单独交接保价快件,避免保价快件与其他快件混在一起。

(2)复重。

交、接双方必须共同对保价快件进行复重,以确保快件的实际重量与运单上标注的重量一致。

(3)登记备案。

收派员交件完毕后,应在保价快件交接清单(图1-59)上对当班所收取的保价快件进行登记备案。交接清单一式两份,一份由收派员留存,一份由处理人员留存。清单上须注明物品的单号、始发地、目的地、品名、重量、价值等信息,待处理人员确认物品完好后,双方签字确认。

××快递保价快件交接清单

日期: 年 月 日

序号	单号	始发地	目的地	重量(kg)	物品名称	价值(元)	备注
1							
2							
3							
4							
5							
6							
7							
8							
9							
10							

收件人员:_____ 处理人员:_____ 计:___(件)

图1-59 保价快件交接清单

2. 异常保价快件的交接

保价快件在交接过程中出现以下情况时,交、接双方必须在监控范围内开拆验视:

(1)保价标识有破损、变形或拆过痕迹,如图1-60所示。

(2)外包装有破损、变形、污染,如图1-61所示。

(3)包装有二次封胶、有两种不同的胶带,如图1-62所示。

(4)物品实际重量与运单或交接清单所填写重量不符。

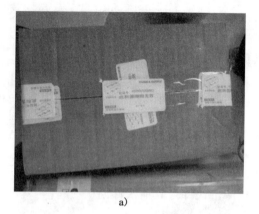 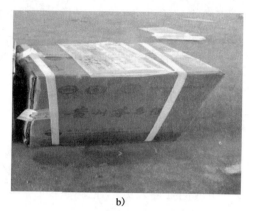

图 1-60　保价标识有破损、变形或拆过痕迹

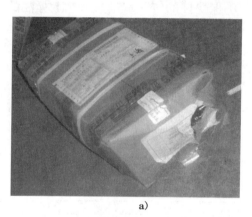 

图 1-61　外包装有破损、变形、污染

对于上述异常情况，交、接双方必须在监控范围内检查快件是否有内件不符、破损、短少等情况。若无实际异常，重新贴上验视标识，双方签字确认；若出现异常，在交接清单进行备注（图 1-63），交由主管人员跟进处理。

二、代收货款快件的收寄

代收货款快件是指快递企业接受卖家的委托，在派送快件的同时，向买家收取货款的快件。因电子商务交易中买卖双方不能见面，彼此缺乏信任和了解，买方希望电子商务交易仍

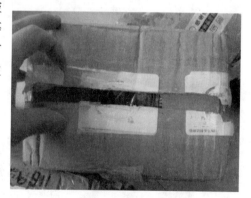

图 1-62　包装有二次封胶、有两种不同的胶带

能像传统交易方法一样，在收到有关商品后才付款，而卖方担心送货后收不到相应款项，希望先收款后送货。而"代收货款"服务的出现解决了电子商务等非接触交易所带来的信任危机，是为满足消费者"一手交钱，一手交货"的购买心理而提供的一种支付解决方案。收派员在配送卖方商品到买方处时，买方将有关货款支付给收派员便能取得商品，而收派员将代收的货款交回快递企业，由快递企业与卖方另行结算。

××快递保价快件交接清单

日期：2012年2月1日

序号	单号	始发地	目的地	重量(kg)	物品名称	价值(元)	备注
1	5000003072040	青浦	杭州	5.5	笔记本	0000	重量不符，内物短少，拒收
2	5000003072041	青浦	海宁	2.1	手机	4000	完好
3	5000003072042	青浦	温州	8.6	电脑主机	3000	内物破损，拒收
4	5000003072043	青浦	余杭	4.3	电饭锅	2000	内物污染，拒收
5	5000003072044	青浦	绍兴	23	液晶电视	6000	完好
6							
7							
8			实收贰票，拒收三票				
9							
10			李四 2012年2月1日				
11							
12							
13							

交件人：张三　　押车员：　　接收点签名：李四　　计：5（票）

图 1-63　保价快件交接清单

(一)代收货款快件的收寄

代收货款快件与普通快件的收寄流程大致相同，但是在收寄验视、快件包装、快递运单填写等几个方面有不同的要求。

1.收寄验视

代收货款快件大都是网购的货物，品种繁杂，因此在进行收寄验视时要特别注意以下几点：

(1)验视快件是否含有违禁品。

逐票检查是否有禁寄物品，对于禁寄物品一律拒绝收寄。另外，对于化妆品、含锂电池的产品，还应检查是否符合航空快件的标准，如不符合，只能通过汽车陆运。

(2)验视快件的数量。

有时代收货款快件内件数量较多，一定要仔细查看内件数量与运单上标注的数量是否一致。

(3)验视是否有代收款相关单据。

电子商务卖家有代收货款需求时，一般会与快递企业签订代收货款委托协议，同时向快递企业提供代收款相关单据，通常为收据或发票。因此，在收件时，应检查是否有相关单据，且单据上的金额应与运单上的代收金额一致(图 1-64)。

2.快件包装

由于快件在运输、搬卸过程中因包装不当造成的损毁情况较多，因此对于代收货款快件的包装要求如下：

(1)包装必须严丝合缝、不能直接裸露，内部填充无间隙。

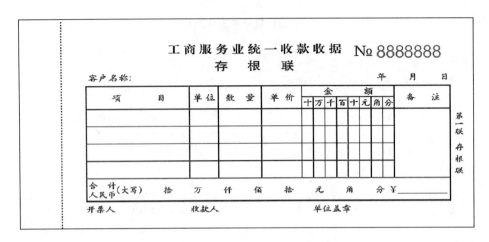

图 1-64 代收货款凭证

(2)计算机、手机等易碎易损的电子产品，必须使用其原包装；电视机、液晶电视机、显示器等原包装加木框。

(3)在外包装的醒目位置粘贴代收货款标识或使用专用的代收货款运单。

3. 运单填写

(1)务必在运单上勾选"代收货款"选项或使用专用的代收货款运单。

(2)托寄物内容一栏务必写明寄递物品的详细品名、种类及数量。

(3)必须在"代收货款金额"栏处正确填写大小写代收金额，如金额填写错误必须重新填写运单，代收金额不得涂改，否则代收金额视为无效。

(二)代收货款快件的交接

收派员当班回到营业场所，对代收货款快件的任何交接操作必须在监控设备的有效范围内进行，交接时需注意以下几点：

1. 单独交接

收派员应向处理人员单独交接代收货款快件，避免与其他快件混在一起。交接时，处理人员应逐票核对运单上的代收金额是否与发票上的金额一致。

2. 复重

交、接双方必须共同对代收货款快件进行复重，以确保快件的实际重量与运单上标注的重量一致。

3. 登记备案

收派员交件完毕后，应在代收货款快件交接清单(图 1-65)上对当班所收取的代收货款快件进行登记备案。交接清单一式两份，一份由收派员留存，一份由处理人员留存。清单上须注明物品的单号、始发地、目的地、品名、重量、代收金额等信息，待处理人员确认物品完好后，双方签字确认。

交接完毕后，处理人员应在第一时间将代收货款快件的运单信息录入到信息系统，并将运单扫描上传。

××快递代收货款快件交接清单

日期： 年 月 日

序号	单号	始发地	目的地	重量(kg)	物品名称	代收金额(元)	备注
1							
2							
3							
4							
5							
6							
7							
8							
9							
10							

收件人员：_____   处理人员：_____   计：___（件）

图 1-65　代收货款快件交接清单

三、限时快件的收寄

限时快件是指快递企业在限定的时间段内将快件送达给客户，一般主要针对商业用户提供承诺区域内限时安全、迅速高效的寄递服务。由于限时快件超出快递企业网络正常派送时效的规定，是一种附加特殊需求，也有的称之为加急件。对限时服务，快递企业在一般服务收费基础上另加收限时服务费用，是一种增值服务。

（一）限时快件的收寄

限时快件与普通快件的收寄流程大致相同，但主要有以下不同：

（1）优先收寄

对限时快件一定要优先收寄，确保在当频次时间内将限时快件带回网点。

（2）运单填写

①务必在运单上勾选"限时"选项或采用专用限时运单。

②限时快件的资费与普通快件不同，务必告知客户，并按规定足额收取。

（3）标识粘贴

有的快递企业对限时快件采用专用的运单，通过运单颜色即可区分；有的在运单旁边粘贴限时标识。

（二）限时快件的交接

（1）单独交接

收派员应向处理人员单独交接限时快件，避免限时快件与其他快件混在一起。

（2）登记备案

收派员交件完毕后，应在限时快件清单（图1-66）上对当班所收取的限时快件进行登记备案。清单上须注明物品的单号、始发地、目的地、品名、资费、收派员等信息。

交接完毕后，处理人员应对限时快件优先处理。

××快递限时快件清单

日期： 年 月 日

序号	单号	始发地	目的地	物品名称	资费(元)	业务员
1						
2						
3						
4						
5						
6						
7						
8						
9						
10						
11						
12						
13						
14						
15						

图 1-66　限时快件清单

任务七　电子商务快件的收寄

>>> **任务提出** >>>

小王是一名在校大学生,利用课余时间开设了一家销售化妆品的网店,是收派员小李的重点客户,那么小李在收寄小王的快件时应注意哪些事项?

>>> **任务分析** >>>

小王寄递的快件属于电子商务快件,此类快件品种批次多、收件量大且时间集中。因此,小李在收寄时应提前与小王约定好取件时间,对收取的快件进行一一查验,逐一核对每票快件的运单信息是否与内件相符合。

一、电子商务的运行模式

进入 21 世纪以后,随着网络通信技术的迅猛发展,基于 Internet 的电子商务成为经济增长的新亮点。电子商务的出现,不仅改进了传统商务活动模式,而且对传统产业的融合以及经济结构的调整都产生了积极影响。在电子商务以惊人速度发展的同时,起到媒介作用的快递业也被提升到前所未有的高度,在电子商务的发展中起到了举足轻重的作用。

按电子商务应用服务的领域及对象不同,以下 4 种模式的电子商务与快递行业的关系较为密切。

1. 企业对企业的电子商务(B2B)

企业对企业的电子商务,也称为商家对商家或商业机构对商业机构,即 Business to Business。企业与企业的电子商务模式是电子商务中的重头戏。它是指企业在开放的网络中寻求贸易伙伴、谈判、订购到结算的整个贸易过程。

2. 企业对消费者电子商务(B2C)

企业对消费者的电子商务,也称商家对个人客户或商业机构对消费者的商务,即 Business to Customer。商业机构对消费者的电子商务基本等同于电子零售商业,B2C 模式是我国最早应用的电子商务模式,以 8848 网上商城的正式运营为标志,目前采用 B2C 模式的主要以京东、当当、亚马逊、苏宁易购、国美在线等为代表。B2C 模式是企业通过互联网为消费者提供一个新型的购物环境——网上商店,消费者通过网络在网上购物,这里的"物"指实物、信息和各种售前与售后服务。由于这种模式节省了客户和企业的时间和空间,大大提高了交易效率。目前,B2C 电子商务的付款方式是货到付款与网上支付相结合,而企业货物的配送,大多数选择物流外包方式以节约运营成本。随着用户消费习惯的改变以及优秀企业示范效应的促进,网上购物用户正在迅速增长,这种商业的运营模式在我国已经基本成熟。

3. 消费者对消费者的电子商务(C2C)

消费者对消费者的电子商务,即 Customer to Customer,简称为 C2C。C2C 模式的产生以 1998 年易趣的成立为标志,目前采用 C2C 模式的主要以淘宝、拍拍网、易趣网等为代表。C2C 电子商务模式是一种个人对个人的网上交易行为,目前 C2C 电子商务企业采用的运作模式是通过为买卖双方搭建拍卖平台,按比例收取交易费用,或者提供平台方便个人在平台上开设网上商店,以会员制的方式收取服务费。

4. 线上对线下的电子商务(O2O)

线上对线下的电子商务,即 Online to Offline,简称为 O2O。O2O 模式是通过线上营销和线上购买带动线下营销和线下消费,通过打折、提供信息、服务预订等方式,把线下商店的消息推送给互联网用户,从而将他们转换为自己的线下客户,这就特别适合必须到店消费的商品和服务,比如餐饮、健身、看电影和演出、美容美发等。美团、拉手、窝窝团这类传统团购网站,他们的模式既包含了 O2O 的成分,也包含 O2O 以外的东西,完全可以称为采用 O2O 模式运营的网站非常少,美乐乐家居网算是比较典型的例证。美乐乐通过线上引流将客户流量转化至线下体验馆进行体验购物,进而完成 O2O 的生态闭环,美乐乐的体验馆提供家具产品摆展陈列,营造真实度很高的购物体验。

二、电子商务快递服务

1. 电子商务快递服务简介

电子商务快递服务是指快递企业受参与网上交易的用户的委托,寄递快件的服务。与普通快递涉及寄件人、快递企业、收件人三方关系相比,电子商务快递服务另外增加了电子商务网站以及第三方支付平台的关系。可以说,电子商务的发展促进了快递行业的腾飞。因为在电子商务环境下,不管是消费者购置商品、在线支付,还是商家接受订单、确认收款,都可以通过虚拟网络来实现,唯一不能实现的就是实物商品的传送。所以在整个电子商务生态系统中,起到衔接作用的快递就显得尤为重要。

据统计截至 2014 年 12 月,我国网民规模达 6.49 亿,全年共计新增网民 3 117 万人;全年网络市场交易规模达到 2.8 万亿,增长 48.7%,占到了我国社会商品零售额的 10.7%,其中 90% 的用户选择了快递服务。毋庸讳言,无论京东、当当、亚马逊、苏宁易购、国美在线等 B2C

企业,还是淘宝、拍拍、易趣等C2C企业,快递服务的好坏成为其能否赢得客户体验的关键。

2.电子商务快递服务的特点

(1)时效性要求高。

电子商务对快件收寄的时效性要求较高,一般要求同城当日到或次日到,相邻省市次日到,全国范围内三日到。消费者从电子商务网站上购买物品,大部分看重的是网上购物的方便和快捷,他们希望只要在电子商务网站上点击确认购买之后,商品就会快速的寄到自己手中。因此,电子商务快递在时效性要求方面比传统的快递要求要高。

(2)服务质量要求高。

传统的快递要求在规定的时间内将快件送到指定的地点。而在电子商务环境下,服务质量的内涵却要丰富得多。按时到指定的地点收寄是最基本的要求,除此之外,收派员还要对同一类型、同一批次的快件进行统一包装,并能按商家的要求提供多元化、个性化的服务,比如代收货款业务、在线下单业务等。

(3)收件量大,且时间集中。

相比普通快件的收寄,每个电子商务卖家每次寄递快件的数量较多,且时间相对集中。收派员在收寄这类快件的时候一定要对照订单逐一核实,确实做到万无一失,按质按量完成收寄工作。

(4)强调个性化和定制化。

电子商务网站中商家是多种多样的,他们不仅分布在全国各个地方,而且不同的商家还有着不同的需求,因此,各个商家对电子商务快递的需求是非常多元化的。由于这种多元化需求的存在,所以电子商务快递强调定制化和个性化,要求不同层次的快递服务与这种多元化的需求相对应,以满足商家的不同需求。

三、电子商务快件的收寄

基于电子商务不同的运行模式,快递企业除具备传统的快递功能,还要满足电子商务网站或企业的增值性业务,如款项结算和回收、订单处理等。目前,我国电子商务网站数量在不断增加,交易商品涉及日用品及其他非易耗品等,就其电子商务物流模式而言,大体可分为3种类型,分别是B2B(商家对商家)、B2C(商家对消费者)、C2C(个人对个人)的模式。而在电子商务时代,B2B的物流业务逐渐外包给第三方物流;B2C和C2C的物流支持则主要靠快递企业来提供。这里主要介绍B2C和C2C模式的电子商务快递。

(一)C2C的电子商务快递

C2C是指消费者对消费者的电子商务模式,C2C电子商务平台即通过为买卖双方提供一个在线交易平台,使卖方可以主动提供商品上网拍卖,而买方可以自行选择商品进行竞价。

根据C2C电子商务的特点,可以看出C2C卖家分布广泛,所寄递的快件数量小、批次多。对于这类快件的收寄一般都由收派员上门收寄,其收寄流程与普通国内快件的流程大致相同。但由于电子商务卖家每次寄递快件的数量一般在十至几十件之间,且品类繁多,在收寄时需注意以下几点:

(1)由于C2C的电子商务卖家每次寄递的快件数量较多,因此,一定要在收件时仔细核对快件数量,确保数量准确;并将每件快件的寄件存根留给客户。

(2)核对收件人地址,确保在自己公司的派送范围之内。如不在派送范围内,则礼貌向客户解释清楚,并拒绝收寄。

(3)电子商务卖家一般在寄件之前已经将包装完毕,收派员无法做到当面开箱验视。应该返回营业场所后,对这类快件全部通过安检机查验,对疑似违禁品,双人在监控下共同开箱查验,做好登记。

(4)由于电子商务卖家一般寄件时间比较集中在下午5~7点,收派员应注意收取快件的截止时间,确保在截止时间之前收寄完毕;如快件突然增加,应上报主管人员,增派人手。

(二)B2C的电子商务快递

B2C指的是企业对个人的电子商务模式,主要是企业在互联网上开设产品专卖商店,利用电子商务向客户出售企业产品。在这种模式下,电子商务的网站建立起一个信息平台以便将产品生产厂商与消费者连接起来,电子商务网站从生产厂商进货后,通过快递企业最终送到消费者手中。

由于B2C电子商务企业相对于C2C电子商务网站而言,每天的交易量、营业额较大,商品的种类、层次繁多,如不能将商品尽快派送到买家手中,就会在激烈的市场竞争中处于劣势。因此,很多B2C电子商务网站会选择一个或几个适合自己的快递企业作为合作伙伴,将配送业务全部外包。其具体操作方式是:电子商务企业与快递企业签订合同,通过双方权利和义务的规定,负责电子商务企业的商品配送业务。这样可以减轻甚至消除电子商务企业在商品配送方面的顾虑,使其能够专心经营网络商品,同时又可以降低企业商品配送的成本。

为了更好地服务于电子商务企业,实现共赢,快递企业一般会为电子商务企业提供专门的电子商务仓或是直接进驻电子商务企业的分拣中心,并且双方的信息系统可以实现无缝连接。这样消费者通过电子商务网站购买某种商品产生的订单会立即出现在快递企业的信息平台上,快递企业根据订单情况安排处理人员进行快件的收寄、分拣、运输和派送工作。这种模式的电子商务快递的收寄流程如图1-67所示:

(1)接收订单:快递企业通过信息系统随时查看生成的订单。

(2)打印装箱单、运单:快递企业根据订单内容并打印装箱单和快递运单;并同时对仓库中的商品进行分拣筛选。

(3)包装:快递企业操作员根据装箱单对产品进行包装,暂不封口,待下一环节核查无误后

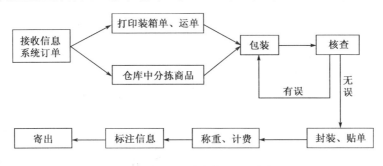

图1-67 B2C电子商务快递的收寄流程

进行封装。

(4)核查:包装完毕后,由另一操作员根据装箱单和快递运单对包装货物进行检查。

(5)封装、贴单:检查无误后,封装、贴单。检查存在问题,退回上一环节,重新核对数量。

(6)称重、计费:操作员对封装好的快件进行称重、计费。

(7)标注信息:按企业规定标注相应信息,如根据企业要求标注目的地电话区号、航空代码等,以便于后续环节的操作。

(8)寄出:根据快递企业的相关要求进行装车或是装件入包操作。

任务八　后 续 处 理

>>> **任务提出** >>>

小李完成当班的收寄任务,回到营业场所。这并不是收寄工作的终点,还需要将快件交于网点处理人员,这些后续工作都包括什么呢?

>>> **任务分析** >>>

小李应掌握的后续处理工作包括对收取快件及相关单证进行交接;对收寄信息进行复核;对营业款进行交接。

一、快件交接

(一)快件交接准备

1. 复核快件和运单

快件在运回营业场所的过程中,由于运输颠簸可能会使快件或运单受损,在交接快件和运单之前,须对快件和运单进行复核,确保快件和运单的完好,且两者相符。

(1)检查快件外包装是否牢固。检查方法与"指导客户正确包装快件"中的检查方法一致,主要是通过"看、听、感、搬"4个动作,对快件的包装进行检查。如检查有异常,须与营业场所的人员一起(至少两人同时在场)在摄像头监控下,拆开包装,对快件进行检查和重新加固包装。

(2)检查快件上的运单粘贴是否牢固。检查运单的随件联是否缺少,运单是否破损。如果运单缺少或严重破损,需要重新填写一份运单替代原运单寄递快件。如果重新开单,须及时告知客户重新开单的原因,以及把新的单号告知客户,以便客户查询。如胶纸粘贴或运单粘贴不牢固,须使用胶纸重新加固粘贴。

(3)核对数量。核对运单数量与快件数量是否相符,一张运单对应一票快件。如运单数量与快件数量不相符,则须及时找出数量不符的原因并跟进处理。

(4)检查运单是否都已经填写完整。特别注意客户的电话号码、客户签名是否完整正确,运单信息的完整性直接影响快件的信息流。

2. 登单

登单是指收派员收取快件之后,须在固定的清单样式上登记快件信息。登记快件信息的清单叫作收寄清单。登记的内容包括快件的运单号、重量、付款方式、目的地、日期时间,以及收派员的姓名或工号等。

收寄清单的制作主要是手工抄写和计算机系统打印两种：

(1)手工登单。

手工登单是指快递企业提供专门的清单样式，收派员按照样式中的要求将快件信息抄写在清单的相应位置。收寄清单一般为一式两联，抄写完毕后，将其中一联交给处理人员，另一联收派员留底保管。手工登单须注意抄写字迹工整，抄写准确，尽量减少笔误。

(2)计算机系统打印。

计算机系统打印制作清单是指快递企业的操作系统中设计特定的清单样式，处理人员对收派员交回的快件和运单扫描完毕后，将数据上传至计算机系统，再通过计算机系统把收派员的收取快件信息打印出来的一种清单。相对于手工登单，计算机系统打印收寄清单有以下几项特点：

①可节约收派员的操作时间，把更多的时间留给收取快件。

②系统打印的准确性高，不会出现笔误。

③可满足快件量大时对信息处理的需求。

④信息清楚，手工抄写存在字迹不清或潦草的情况，系统打印的内容较手工清楚易辨。

随着快递信息系统的应用，大部分快递企业开始逐步取消手工录入收寄清单的操作，在交接时双方只需对快件和运单的数量交接清楚即可，具体的快件信息可通过系统进行查询或复核，这样可以节省清单制作的时间和成本。但是，要实现这一点需依赖于信息系统的完善，依赖于物流与信息流双通道的融汇。

(二)快件交接原则

1.当面交接

收派员与处理人员交接快件和运单时，须当面交接。交接双方共同确认快件和运单信息无误。如出现问题可现场解决或将快件和运单退回给收派员处理，便于明确双方责任。

2.交接签字

交接双方在确认快件和运单信息无误之后，需要在收寄清单或特定的交接表格上，对交接信息进行双方签字确认。然而，随着信息化的发展和员工素质的提升，部分快件公司已经简化了交接签字的环节，双方达成共识，交接的信息直接以系统信息为准。

3.运单与快件一起交接

由于快件与运单是一一对应的关系，即一票快件对应着一张运单。快件和运单(快递企业收件存根联)须同时交接，便于处理人员对运单和快件进行对比，及时发现运单或快件遗失的问题。

(三)优先快件的交接

优先快件是指因时限要求较高或者客户有特殊时限要求等原因，需要优先处理的快件统称。在寄递快件时，客户急需将该快件快速送达目的地，提出对某份快件优先收寄的要求，快递企业在接到此类需求之后需要做出相应的反应，最大可能地满足客户要求，使客户满意。

在处理客户的优先快件时，应注意以下几点：

1. 优先处理

在收到优先快件时,应优先处理。例如,客户因赶时间,需要在某日上午 10 点前,将一票快件发出,此时收派员应优先处理此客户需求。又如客户选择"即日递"产品,此产品要求收派员在上午 12 点之前将快件取回,收派员则应优先处理此客户需求。

2. 单独交接

在交接优先快件的过程中,与网点处理人员对快件进行单独交接,以保证快件的处理速度。

3. 登记备案

在优先快件交接时,应登记备案,以保证对快件状态的监控。

二、收寄信息复核

收寄信息复核是指收派员当班工作结束后,将实际收寄信息与信息系统中的预定信息进行复核的过程。

(一)预定收寄信息复核的内容

1. 核对当班次收寄信息的数量

收派员在当班次工作结束后,应根据无线数据采集器中已收取的快件数量与信息系统中预定的收寄信息进行比对,核对本人当班次的预定收寄信息是否已经全部完成收件操作。

2. 预定收寄信息与实际收寄信息是否匹配

依照订单信息逐一的核对订单信息中的内容是否与快件运单内容一致,核对内容主要包括:寄件人姓名、寄件人联系方式、收件人姓名、收件人联系方式、寄递物品内容等信息。

(二)收寄信息复核异常的处理方法

1. 预定收寄信息未全部下载

例如:快递企业信息系统中显示收派员当班次应有 10 条预定收寄信息,而收派员在当班次仅收到 9 条收寄信息,则此时由呼叫中心客服人员针对遗漏信息主动联系寄件人。如果联系到寄件人,则另外预约一个取件时间;如果没有联系到寄件人,第二天再次联系,如果成功联系到寄件人,首先予以致歉,如果客户继续发件,则安排人员尽快上门收取,如客户取消发件,则再次致歉。

2. 预定收寄信息已下载但未处理

例如:收派员的预定收寄信息有 20 条,但实际收件仅有 19 件,则首先要确定此件是否收取。

(1)如确定未收取,则由呼叫中心客服人员针对遗漏信息主动联系寄件人。如果联系到寄件人,则另外预约一个取件时间;如果没有联系到寄件人,第二天再次联系,如果成功联系到寄件人,首先予以致歉,如果客户继续发件,则安排人员尽快上门收取,如客户取消发件,则再次致歉。

(2)如不确定是否收取,则应仔细回想此件是否收取,并查找相应可能遗忘的角落,如交通工具上、背包里、客户处,如仍未确定是否收取,则需要与客户联系确认是否收取。

(三)预定收寄信息复核的意义

预定收寄信息的复核是将实际收寄信息与信息处理系统中的预定信息相核对,避免了因工作中的差错造成客户的流失。

(1)有效地防止人为失误而导致的客户不满。

(2)及时发现快件问题,及时补救,保障客户的利益,降低客户和企业的损失,减少资源浪费,提高客户的满意度。

三、营业款交接

营业款交接主要指收派员与快递企业指定的收款员之间的交接,即收派员把当天或当班次收取的营业款,移交给快递企业指定的收款员。这里的营业款主要包括散单营业款、月结营业款等。其中散单指当面结清的营业款,月结为定期结算的营业款。

收派员与收款员之间的营业款交接都是小金额交接,须当日结清。快递企业都规定了每日的交接时间,收派员须在规定的结算时间之前,将当日的营业款移交给收款员。营业款移交不得延误,不得留在收派员处过夜。如某公司规定结算时间为 18:30,则收派员须在每天的18:30 之间将当天的营业款移交给收款员。

(一)营业款清点的基本要领及方法

1.营业款清点的基本要领

快递业务人员在办理现金的收取与清点时,要做到准、快。"准"就是钞票清点不错不乱,准确无误。"快",是指在准的前提下,加快点钞速度,提高工作效率。"准"是做好现金收付工作的基础和前提,"快"是提高服务质量的必要条件。点钞基本要领大致可概括为以下几点:

(1)肌肉要放松。

(2)钞券要整齐。

(3)开扇要均匀。

(4)手指触面要小。

(5)动作要连贯,点数要协调。

2.点钞的基本方法

点钞的基本方法主要分为手工点钞和机器点钞两种。快递日常工作中最常用的还是手工点钞,所以下面重点介绍手工点钞的方法。

手工点钞一般分为手持式点钞法和手按式点钞法。

(1)手持式点钞法(图 1-68)。

手持式点钞法可分为手持式单指单张点钞法、手持式单指多张点钞法,手持式四指拨动点钞法和手持式五指拨动点钞法 4 种,比较常用的手持式点钞法为手持式单指单张点钞法、手持式单指多张点钞法。

①手持式单指单张点钞法。

这是最常用的点钞法,它的适用范围较广,可用于收款、付款和整理各种新旧、大小钞票。具体地操作可分为以下几个步骤:

a.整理。

b. 清点。将整理好的钞票斜对面前,用右手拇指向下捻动钞票的右上角,食指在钞票背面托住,配合拇指捻的钞票,无名指将捻动的钞票往怀里弹。

c. 记数。要用 1、2、3、4、5、6、7、8、9、1(即 10),1、2、3、4、5、6、7、8、9、1(即 20)……的记数法,省力好记。

图 1-68　手持式点钞姿势

②手持式单指多张点钞法。

手持式单指多张点钞法,是在手持式单张点钞法的基础上发展为一指可点两张以上的点钞法。这种方法适用于收款、付款和整点工作,对各种纸币都能点,而且记数简单、省力。

其操作方法除了点数和记数外,其他均与手持式单指单张点钞法相同。

a. 整理。

b. 清点。以右手拇指肚放在钞票的右上角,拇指尖超出票面,点双张时,拇指肚捻 1 张,拇指尖往下捻第 2 张;点 3 张以上时,拇指均衡用力,捻的幅度不要太大,食指中指在票后配合拇指捻动,无名指向怀里弹,弹的速度要快。点数时,从左侧看比较清楚。

c. 记数。采用分组记数,如点双张,两张为一组记一个数,50 组即为 100 张;如点 3 张,3 张为一组,一组记一个数,点 33 组余 1 张,即为 1 加张;如点 4~7 张以上均以本方法记数。

(2)手按式点钞法(图 1-69)。

图 1-69　手按式点钞姿势

手按式点钞法可分为手按式单张点钞法、手按式双张点钞法、手按式三张和四张点钞法、手按式四指拨动点钞法、手按式五张扳数点钞法等几种,比较常用的为手按式单张点钞法、手按式双张点钞法。

①手按式单张点钞法。

这种点钞法适用于收款、付款和整点各种新旧、大小钞票。特别适宜于整点残破票较多的钞票。

操作时,把钞票横放在桌上,对正点钞员,用左手无名指、小指接住钞票的左上角,用右手拇指托起右下角的部分钞票;用右手食指捻动钞票,每捻起1张,左手拇指即往上推动送到食指和中指之间夹住,即完成了1次点钞动作,以后依次连续操作。点数至100张。

②手按式双张点钞法。

这种方法的速度比手按式单张点钞法快一些,但挑残币不方便,所以不适用于整点残券的钞票。

操作时,把钞票斜放在桌上,左手的小指、无名指压住钞票的左上方约占3/4处;右手食指、中指沾水,沾水后,用拇指托起右下角的部分钞票。右臂倾向左前方,然后用中指向下捻起第1张,随即用食指再捻起第2张,捻起的这两张钞票由左手拇指向上送到食指和中指间夹住。分组记数,两张为一组,数到50即为100张。

(二)营业款的交接

交接营业款时,须使用规定的票据和结算凭证,即收派员将营业款交给收款员时,收款员或收派员须出示相应的收款账单或结算凭证;款项移交后,收款员开具相应的票据证明营业款已经移交。营业款移交的具体手续如下:

(1)交款准备:收派员整理当天所收取快件的收款资料(如收寄清单,或收派员自己抄写的营业款明细),备好当天收取的营业款,包括现金和支票。

(2)出具交款清单:收款员向收派员出具当天的交款清单。交款清单清楚记录了该收派员当日每一票快件应收取的服务费用,及服务费用汇总,是收款员向收派员收取营业款的依据。

(3)核对交款清单:收派员核对收款员出具的交款清单,可通过收寄清单(手抄或打印)核对交款清单内容。如核对有差异,应及时与收款员确认。

如果营业款差异是收派员造成的,直接按照收款员的交款清单移交营业款。

如果营业款差异是收款员汇总或录入人员录入差错造成的,收派员可申请延迟交款,待更正交款清单后再移交营业款,但延迟交款须经部门负责人同意签字。

(4)交款签字:交款清单无误,收派员应该按照交款清单的营业款总额移交现金或支票。移交支票时,应在交款清单中登记支票号。款项移交后,交接双方在交款清单上签字,收款员向收派员开具收款票据,证实已接收款项。

>>> 项目小结 >>>

快件收寄是快递服务全过程的首要环节,收寄工作完成的好坏直接影响快件的整个转运过程。该项目主要介绍了快件收前准备、快件验视、快件包装、运单填写、资费计算、特殊快件的收寄、电子商务快件的收寄以及快递收寄的后续处理等任务。通过学习,让学生掌握收件前的准备工作;能对快件进行验视及包装;能指导客户正确填写运单,并进行称重计费。掌握电子商务快件及特殊快件的收寄流程;并能对收取的快件进行相关后续处理工作。

>>> 知识巩固 >>>

1. 简述快件的收寄流程。
2. 快件收寄前,需要做哪些准备工作?
3. 快件有哪些重量和规格限制?
4. 简述快件验视的方法和要点。
5. 请列举出 10 种禁限寄物品,并说明收寄快件时遇到这些物品的处理办法。
6. 快件包装时,应注意什么原则?
7. 列举几种常见的包装材料,并简述其功能。
8. 运单粘贴时,有哪几种情况?
9. 某快递企业规定从济南发往北京的普通快件收费方式为:首重 2kg 以内 15 元,超重按 8 元每千克计算,小李收到一票快件,标准长方体结构,长 75cm、宽 60cm、高 50cm,请问该票快件应收取多少寄递费用?
10. 简述几种特殊快件形式,并说明收寄要点。
11. 保价快件、限时快件、代收货款快件、电子商务快件,这 4 种快件的优先收寄顺序是什么?为什么?
12. 电子商务快递服务的特点有哪些?
13. 快件交接包括哪些内容?
14. 交接营业款项有哪些要领和方法?

项目二 快件接收

>>> **知识目标** >>>

◆ 掌握总包接收的流程
◆ 熟悉总包接收验视的内容
◆ 掌握总包拆解的流程
◆ 熟悉总包拆解的注意事项
◆ 熟悉特殊快件接收与核验的注意事项

>>> **能力目标** >>>

◆ 能进行总包接收
◆ 能进行总包的卸载
◆ 能进行特殊快件的接收与核验
◆ 能处理异常总包
◆ 能正确拆解总包
◆ 能处理总包拆解的异常情况

>>> **导入案例** >>>

如何保证快件质量,减少消费纠纷

近年来,快递服务已与广大城市市民的工作、生活密不可分,邮件快递、网络购物、电视购物、广播购物、电话购物……方便快捷的快递服务实现了远距离的物品递送及各种非现场购物。但消费者在收取快递货物时,常常会遭遇物品遗失、破损、掉包等问题,导致了大量消费纠纷的出现。这些问题一般出现在快件的处理过程中,而快件接收作为处理的首要环节,更是问题多发需要特别注意的环节。究其出现问题的原因,大体有以下几个方面:

(1)接收时,工作人员没有做好验视袋身的工作。这样将可能会出现包袋破损,以致内件丢失,或者包袋小面积的水湿、油污影响快件的情况。

(2)只点总数不看总包包牌就接收装运。在接收时,如不看总包包牌就装运的话,很容易使快件发错地方,还可能会造成总包短少或白给的情况发生。

(3)对于粘贴有易碎品标识的快件,没有按照轻拿轻放的要求作业。这种情况可能会使快件在受到重力的作用下变形、破裂、损坏。

(4)接收完毕后,没有在清单上注明交接时间。能否签注交接的时间,是关系到快件发运的时限问题。如果交接一方在规定的时间内没有封妥快件交接,就必须要注明交接的时间,以区分延误快件时限的责任。

为了避免上述问题的出现,作为"快递企业一线"的快递业务员就需要掌握快件接收的操作技能和注意事项,提高自身素质,保证快件质量,减少消费纠纷的出现。

任务一　总包接收

>>> 任务提出 >>>

小张是某快递企业的快件处理员,一日,处理中心多辆装有快件总包的车辆陆续到达,为了有条不紊的完成快件总包接收工作,小张应该怎样做呢?

>>> 任务分析 >>>

总包接收是快件处理的首要环节,作为快件处理员,首先要做好的就是总包的接收。为了顺利完成总包接收工作,小张应提前做好总包接收前的准备工作;等车辆到达之后,引导车辆停靠并检查总包路单;检查车辆封志有无异常并拆解车辆封志;然后按要求卸载、验视总包,同时对异常总包要及时处理。

快件处理在快递服务全过程中主要具有集散、控制和协同的作用。快件处理作业流程主要由总包接收、总包卸载、总包拆解、快件分拣、清单制作、总包封装、车辆装载、车辆施封等环节组成。处理作业流程和各流程活动描述如图2-1和表2-1所示。

处理作业流程描述　　　　　　　　　　　　　　　　　　表2-1

活动编号	流程活动	流程活动说明
001	引导到站车辆	引导快件运输车辆准确停靠,并核对车牌号码
002	验视车辆封志	检查车辆封志是否完好,核对封志上的印志号码
003	拆解车辆封志	使用不同的工具,按照正确的方法将车辆封志拆解
004	卸载总包	把总包快件从运输车厢内卸出,注意安全,按序码放
005	验视总包	查点总包数目,验视总包规格,对异常总包交主管处理
006	扫描称重	对总包进行逐袋扫描比对,称重复核,上传信息并将扫描信息与总包路单核对
007	办理签收	交接结束后,交接双方在总包路单上签名盖章,有争议事宜在总包路单上批注
008	拆解总包	解开总包,倒出包内快件,检查总包空袋内有无漏件
009	逐件扫描	逐件扫描快件条码,检查快件规格,将问题件剔出,交有关部门处理
010	快件分拣	按快件流向对快件进行分类、分拣
011	快件登单	逐件扫描快件的完整信息,扫描结束及时上传信息,打印封发清单
012	总包封装	制作包牌,将快件装入包袋并封口
013	交发总包	交接双方共同核对总包快件数量,检查总包规格、路向
014	装载车辆	按照正确装载、码放要求,将总包快件装上运输车辆
015	车辆施封	交接双方当面加车辆封志,保证封志锁好,核对号码
016	车辆发出	交接完毕,在总包路单上签名盖章,引导车辆按时发出

快件接收是快件处理的第一个作业环节,做好快件接收工作是快件处理的首要任务。在进站快件总包接收作业过程中,处理中心接收人员对运输快件车辆的封志、总包路单、快件总

包的规格和重量等方面,要认真执行交接验收规定,明确责任环节,确保快件的处理质量。在交接中,应注意产生的异常情况,并对异常封志、异常总包进行及时处理。

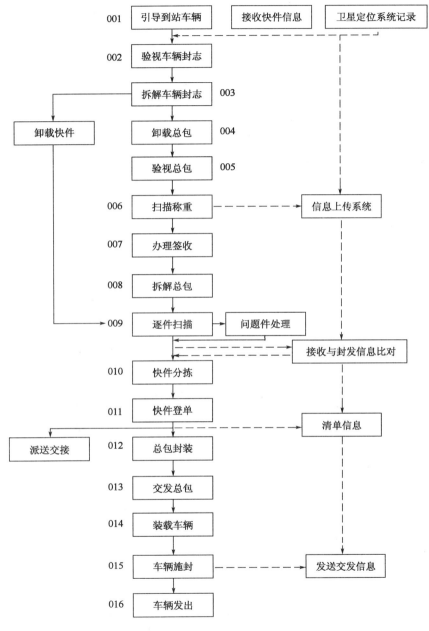

图 2-1 处理作业流程

一、总包接收前的准备工作

总包,是指将寄往同一寄达地(或同一中转站)的多个快件,集中装入的容器或包(袋)。总包经封扎袋口或封裹牢固形成一体,便于运输和交接。总包必须拴有包牌或粘贴标签,同时,总包内应附寄快件封发清单或在总包包牌及标签上写明内装件数。

总包接收前,处理中心各岗位的操作人员应根据各自的作业要求和内容,预先安排相关工作,准备相关物品与工具,确保作业规范化,提高作业效率。主要内容如下:

(1)检查有无快件处理的相关要求和操作变更通知。

(2)领取条码扫描设备、名章、圆珠笔、拆解专用钳或剪。

(3)做好个人准备工作,穿好工作服,佩戴工作牌和上岗劳动保护用品(如防护手套、护腰工具等)。

(4)检查装卸、分拣、条码扫描等设备,核对作业班次和时间。

(5)对作业场地进行检查,场地应清洁、干净、无遗留快件。

二、引导车辆停靠检查总包路单

不管采用哪种工具运输,最后装载快件总包进入处理中心的都是汽车。快件运输车辆进入处理中心场地后,快件处理员要引导车辆停靠在指定的交接场地,同时注意车辆和人身安全,特别要注意工作人员在引导车辆时不能站在车的正后方。工作人员需核对车牌号码,查看押运人员身份,核对交接车辆和押运人员的身份是否符合业务要求,同时明确车辆的到达时间是否延误。公路运输快件接收流程如图 2-2 所示。

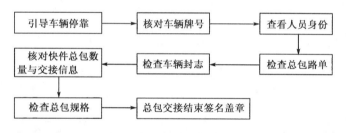

图 2-2 公路运输快件接收流程

处理员引导车辆停靠后,需要检查快件运输车辆送件人员提交的总包路单内容填写是否完整,有无漏项,章戳签名是否规范正确。同时,核对到站快件运输车辆的发出站、到达站/终到站、到达(开)时间,并在总包路单上批明实际到达时间。交接结束后,需在总包路单上签名盖章。

总包路单是快递服务网络中运输和处理两个部门在交接总包时的一种交接凭证,是登记交接总包相关内容(路单号码、总包包号、发寄地、寄达地、总包数量、重量、快件种类等)的一种单式,有的快递企业也将总包路单称为交接单。在快件处理过程中,虽然各快递企业使用的总包路单形式多样,但功能基本相同,一般都用于登记总包信息。有的总包路单登记内容详细,有的只登记总包数量及简要相关信息。

三、检查车辆封志

快件处理员引导车辆停靠后在卸载总包之前,需要首先检查车辆封志是否正常,有无拆动痕迹,卫星定位信息有无非正常停车或非正常开启车门的记录。

车辆封志是固封在快件运输车辆车门的一种特殊封志,其作用是防止车辆在运输途中被打开,保证已封车辆完整地由甲地运到乙地。封志是快件运输途中保证安全、明确责任的重要手段。

车辆封志大体上可分为两大类:一类是实物封志,是快递企业经常使用的封志,实物封志包括金属类封志和塑料类封志(图2-3);另一类是信息封志,是无形的封志。随着信息技术的发展,有一些快递企业使用全球卫星定位系统(GPS)与地理信息系统(GIS)相结合的信息封志来监视快件运输车辆的车门,利用系统记录信息来确定运输途中车门是否被无故打开,从而提高快件运输过程中的安全性。

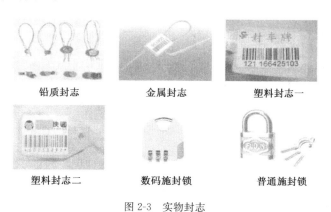

图2-3 实物封志

1. 车辆封志的使用

(1)装好车后,必须将封志号码填入路单相应栏目,装车人员负责检查核对。

(2)封车时,如果车辆封志损坏,装车人员必须将损坏封志和路单到封志管理人员处更换,否则不能领取;更换封志时,必须同时更改路单上的封志号码,确保路单号和车门封志号码相对应。

(3)场地装发完毕后,装发人员与押运人员共同对车厢进行施封;押运人员或司机应对封志号码进行检查核对,并在路单上签字确认。

(4)车辆到达总包接收部门后,接收部门操作人员应先检查封志是否完好,并核对封志号码与路单记录的封志号码是否一致,之后签字确认。

(5)如在处理中心进行部分卸件,在卸件完成后,必须重新施封,并在路单上写明封志号码,等同正常发车程序,并让司机核对。

2. 责任划分

(1)在封志完好情况下,如果出现快件的短少,应向上一环节追查责任。

(2)在封志、车门锁损坏或缺失的情况下,根据异常封志的相应情况进行处理。

(3)车辆在途中因执法部门查车而拆解车辆封志,司机必须及时通知业务主管,并向执法人员索取相关证明,经核实后,司机不必承担责任。

四、拆解车辆封志

不同材质的车辆封志,拆解方法略有不同。对于施封锁,交接人员应该使用施封锁专用钥匙开启,并妥善保管钥匙以备查询及循环使用;对于金属封志、铅封、塑料封志等,交接人员应该使用剪刀或专用钳拆解封志。

拆解车辆实物封志,首先要认真检查封志是否已被打开,封志上的印志号码或封志标签是否清晰可辨。如果铅封印志模糊、塑料封志反扣松动能被拉开,属于异常封志,需要按照异常车辆封志处理方法进行处理。在拆解时,需要注意不得损伤封志条码或标签。正确拆解车辆封志的步骤如图2-4所示。

图2-4　拆解车辆封志

1. 异常车辆封志

异常车辆封志指拆解车辆封志之前,封志已经出现断开、损坏、标签模糊、塑料封志反扣松动能被拉开等现象。出现异常车辆封志应在路单上进行批注,并查明原因,及时进行处理。

2. 异常车辆封志种类

(1) 断开损坏的车辆封志(图2-5~图2-7)

由于遭受外部人员偷窃、发生交通事故、车辆封志的质量问题、查车等意外情况,均可能使车辆封志断开或损坏。

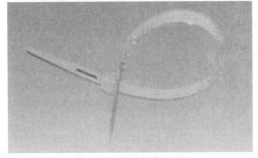
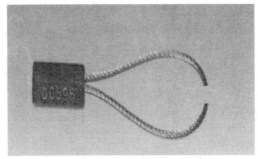

图2-5　断开的车辆封志　　　　图2-6　断开的车辆封志

(2)标签模糊的车辆封志

标签模糊的车辆封志包括条码模糊数字清晰的封志和条码及数字均模糊的车辆封志。

(3)条码与路单不符的车辆封志

路单填写错误或故意更换车辆封志均会导致封志号码与路单不符。

3.异常车辆封志处理方法

(1)发现车辆封志异常应首先向作业主管报告,并在路单上批注交接异常的原因。

图 2-7 破坏车辆封志

(2)拆解异常车辆封志和卸车应在监控范围内由两人或两人以上共同进行。

(3)将异常封志单独保管,拍照留存。

(4)对于条码模糊不能被正确识读的车辆封志,如果数字清晰,可以手工录入;如果条码和数字均模糊,应通过路单来查询本车所装载总包情况,并填写异常车辆封志处理报告。

(5)对于车辆封签与路单不符的情况,应会同押运人员查明原因。

五、总包卸载

总包卸载,是将进站总包从快件运输车辆上卸载到处理场地的作业过程。卸载总包时,要按规定搬运,并注意快件的安全。

(一)卸载操作注意事项

(1)按照要求卸载总包,不得有抛掷、拖拽、棒打、踩踏、踢扔、坐靠及其他任何有可能损坏快件的行为(图 2-8~图 2-10)。卸载时,总包袋口不得拖地。

图 2-8 不准抛掷快件　　　　图 2-9 禁止拖拽快件

(2)对于贴有易碎品标志的总包单件要轻拿轻放,放置时,需要在快件底部低于作业面 10cm 的时候才能放手(图 2-11)。

(3)卸载破损总包时,应注意保护内件,避免出现二次损坏快件的现象。

(4)使用机械或工具辅助卸载,应正确操作卸载机械或工具,禁止野蛮粗暴操作及其他任何有可能损坏快件的操作。

图 2-10　不准踩踏快件

图 2-11　轻拿轻放易碎品快件

（5）遇到雨雪天气，卸载总包时，应做好防水防潮及受潮物品处理工作。如遇有受潮快件，妥当处理，严禁挤压、烘干受潮物品等（图 2-12）。

（6）总包卸载后，应区分直达和中转路向、手工与机械分拣快件，并按堆位要求分别码放。

（7）码放时，做到重不压轻，大不压小（图 2-13）。码放的总包有序、整齐、稳固，总包袋口一律向外。

图 2-12　雨天卸载快件做好防护

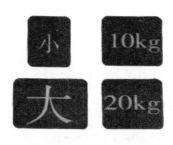
图 2-13　堆码快件重不压轻，大不压小

（8）偏大、偏重的总包单独码放或码放在底层，以防码放时砸坏轻件、小件；易碎物品、不耐压的快件放置顶层或单独码放；对标有不准倒置、怕晒、怕雨、禁止翻滚、堆码重量和层数受限的快件，应按操作标准进行作业（图 2-14、图 2-15）。

图 2-14　按要求堆码有重量和层数限制的快件

图 2-15　禁止倒置、翻滚有方向要求的快件

（9）卸载在托盘、拖车和拖板上的总包，码放高度一般不超过把手。

（10）不规则快件、一票多件快件、需特殊处理或当面交接的快件，应该单独码放。

项目二 快件接收

(11)水湿、油污、破损的总包,应交专人处理。

(12)卸载结束后,快件处理员应检查车厢和场地周围有无其他遗留快件。

(二)卸载作业的安全要求

(1)应该在车辆停靠稳妥后进行卸载作业,进出车厢应使用防护扶手,避免摔伤。

(2)着装规范,防护用品佩戴齐全,避免身体受到伤害,如佩戴专用防护腰带、穿好防护鞋(图2-16、图2-17)。

(3)卸载金属包装或表面不光滑、带有尖锐物包装的快件或者其他任何有可能造成工作人员伤害的快件,应戴专用防护手套(图2-17)。

图2-16 作业前佩戴好防护腰带

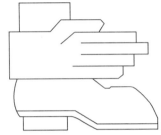
图2-17 佩戴专用防护手套和穿防护鞋

(4)卸载体积偏大、偏重的总包快件,应双人或多人协同作业及使用设备卸载(图2-18)。

(5)如果卸载快件有内件物品破损并渗漏液体、粉末状固体、半固体状物品或者漏出内件疑似有毒、剧毒、不明化工原料,必须使用专用防护工具和用品或防护设备进行隔离,不得用身体直接触摸或鼻嗅(图2-19)。

图2-18 体积大或重快件双人作业图

图2-19 泄漏液体粉末状固体等不得用鼻嗅

(6)如果卸载总包堆码在手动运输的托盘、拖车、拖板上,注意堆码重量不得超过设备材质和承载的限定要求,堆码宽度应小于底板尺寸。对于托盘、拖车,堆码高度不应高于托盘和拖车;对于拖板,堆码高度不应高于标准人体高度,以防在快件倒塌时被砸伤(图2-20)。

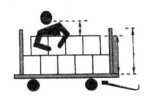

图2-20 堆码高度

(7)使用托盘、拖车运输时,应分清车头车尾,不得反向操作。拉运快件时,应目视前方,不得左顾右盼(图2-21)。

(8)卸载使用的机械或工具不得载人(图2-22、图2-23)。

图2-21 拉运快件不得左顾右盼,应目视前方　　图2-22 不准搭乘快件搬运车辆

图2-23 快件搬运车不准站立人员

(三)装卸搬运

1. 装卸搬运合理化

装卸搬运是接收中的基本作业环节,也是容易发生总包损坏的环节,必须把装卸搬运与总包拆解、快件分拣合并成一个完整的系统来处理。通过系统化、全局化的组织与协调,实现快件处理的合理化。装卸搬运合理化是装卸搬运的基本原则。装卸搬运合理化主要表现在:

(1)减少装卸搬运次数

处理中心应通过良好的组织和妥善的安排,使快件被搬运的次数最少,消除无效装卸和搬运。

(2)缩短移动距离

在装卸和搬运作业中,清理作业现场,妥善调度车辆等运输工具,务必使装卸搬运距离最短,尽可能使运载车辆、搬运工具接近快件验收、拆解操作台,尽可能消除完全采用人力的水平搬运。

(3)作业衔接流畅

搬运和装卸是伴随进行的,如果搬运和装卸脱节,会使作业量大幅增加。例如,车辆行驶到处理中心后,先将总包卸载到地上,然后再搬运到验收拆解的操作台上,这就意味着增加了一次落地和离地的作业。相反直接从车辆卸载到操作台上,搬运的作业量就会减小。

(4)实现机械化作业

装卸搬运是高强度、大负荷的作业,采用人力作业不仅效率低下,而且容易产生货损。有些快递企业机械化程度较高,将输送带延伸到车厢内部,降低劳动强度,减少搬运距离。

装卸搬运作业毕竟还不能实现完全的无人化作业,需要使用人力或机械协助作业。为了降低作业的劳动强度,省力化的作业设计和组织极为必要。省力化的作业方法主要有充分利用重力、避免重物提升、建造与车厢同样高度的车辆作业平台等。

2. 搬运方法

(1)人力搬运

人力搬运可分为人力负重搬运和人力设备搬运两种。人力负重搬运适用于将快件从车辆上搬运到操作台或分拣线上,或者是卸载后的堆码操作。人力负重能力小,人体容易受伤害,作业不稳定,因而效率低、容易导致快件破损。在进行人力负重搬运时,应佩戴专用防护腰带等防护用品。

人力设备搬运则是较为常见的方法,如利用手推车、人力拖车、手动提升机等。

(2)叉车搬运

叉车搬运是利用叉车的水平移动能力对较重快件总包进行搬运。同时,由于叉车还具有提升能力,利用叉车可以直接对快件总包进行装卸、搬运、堆码等作业。

(3)输送带传送

输送带传送是利用输送带将快件从运输车辆直接传输到分拣现场的搬运方法,可以实现不间断搬运,是效率较高的搬运方式,且劳动强度小,搬运质量佳。一般大型处理中心都采用输送带搬运。

(四)总包卸载流程

目前,快递业务发展迅速,随着业务量的增长,为了提高快件处理速度,快递企业纷纷提高处理中心的机械化程度,在快件接收环节,直接将快件总包和单件从车厢卸载到皮带输送机上,并且卸载与总包的交接验收同时进行。

1. 开启车门

对于厢式货车拆解车辆封志后打开车门时,卸车人员应站在靠近右侧车门一旁,左手用力抵住左车门,右手拉开右车门拉杆缓慢开启车门,注意控制车门开启速度,防止快件从车厢中掉出砸伤操作人员。

2. 卸载总包和总包单件

(1)把车上的总包和总包单件卸到滑梯上或直接放置在皮带输送机(卸货平台)上,操作时,不得有抛、扔现象。

(2)必须根据条码扫描器的扫描速度来控制卸货速度,如果卸得过快,可以先放置一边,待皮带输送机上快件较少时再向皮带输送机上放置。

(3)包装外表上有突出的钉、钩、刺的快件,有异味和油渍的快件,超重超大等特殊快件,不能用皮带输送机传送,避免损伤、污染皮带输送机或快件摔损等事故发生,应将以上快件单独摆放在推车上,进行卸车扫描后直接搬运至目的地。

3. 总包单件的摆放

(1)对卸至皮带输送机上的快件进行整理,使快件快递运单处在向上状态,以便确认。

(2)当皮带输送机出现双排流转现象时,应将部分快件卸下,确保主皮带输送机是单排流向,间距保持5cm左右。

(3)当皮带输送机上快件较少时,将卸下的快件重新放回皮带输送机上,确保快件匀速流转。

4. 车厢的清扫检查

卸载完成后,应检查车厢各角落,确保无快件遗漏在车厢内。

六、总包接收验视及异常总包处理

接收进站总包是处理环节的总进口,处理中心必须严格把关,进行一丝不苟的检查,守住"大门"。接收验视总包时,应将总包实物信息与信息系统内信息进行比对,对异常情况要当场及时处理,明确责任。

(一)总包接收验视内容

总包接收验视的内容主要包括总包发运路向是否正确;总包规格重量是否符合要求,是否与总包路单上的重量一致;总包包牌或标签是否有脱落或字迹不清、无法辨别的现象;总包是否有破损或拆动痕迹;总包是否有水湿、油污、出现异味现象等。

(二)总包与系统内信息比对

(1)用条码扫描器逐一扫描总包包牌或标签上的条码,防止漏扫和误扫,条码污染、受损无法扫描时,应手工键入条码信息。

(2)扫描过程中,挑出有破损、拆动痕迹或水湿油污的总包。

(3)扫描结束后,通过系统内比对功能与上一环节装车时总包信息进行比对,检查总包有无漏发、误发。

(三)异常总包处理

异常总包是在总包验视过程中出现异常情况的总包。异常情况主要包括总包发运路向不正确;总包规格重量不符合要求;总包包牌或标签有脱落或字迹不清、无法辨别现象;总包有破损或有拆动的痕迹;总包有水湿、油污等现象。

根据异常总包的不同情况,应分别采取不同的处理方法。

1. 总包发运路向不正确

对于发运路向错误的总包,应按最快方式进行转发,同时,应向上一环节缮发快件差异报告。书写不清楚是导致总包发运路向不正确的主要原因,特别是不装袋的总包单件。有些城市的名称相近,容易看错,因此,书写时应按照要求使用规范汉字和阿拉伯数字工整书写。发现发运路向不正确的总包或总包单件,应对书写不清楚的汉字进行批注,并将总包以最短时间按照正确路向发运。

2. 总包规格、重量不符合要求

根据总包包袋的容量和承载能力限制及搬运的方便性,快件总包每包(袋)重量不宜超过32kg。对于明显超规格超大超重的总包,应尽量缩短搬运距离,尽快进行总包拆解,避免搬运过程中损坏包袋,同时,应向上一环节缮发快件差异报告,要求对方注意总包规格。

3. 总包包牌或标签有脱落或字迹不清、无法辨别现象

(1)如果总包袋上标注了包号(或条形码),可以按照总包袋上的包号(或条形码)进行处理。

(2)如果无法根据总包标识辨别的,应拆解总包,找出封发清单,通过清单核对快件数量、路由。如果是总包错发,应补总包包牌,重新按正确路向发送,同时,应向上一环节缮发快件差异报告;如果总包发送路向正确,应直接进入下一环节。

4. 总包有破损或有拆动的痕迹

接收总包时,发现总包有破损痕迹,如果总包内快件出现丢失、损毁、内件短少等严重质量问题,处理人员首先报告作业主管,并对破损的总包进行拍照,然后拆解总包,对照封发清单检查是否有快件遗失、快件破损等情况,并填写质量报告记录,双方签字,存档备查。

对于总包有拆动痕迹、总包封志异常情况,应由交方负责开拆总包,保留袋皮、封志、总包包牌,会同收方共同查验内装快件,如有不符,应在路单和袋内封发清单上批注。

5. 总包有水湿、油污等现象

接收总包时,发现水湿、油污等现象,交接双方应在路单上注明,找出污染源,并立即予以适当处理,尽快进入拆解环节,对总包内快件进行检查,如果快件水湿、油污情况严重,填写质量报告记录,双方签字,并交作业主管处理。

七、航空总包接收异常的处理

我国快递企业使用航空运输的模式主要包括自营、包租和集中托运。由于自营模式对快递企业资金的投入及航空运输资质要求较高,目前,有的快递企业建有自营航空公司,多数快递企业均采用包租或集中托运模式,因而做好与航空公司(或航空货运代理公司)的业务对接工作是保障快件时限、避免责任纠纷的关键。

航空快件接发人员至机场提取快件时,应仔细检查并确认每一件快件总包包装是否完好,清点袋数,检查航空标签,并核对是否与航空提货单上的件数相符,如果出现件数不符、包装破损、航班延误不能按时提货等异常情况,应及时加以解决。

(一)取包少件

提取总包时,发现实际到达的快件总包数量少于航空提货单上的总包数量。

1. 原因分析

(1)由于交发总包时未点清数量,航空提货单上数量错误。

(2)由于安检扣件或部分落货,导致到达快件总包数量少于实际封发总包数量。

2. 处理方法

(1)接发员确认快件外包装航空标签上件数情况,请机场提货处查看是否有快件遗漏在机场仓库,同时与航空提货处协商提货事宜。

(2)如果机场同意提取总包,接发员应及时提取,并在航空提货单上注明实提数量及少提数量;如果机场不同意提取总包,则由发货方航空部门通过出港航空公司发送传真至到港提货处确认实际发件件数,对少件原因进行查询,并确认提货事宜,发货方航空部门将情况反馈至提货方航空部门,接发员及时提取快件并在航空提货单上注明实提件数及少提件数。

(3)提货完毕后,通过与信息系统内数据对比,查找出少提快件的详细资料。

(4)提货方航空部门在提货现场操作完成之后,尽快在信息系统中填写提货信息,对于提货中出现的单货不符进行异常登记,选择异常类型,详细说明异常原因、异常内容等信息。

(5)接发员在以后提货时,对少提快件进行跟踪、寻找。

(6)快件遗失一个月后仍无法查找到快件具体下落的,由接发员至航班到港航空提货处,凭航空提货单开具航空公司的遗失证明。

(二)取包多件

提取总包时,发现实际到达的快件总包数量多于航空提货单上的数量。

1. 原因分析

(1)由于交发总包时未点清数量,航空提货单上件数错误。

(2)到达件数多于实际发件数,导致实际到达的件数多于航空提货单上标明件数。

2. 处理方法

(1)接发员确认快件外包装航空标签上件数情况。

(2)接发员确认发货方航空部门发件情况。

(3)若由于航空提货单标明的件数错误,由发货方航空部门通过出港航空公司确认,接发员提取多出的快件;如果提货时间紧张,无法及时提取多出的快件,为不影响整体作业计划,应留待下个提货批次提取快件。

(4)若到达件数多于实际发件数,接发员须确认多出总包内快件是否为本企业快件,如非本企业快件应归还航空公司,不得私自拆封多出快件,更不得将快件占为己有;如非本企业快件已提回企业,仍需及时归还航空公司。

(三)取包破损

提取总包时,发现总包或总包单件外包装破损。

1. 原因分析

(1)航空运输中,快件相互挤压导致外包装破损。

(2)由于快件包装不够牢固,导致外包装破损。

2. 处理方法

(1)总包单件出现外包装破损,应由接发员确认快件破损程度,若破损处可能导致内件外漏,须当场拍照,并要求航空公司开具破损证明后,将异常信息上报航空部门。

(2)总包出现外包装破损,导致内装快件外漏的,应立即拍照,当场拆解总包清点快件或利用条码扫描器逐件扫描进行件数统计,如果内装快件件数少于总包包牌标明的件数,经确认后要求航空提货处开具破损、少件的证明,并将异常信息上报航空部门。

(3)破损异常操作处理完后,应尽快在信息系统中填写提货信息,同时新增提货破损异常登记,选择异常类型,详细说明异常原因、异常内容等信息。

(四)有件无提单

提取总包时,发现快件配载航班已到达,快件总包也同时到达,但航空提货单未到达。

1. 原因分析

(1)航空提货单错发目的地。

(2)航空提货单未装机,或因人为原因途中遗失。
2.处理方法
(1)接发员及时通知航空部门信息处理人员,信息处理人员在接收到异常信息后及时联系发货方航空部门。
(2)发货方航空部门收到异常信息反馈后,将航空提货单传真至提货方航空部门。
(3)接发员凭航空提货单传真件至提货处办理提货手续提取快件。
(4)提货完成后,信息处理人员在系统中填写提货信息,增加有货无单异常登记。

(五)有提单无件

提取总包时,发现快件配载航班已到达,也有航空提货单,但快件未到达。
1.原因分析
航班快件落货。
2.处理方法
(1)接发员向航空提货处确认此航班快件是否已核对完毕,前往查询柜台询问具体情况并提供航空提货单号码确认快件配载情况。
(2)接发员无法得到快件实际配载情况下,应联系发货方航空部门通过出港航空公司查询异常原因及正确航班号,并将确认信息反馈至提货方航空部门安排提货。
(3)在信息系统中填写提货信息,增加有单无货异常情况记录。

(六)总包单件无快递运单

总包单件在运输途中丢失快递运单。
1.原因分析
(1)收派员收件环节快递运单粘贴不牢固,导致快递运单丢失。
(2)在运输过程中不规范操作,造成快递运单脱落。
2.处理方法
(1)接发员应尽快将总包单件提取回企业,通过信息系统对比,确认单号,补齐系统内记录;如果无法确认单号,须将此件航班号、快件详情、重量、尺寸、外包装、照片等信息上报业务主管并发布在内部网上,待相关业务区确认单号后及时参加中转。
(2)信息处理人员尽快在信息系统中填写总包单件无快递运单的异常记录。

(七)部分落货

提取总包时,发现部分总包或总包单件未跟随航班到达。
1.原因分析
因为飞机舱位原因,导致部分总包或总包单件未配载原计划的航班,而改配其他航班。
2.处理方法
(1)发货方航空部门及时对航班发出及快件配载情况进行查询。
(2)如发现异常情况,立即通知出港航空公司进行处理,便于快件到达后能第一时间提出,同时确认所落总包或总包单件改配的航班号,及时将异常信息反馈至提货方航空部门。
(3)若接发员未收到任何异常反馈,提货时才确认部分落货,应与机场协商提取事宜。

(4)若机场同意提取,接发员应及时提取总包或总包单件,并在航空提货单上注明实提件数及少提件数。

(5)若机场不同意提取,则应由发货方航空部门通过出港航空公司发送传真至到港航空公司确认实际发件件数,并确认提货事宜,发货方航空部门将传真情况及所落快件改配航班号反馈至提货方航空部门,通知接发员凭传真至货运处办理提货手续,接发员及时提取快件,并在航空提货单上注明实提数及少提数。

(八)航班延误或取消

航班延误或取消导致快件不能按时到达。

1. 原因分析

由于不可抗力原因,比如天气状况恶劣,能见度低,有雷雨、大雾天气,或出现航空管制,都可能会造成航班延误甚至取消。

2. 处理方法

(1)接发员等待通知,由航空部门负责此航班跟踪情况并及时反馈结果。

(2)若航班取消,应及时与发货方航空部门联系反馈,同时跟踪改配航班情况。

(3)提货完毕后,须及时上报航班延误原因,并在信息系统中注明。

任务二 总包拆解

>>> 任务提出 >>>

完成了总包的接收工作后,小张需要进行总包的拆解。为了正确拆解总包,小张应做好哪些工作呢?另外,在拆解总包的过程中,如果遇到总包内快件与封发清单不一致或拆出的快件外包装破损、有拆动痕迹等异常情况,小张又应如何处理呢?

>>> 任务分析 >>>

为了能够正确拆解总包,小张首先要做好拆解前的准备工作;然后按规定进行拆解总包,特别注意检查总包空袋内有无遗留快件;进行总包拆解信息比对,并对异常情况进行处理;总包拆解完毕后,需要将单据归档,并整理检查用品用具。

拆解总包时,如果遇到异常情况,小张需要分析异常情况产生的原因,做好记录,分清责任,及时采取措施进行处理;如果自己不能处理,则需要交作业主管处理。

总包拆解作业,就是开拆已经接收的进站快件总包,将快件由总包转换为散件。总包拆解实质上是对总包内快件的接收,其特点是交接双方不是面对面的当场交接,而是一种"信誉交接"。因此,为了能够分清交接双方的责任,要求对上一环节封装的快件总包开拆后,还能恢复其"原始状态"。所以开拆总包时,对封扎总包袋口的扎绳必须严格按规定操作;对总包空袋的袋身必须严格检查,并妥善保管,不得随意乱放。这样,一旦出现问题件,有利于辨明拆封双方的责任。

总包拆解主要分人工拆解和机械拆解两种方式。人工拆解总包是一种比较普遍的方式,绝大多数快递企业都采取人工拆解总包的方式。无论采用何种拆解方式,其作业流程基本相同。

一、拆解前准备

1. 准备工具

领取条码扫描设备、名章、圆珠笔、拆解专用钳或剪。

2. 验视总包路向

拆解总包前,应先验视总包路向并检查总包封装规格,确认总包路向无误后再开拆,对误发的总包不能拆解,应剔除出来交作业主管。

3. 扫描包牌条码信息

扫描总包包牌、封志等内容,扫描不成功或无条码的,手工键入总包信息。

二、拆解总包

1. 拆解总包封志

拆解铅封时,一般是左手捏住袋口向下压成弧形,右手持专用拆解剪在靠近铅封处剪断扎绳一股,不可损伤封志,保持扎绳、封志和总包包牌连在一起。

拆解塑料封扣时,应使用专用拆解剪将塑料封志剪断,剪口应在拴有包牌一面的扣齿处,以保证包牌不脱落。

2. 取出快件

双手捏住总包包袋底部的两角向上轻提,将袋内快件倒在工作台上;开拆包袋时,特别是内装较多或体积较大包裹的包袋,要小心倒袋。

每开拆完一袋,取出相关快件后要随即用手将袋撑开,采用"三角看袋法",即用两手拿住袋口边沿,以肘撑入,将袋口支成三角形,验看袋内有无遗漏快件,不得在开拆后将袋倒扣代替验看。同时注意,如果总包内有易碎快件,必须轻拿轻放,小心地从容器中取出。

3. 扫描快件条码

将快件从总包内拿出后,需要逐步扫描快件条码,同时验视快件规格。拆出的破损、水湿、油污、内件散落等快件以及不符规格的快件,应及时交作业主管处理。区分手工分拣和机械化分拣快件,将需要机械分拣的快件运单向上,顺序摆放。超大、超重不宜机械分拣的快件和破损、易碎物品快件要单独处理。

三、总包拆解信息比对

(一)比对方式

总包拆解后,需要将快件与封发清单信息进行比对。比对一般有两种方式,一是手工方式比对,二是电子方式比对,目前快递企业一般采取电子方式比对。

1. 手工方式比对

根据总包内快件封发清单(表 2-2)登列的项目与快件实物逐件核对。

2. 电子方式比对

用条码识读设备逐一扫描快件,快递运单条码受损无法扫描时,应手工键入条码信息。

(二)比对内容

(1)快件路向是否正确,有无误发。

(2)根据封发清单逐件核对,包括快件编码、原寄地、件数、重量。
(3)检查快件封装规格标准。
(4)比对合计数量是否有误。
(5)划销处及签章处是否盖章。

快 件 封 发 清 单　　　　　　　　　　　　表 2-2

编号_____第____页

自_____至_____　　　　　　　　　　　年　月　日

序号	快件编码	原寄地	件数	重量	备注
1					
2					
3					
4					
5					
6					
7					
8					
…					
20					
合计					

封发人员(签章):　　　　　　　　　　　接收人员(签章):

四、总包拆解常见异常情况及处理

在总包拆解中会遇到一些异常情况,包括:总包内快件与封发清单不一致;未附封发清单;拆出的快件有水湿、油污等;拆出的快件外包装破损、断裂、有拆动痕迹;封发清单更改划销处未签名、未签章;快递运单条码污损不能识读;快件快递运单地址残缺;有内件受损并有渗漏、发臭、腐烂变质现象发生的快件。这些异常情况会影响到快件的时效和安全,应及时加以处理。

(一)总包内快件与封发清单不一致情况的处理

总包内快件与封发清单信息比对不一致主要包括下面 3 种情况:一是总包内快件与封发清单数量不一致;二是总包内快件与封发清单重量不一致;三是总包内快件与封发清单中记载快件编号、原寄地、备注不一致。

1. 总包内快件与封发清单数量不一致

(1)总包内快件实际数量少于封发清单中记载快件数量

总包内快件实际数量少于清单记载数量属于严重质量问题,容易引发各环节纠纷,必须认真对待,严格按照要求去做。开拆总包后,应保存封志、总包包牌、铅志、绳扣、空袋,发现快件短少应向上一环节缮发快件差异报告,并附上原封志、总包包牌、铅志、绳扣、空袋等原始凭证,明确上下环节责任。

(2)总包内快件实际数量多于封发清单中记载快件数量

检查总包内快件,与清单内容一一核对,找出清单中未记载的快件,说明上一环节封装时漏登清单或漏扫描快件,应在清单上进行批注,并向上一环节缮发快件差异报告,说明情况。

(3)封发清单中快件合计数错误

将总包内快件与封发清单中项目一一核对,全部相符,封发清单中快件合计数错误,应在清单上批注实际数量,并告知上一环节。

2.总包内快件与封发清单重量不一致

称重后快件重量小于封发清单上注明的重量,可能是内件短少或上一环节称重错误,应立即报告作业主管,追查原因,并向上一环节缮发快件差异报告。

3.总包内快件与封发清单中记载快件编号、原寄地、备注不一致

出现封发清单上快件编号登记错误、原寄地登记错误、保价快件在备注栏内未注明等情况,应按照快件实际内容在清单上进行批注,并向上一环节缮发快件差异报告。

(二)总包拆解中其他异常情况的处理

1.发现总包内未附有封发清单

应先称整包重量与总包包牌所注重量核对是否相符,有电子信息的以电子信息为准,没有的向上一环节缮发快件差异报告,由上一环节补发清单或由上一环节授权后代补清单。

2.拆出的快件有水湿、油污等

(1)水湿、油污不严重的,按要求进行阴干、清洁和隔离处理,并向上一环节缮发快件差异报告。

(2)水湿、油污严重快件失去价值的,除向上一环节缮发快件差异报告外,交作业主管处理。

3.拆出的快件外包装破损、断裂、有拆动痕迹

对于拆出的快件有外包装破损、断裂和拆动痕迹的,必须及时通知作业主管,对破损快件称重、拍照,并根据快递运单检查内件是否漏出或出现丢失情况。内件齐全则将快件重新进行包装,并向原寄地缮发快件差异报告;如发现内件短少,除向上一封发环节缮发快件差异报告外,还需交作业主管处理。

4.封发清单更改划销处未签名、未签章

及时与上一环节联系,查明原因,根据正确的清单对快件进行核对。

5.快递运单条码污损不能识读

扫描快件时,遇有快递运单条码不能识读,应手工键入快递运单条码信息;如果条码上数字也不能识读,应从清单上或通过信息系统查找快件信息,然后手工键入条码信息。

6.快件快递运单地址残缺

若快递运单缺损轻微不影响使用,可以继续进入分拣环节;若快递运单缺损严重无法正常使用,可以通过封发清单或系统内总包信息进行查询,并与发件人联系确认,将相关信息标注在快递运单上,然后进入分拣环节。如果不能通过封发清单或系统内信息查询到快件快递运单地址,则交作业主管处理。

7.有内件受损并有渗漏、发臭、腐烂变质现象发生的快件

有内件破损并渗漏出液体、粉末状固体、半固体状物品,或者漏出内件疑似有毒、剧毒、不

明的化工原料,必须由专人使用专用防护工具或防护设备进行隔离,不得用身体直接触摸或鼻嗅,防止伤害人体或污染其他快件;同时对快件进行拍照,将快递运单号、破损情况等信息上报业务主管,并由问题件处理人员与发件人沟通联系加以解决。

五、单据归档

在快件接收环节的单据主要有总包路单和封发清单,这些单据是企业内部各处理环节之间责任划分的重要资料,也是内部查询跟踪快件的重要依据,对于这些单据应妥善保管,在每天处理过程结束后送缴档案管理部门。

(1)在作业结束后,要按单据种类、编号顺序、日期、作业班次、进出站方向及车次、航班、铁路等发运类别,整理后加上封皮装订成册。

(2)装订成册后,在封皮上注明种类名称、起止编号、起止日期、作业班次等信息,并由经手人签字盖章。

(3)业务单据的整理、传递、管理要专人专管,做到发有记录接有签收。

(4)以作业班次为单位,每日将上一日的单据送缴档案室保管。

六、用品用具的整理与检查

为保证快件处理场地的整洁、有序以及用品用具的有效使用,在快件处理过程中要注意用品用具的整理。

(1)拆下的包牌、封志应放在专用箱内;异常的空袋、总包包牌、铅志、绳扣等,应妥善保管,以便作为相应证物。

(2)拆下的快件封装杂物或绳等应放在专用箱内。

(3)区分一次性使用和循环使用的容器。

(4)按型号和材质整齐叠码堆放完好的总包空袋。

(5)将破损、水湿、油污的总包空袋放到指定位置。

(6)清理总包空袋上粘贴的快件总包条码签,并存放在指定区域待用。

(7)工作结束,检查场地有无散落空袋。

七、特殊快件接收与核验

在总包拆解过程中,有一些特殊快件需要单独处理,这些快件主要包括限时快件、保价快件、自取快件、改寄件和撤回快件等。

(一)限时快件

1. 限时快件类型

限时快件主要包括以下两类:

(1)时限要求高的快件,如果同时有即日达、次晨达快件需要处理,应优先处理即日达快件。

(2)客户明确要求在规定时间内送达的快件。

2. 限时快件的接收核验

(1)接收限时快件总包首先应核对快件总包数量是否正确,并验视发运路向是否正确,根据赶发班次顺序开拆处理,开拆后核对总包内快件数量是否正确。

(2)限时快件不得与其他快件混合开拆分拣。

(3)限时快件是否正确粘贴"限时快件"、"即日达"或"航空件"标识。

(4)检查快件包装是否完好,有无污损等情况。

(二)保价快件

1. 保价快件接收要求

由于保价快件是价值较高或客户非常重视的物品,同时快递企业承担更多的赔偿责任,因此,接收保价快件总包应单独交接、登记备案、分开操作、单独放置。

2. 保价快件的接收核验

(1)接收保价快件总包应认真执行交接验收制度,交接双方必须当场交接,验视规格,尤其应注意总包是否破损或有拆动痕迹。

(2)保价快件不得与其他快件混合开拆分拣。

(3)保价快件总包应双人会同开拆处理,对照封发清单,逐件进行核对,防止快件丢失损毁,并注意快件是否破损或有拆动痕迹。

(4)对保价快件必须逐件称重,及时发现保价快件是否短少,并进行相应处理。

(5)检查快件封装规格是否符合标准,外包装是否完好,验看是否正确粘贴"保价快件"标识,保价标识应粘贴在每个表面的骑缝线上,起到封条的作用。

(6)核验快递运单上所填保价金额是否大写,有无超过规定限额,有无涂改。

(7)验看快递运单所填的保价物品有无超出准寄规定等。

(三)自取快件

1. 自取快件概念

自取快件是指快件到达约定目的地后,由收件人自行提取的快件。

2. 自取方式适用情况

快递服务实行的是"送件上门"的服务,但在特殊情况下,需要客户自取,这些特殊情况主要有以下几种:

(1)投递两次仍无法投递的快件,可由收件人到指定地点自取。

(2)相关政府部门(如海关、公安等)提出要求的,可由收件人到指定地点自取。

(3)收件地址属于尚未开通快递服务的区域,通过与寄件人协商,可采用收件人到指定地点自取的方式。

3. 自取快件的接收核验

(1)检查快件外包装上是否正确粘贴"自取件"标识。

(2)检查快递运单"备注栏"中是否有寄件人注明的"同意自取"字样及其签名或盖章。

(3)检查快递运单"自取件"栏内是否有"√"的标记。

(四)改寄件

1. 改寄件概念

改寄件指快递企业根据寄件人的申请,将收件人的地址按照寄件人的要求进行更改的快件。改寄件也可以称为更址快件。

2.快件改寄的条件

快件在发出之后,快件的状态是随时都在改变的,并非每份快件都可以进行改寄的操作,如果快件已经派送至收件人手中,那快递企业就无法完成快件改寄的操作,同样寄件人也就不再需要将快件进行改寄了。所以不同类型的快件改寄需满足相应的条件:

(1)同城快件和国内异地快件:快件还未派送至收件人处;

(2)国际快件及中国港澳台快件:快件尚未出口验关前可更改地址。

3.快件改寄的申请

寄件人需要对快件进行改寄时,应该致电快递企业的客户服务热线,由客服人员进行登记备案。为保证更改信息的准确无误,确保客户的权益不受损害,客服人员应详细记录寄件人的地址、联系人名称、联系方式、收件人地址、快件快递运单编号等快件信息。同时,为了避免地址改寄过程中产生的风险,快递企业应要求寄件人本人提交书面申请(图2-24),签字确认后递交给快递企业人员。

改寄申请单

快件快递运单号码:_____ ××快递服务电话:_____ 申请日期:_____

致_____快递公司:

_____年_____月_____日经_____发往_____的快件单号为_____的快件,因寄件人原因申请更改收件人地址,请尽快处理。改寄费用_____元,本人同意支付。

寄件人地址:_____

更改后信息:

改寄后收件人姓名:_____ 改寄后收件人电话:_____

改寄后收件人地址:_____

寄件人(申请人)名称:_____

寄 件 人 签 章:_____

寄件人联系方式:_____

申 请 日 期:_____

图 2-24 改寄申请单

4.改寄件的接收核验

寄件人提出改寄申请后,快递企业信息部门根据申请在系统内进行相应设置,当快件到达原址处理中心后,处理员进行逐件扫描时,扫描到此快件,扫描器会发出警报声,提醒处理员将快件拿出单独放置并进行改寄处理。

(五)撤回快件

1.撤回快件的概念

撤回快件是指快递企业根据寄件人提出的申请,将已发送的快件退还寄件人的一种特殊的服务。快件在尚未投交收件人之前,所有权属于寄件人,所以寄件人有权要求撤回所寄快件。快件撤回属于有偿服务,寄件人在向快递企业提出撤回申请时,快递企业应告知寄件人需要承担的撤回费用并告知费用标准。

2.寄件人撤回条件

(1)同城和国内异地快递服务:快件尚未首次派送。

(2)中国港、澳、台快递服务:快件尚未封发出境。

(3)国际快递服务:快件尚未封发出境。

3.快件撤回的申请

寄件人在发送快件的时候,可能会因为自己的疏忽导致快件物品发错,或者由于收件人搬迁、业务变化等原因,导致已经发出的快件需要撤回,无论何种原因,寄件人在有快件撤回需求的时候,需要第一时间致电快递企业的客户服务电话(或登录企业网站)提出申请。

(1)快递企业客户服务人员,根据查询快件相关状态,回复客户是否可以对快件进行撤回,快件只要是尚未派送或是尚未封发出境,是可以进行撤回操作的。

(2)在确定快件可以进行撤回操作后,由快递企业发送"快件撤回申请单"(图 2-25)给寄件人,由寄件人签字盖章回传给快递企业后,快递企业方可进行快件撤回的后续操作。

撤回申请单

快件快递运单号码:_____ ××快递投诉受理电话:_____ 申请日期:_____

致_____快递公司:

_____年_____月_____日经_____发往_____的快件单号为_____ _____快件,因寄件人原因申请撤回,请尽快处理。撤回费用_____元,本人同意支付,并承诺在收到快件后进行付款。

寄件人姓名:_____ 寄件人电话:_____

寄件人地址:_____

收件人姓名:_____ 收件人电话:_____

收件人地址:_____

寄 件 人 姓 名:_____

寄 件 人 签 章:_____

寄件人联系方式:_____

申 请 日 期:_____

图 2-25 快件撤回申请单

4. 撤回快件的接收核验

寄件人提出撤回申请后,信息部门根据申请在系统内进行相应设置,当快件到达处理中心后,处理员进行逐件扫描时,扫描到此撤回快件,扫描器会发出警报声,提醒处理员将快件拿出单独放置并进行撤回处理。

>>> **项目小结** >>>

快件处理在快递服务全过程中主要具有集散、控制和协同的作用。快件处理作业流程主要由总包接收、总包卸载、总包拆解、快件分拣、清单制作、总包封装、车辆装载、车辆施封等环节组成。本项目主要介绍快件处理的首要环节——快件接收的相关操作流程,项目由总包接收和总包拆解两大任务构成。通过该项目的学习,能够熟练掌握总包接收和总包拆解的作业流程,并能对总包接收和拆解过程中出现的异常情况进行处理。

>>> **知识巩固** >>>

1. 简述总包接收的流程。
2. 拆解车辆封志时,有哪些注意事项?
3. 简述总包拆解的流程。
4. 总包拆解时,有哪些注意事项?
5. 总包拆解时的常见异常情况有哪些?如何处理?
6. 航空总包接收异常应如何处理?

项目三 快件分拣

>>> **知识目标** >>>

◆ 了解各种快件分拣方式
◆ 掌握快件分拣操作基本要求
◆ 掌握国际进口、出口快件处理方法和流程

>>> **能力目标** >>>

◆ 能完成国内快件分拣操作
◆ 能完成国际快件分拣操作
◆ 能正确选择快件分拣方式
◆ 能准确完成进口快件的名址批译

>>> **导入案例** >>>

联邦快递北京国际口岸扩建　快件分拣效率较大提升

2013年7月12日,占地7 826m² 的全新联邦快递北京首都国际机场口岸操作中心投入使用。该中心采用全自动分拣系统,货物分拣能力得到显著提高,快件分拣速度大大提高,同时缩短了货物处理时间,避免了暴力分拣情况的发生。因此,联邦快递中国区国际快递业务处理能力比以前大了好几倍,进一步强化了服务华北市场的能力。

该操作中心位于天竺综合保税区。一进入操作中心就是进出口货物临时存放区,偌大的工作间按照功能类型被分隔成大大小小的区块,以铁丝网和钢结构为主,分为上下两层。传送带占据工作间的大部分空间,蜿蜒曲折将货物分流向不同的功能区。

站在二层平台上,可以清楚地看到几十米远处的一架MD-11飞机,新扩建的操作中心离机位更近,方便快速装货,比以往节省至少半小时时间。联邦快递北京首都国际机场口岸每天都有一架飞机飞往韩国,每周共有14架飞机往返,最终经由亚太转运中心飞往全球220个国家和地区。

联邦快递共有660架飞机,服务范围覆盖220个国家和地区,公司每年在电子网络上面投入20多亿元,以期为客户提供一个快捷的国际化服务。

在二层操作平台可以看到一台安检机,它可以实时扫描图像,并在屏幕上显示货物的报关信息,方便海关进行有针对性的查验。已经通过航空安检的货物进入空侧,即使是联邦快递的工作人员,如果要进入空侧的话,也要通过安保人员的检查才能进入,切实保证了货物的安全。集装整理好之后,经过称重、单据交接等手续就可以运到机坪去装机。

联邦快递在中国是第一家提出"准时送达"承诺的,如果不能准时送达,客户可以要求退

款;在强大的信息系统支持下,包括快递员取件、清关,每一步都有很多扫描,一个快件从门到门要经过十几个扫描,基本上每一个扫描都会记录和展示实时的状况。

任务一 分拣方式和操作要求

>>> 任务提出 >>>

作为某快递公司处理中心一名新员工,小刘被分配到处理场地工作,看到众多快件堆放在不同区域等待处理,他应该选择手工分拣还是分拣机分拣?选择不同的分拣方式时,需要掌握哪些相应的操作要求和技能呢?

>>> 任务分析 >>>

为了顺利完成快件分拣工作,处理员小刘应能正确选择快件分拣方式;运用分拣操作依据进行分拣;在分拣操作中应用快件分拣基本要求和技能。

一、分拣方式

快件的分拣作业组织,要求在分拣生产作业的责任范围内和作业场地区域,讲究生产工艺流程的通畅、工序之间的组织严密衔接、劳动组织和机具配备经济合理、组织管理要科学严密。采取的分拣方式要因地制宜,以达到缩短内部处理时限、提高作业效率和便于组织管理的要求。快件处理量较小的分拣中心,对场地、设备布局要尽量适应进站快件、出站快件混合作业的需要;快件处理量较大的处理中心,要尽量按照作业流程适应流水作业的需要,同时,还应与推行新技术、新工艺紧密结合起来。

(一)手工分拣方式

手工分拣方式一般适用于所要分拣快件量较少,不需上机分拣或没有配备分拣机器的分拣中心普遍采用的一种分拣方式。该方式能够完成快件的初分和细分。

1.快件的初分

快件的初分是指因受赶发时限、运递方式、劳动组织、快件流向等因素的制约,在快件分拣时,不是将快件一次性直接分拣到位,而是按照需要先对快件进行宽范围的分拣。

2.快件的细分

快件的细分是指对已经初分的快件按寄达地或派送路段进行再次的分拣。

(1)分拣格口

分拣格口,即分拣基本单元。它是根据分拣时传统使用的格口、格架而得名。现实操作中,它既可以是一个有形的格架,也可以是一个虚拟的堆位。

(2)分拣区域

分拣区域是一个分拣工作岗位所担负的一定分拣范围,是快件细分生产组织的作业单元。一个分拣区域既可以包括几个格口的范围,也可以包括几十个格口的范围。通常情况下,分拣中心规模越大、级别越高,设置的分拣区域就越多。例如,大的分拣中心一般设有十几个分拣区域,快件分拣量相对较小的分拣中心只设有几个分拣区域。但是各分拣中心最少需要设置两个分拣区域,即出站快件分拣区域和派送快件分拣区域。

分拣区域是根据各快递企业的发运路线、车次（航班）和流量进行划分的。合理划分拣区域，有利于分拣中心提高分拣效率，提升作业质量。因此，在划分分拣区域时应注意：一是分拣区域的界线应该清楚明确、便于记忆；二是每个分拣区域的快件量大小和细分格口多少要大致均衡。

分拣区域的划分不是一成不变的，随着各种客观、主观条件的变化，分拣区域可以进行重新设置。

3.手工分拣使用的设备

快件按形状可分为信件类和物品类快件，信件类快件大多采用框架结构，每组规格统一，均匀排列的分拣架，分拣架有木质结构、不锈钢、玻璃结构、塑料筐镶嵌在金属架等结构（图3-1）。分拣物品类快件大多采用固定的金属笼、塑料筐等（图3-2）。

图3-1 信件类金属架

图3-2 物品类金属笼

（二）机械半自动分拣方式

机械半自动分拣是人机结合的分拣方式，能使待分拣快件通过输送装置传输到接件点，由操作人员将分拣到位的快件取下。特点是：能连续不断分拣，减轻操作人员劳动强度，提高分拣效率。半自动分拣方式一般采用输送设备，主要组成部分是传送带或输送机，最常见的半自动分拣设备是带式分拣机（图3-3）。

图3-3 使用带式分拣机进行半自动分拣

带式分拣机是在一定的线路上连续输送快件物品的输送设备，又称连续带式分拣机。带式分拣机种类繁多，主要有带式分拣机、链板带式分拣机、滚筒带式分拣机、悬挂带式分拣机等。

带式分拣机在快件处理场地被大量使用，一方面，合理的场地规划和带式分拣机的合理布局，保证了分拣工作高效、有序地进行；另一方面，带式分拣机的使用大大减少了快件搬运工作，降低了劳动强度。带式分拣机是根据皮带与其他物体之间在相对运动时存在摩擦力原理而制成的。根据不同的需要可做成固定式、移动式、伸缩式，带面可对水平角度和有一定的倾斜角度的物体进行传输。

1. 结构

带式分拣机整体结构比较简单，通常由电机、减速箱、驱动轮、从动轮、带子、张紧装置、托辊、机架和控制箱组成。

托辊的作用是克服带面上物品的垂直重力，防止带面下垂，从而使带面能平稳移动。一般在托辊与机架连接时，托辊上装有轴承以减少带面与托辊的摩擦力。

张紧装置的作用是保证带面有一定张力，不下垂，同时增加驱动轮与带面间的摩擦力。张紧装置一般采用丝杆张紧、弹簧张紧及重力张紧等形式。

从动轮本身不带有动力，它的作用是改变带面运转方向。

减速箱的作用是改变电机输出动力的转速。常采用齿轮减速、蜗轮蜗杆变速及摆线针轮变速。在自动化流水线作用中，带式机也可采用变频、变压减速器等形式。

2. 工作原理

带式分拣机是依靠带面和驱动轮之间的摩擦力来输送物品的，即动力电通过控制箱控制，输送一组三相电机用电，使电机转动，经变速箱变速，达到带式机所需的转速，经过一定的传动形式，使驱动轮按设定的传动比和方向进行转动，依靠带面和驱动轮之间的摩擦力使带面与驱动轮同方向传动，带面上的物品也随之移动，达到了物品输送的目的。

3. 注意事项

（1）开机前，要注意带式分拣机上有无工作人员，防止发生安全事故。

（2）机器运转时，要有专人控制开关按钮，遇有危急情况立即关机。

（3）作业时，严禁工作人员踩踏皮带，防止发生安全事故。

（4）严禁在带式分拣机运转时，从机器下面捡掉落的快件，防止发生卷手事故。

（三）全自动分拣方式

全自动分拣是指由分拣机根据对分拣信号的判断，完成快件分拣的一种方式。其特点是：能实现连续、大量地分拣，信息采集准确，分拣误差较小。分拣机分拣作业基本实现了无人化，使劳动效率大幅提高。

全自动分拣机一般由输送机械部分、电器自动控制部分和计算机信息系统联网组合而成。它可以根据用户的要求、场地情况，对药品、货物、物料等，按用户、地名、品名进行自动分拣、装箱、封箱的连续作业。常见的全自动分拣机，包括交叉带式分拣机、摇臂式分拣机、滑块式分拣机等。我们以交叉带式分拣机为例对全自动分拣方式进行学习。

交叉带式分拣机是一种采用双向可控运行的交叉带式小车作为载运和下载容器，将快件按事先设定要求分拣入格的设备(图3-4)。交叉带式分拣机由自动上包系统、主机运行系统、动力电源系统、条码自动识别系统和计算机控制系统等组成。

图3-4 使用交叉带式分拣机进行全自动分拣

1. 结构

(1)自动上包系统由上包平台、理包台、上包机和控制系统组成。

(2)主机运行系统由机架轨道、交叉带式小车、格口滑槽组成。

(3)动力电源系统主机通过变频器控制直线电机,通电后直线电机产生磁力推动小车极板使小车前进。

(4)条码自动识别系统在快件经过扫描通道时,对快件进行扫描,并将扫描信息送计算机控制系统处理,根据分拣要求,快件落入相对应的格口。

(5)计算机控制系统负责交叉带式分拣机硬件控制以及相关信息的处理。

2. 工作原理

快件通过上包机上机分拣,上包机根据实际需要将条形码信息输入上包控制计算机。快件经过动态秤测得重量,通过光幕测得体积。如测得数据超过上机规格,将被拒绝上机分拣,转由人工进行处理;能上机分拣的快件信息通过上包控制计算机经局域网送到主控制机。上包固定红外通信站接收到上包控制计算机的信息,向对应的小车移动红外通信单元发出"小车动作命令",将快件准确送到小车上,并将快件所上的小车号通知主控制机。落包控制计算机根据分拣信号和上包控制计算机提供的信息通知红外通信基站,红外通信基站控制相应的小车在指定的格口动作,将快件送入指定的格口内。

3. 注意事项

(1)开机前,要注意设备上有无工作人员,防止发生安全事故。

(2)机器运转时,要有专人控制开关按钮,遇有危急情况立即关机。

(3)掌握设备运行规律,发现故障和异常现象,立即停止运行,及时通知维修人员。

(4)不允许将不具备分拣条件的快件(如超大快件、包装有问题的快件)放到分拣机上。

二、分拣操作要求

快件分拣有直封和中转两种基本方式。采取中转方式,可使快件处理量相对集中,有利于合理组织快件分拣,并为采用机械设备分拣创造条件。快件分拣的关键是要牢记快件的中转关系和中转范围,中转范围可以是一个县、一个市、一个省,甚至是几个省。由于各快递企业的快递网络覆盖范围及快件分拣中心设置的不同,对寄往同一个城市的快件的中转也不同。本节主要阐述分拣的操作依据和要求。

(一)分拣依据

快件依据什么信息来进行分拣,各快递企业的做法虽不尽相同,但又类似。总体看,各企业的操作主要有两大类:一是按地址分拣;二是按编码分拣。

按地址分拣,就是俗称的按址分拣方法,处理人员分拣时的依据就是运单上的收件人地址。但是由于运单上的地址一般书写比较长,字比较小,辨认费时,为提高分拣速度,许多快递企业都要求业务员用唛头笔,在运单上明显标记该快件应流向的省份、城市名称。快件处理业务员根据唛头笔所填的地址名称分拣,就大大提高了分拣的效率。

按编码分拣,就是处理人员按照运单上所填写的城市航空代码、邮政编码或电话区号进行分拣。按编码分拣有利于分拣的自动化。一些快递企业还根据自身业务网络和特色,创建了独特的编码,便于企业内部使用。

按地址分拣和按编码分拣不是截然分开的两种方式,在具体操作过程中二者相互补充,有利于快件准确地分拣到其实际寄达地。

1. 地址书写知识

运单地址栏的最小单位应该写到"××路(街)××号""××路(街)××号×××厦"或者"××路(村)××工业区"。如果是寄往某地购物中心、大型商城、超市、集贸市场的快件,由于这些地方往往楼层复杂、专柜较多,为便于分拣和派送,这些快件的地址栏还应注明专柜名及号码。因此,快件业务员在分拣时应认真辨认,确定运单所填地址是否完整、有效。

对于地址填写不完整、地址内容前后矛盾的快件,业务员应利用运单上的多种信息,例如邮政编码、电话区号、城市航空代码等进行综合辨析,确定正确的地址。实在无法辨认的应该剔除出来,交有关人员处理。

快递处理业务员在分拣时要注意:使用中文和使用英文填写的运单,在地址书写格式方面有比较大的区别。

(1)中文地址书写格式

中文地址的书写格式是按照从大范围到小范围,范围层层递减方式进行书写,即按照"××省××市××镇××村××工业区/管理区××栋(大厦)××楼××单元"或者"××省××市××区××街道(路)××号××大厦××楼××单元"的顺序进行填写。

例如:广东省湛江市徐闻县徐海路135号同发花园3号楼2单元××室。

对于这个地址,首先分拣到"广东省湛江市",快件到达湛江后分拣到"徐闻县",然后分拣到派送区域,按照"徐海路135号同发花园3号楼2单元××室"的地址进行派送。

(2)英文地址书写格式

英文地址的书写格式与中文书写格式恰恰相反,它是从最小的地址单元开始写,范围层层扩大,即按照"××单元××楼××大厦××号××街道(路)××区××市××省"的顺序填写。

还是以"广东省湛江市徐闻县徐海路135号同发花园3号楼2单元××室"为例,如果按照英文格式书写，应该是：

××室，2单元，3号楼，同发花园，135号，徐海路，徐闻县，湛江市，广东省

对应的英语是：

Room××，Unit2，Building3，Tongfa Garden，No.135 Xuhai Road，Xuwen County，Zhanjiang City，Guangdong Province.

业务员在分拣英文书写的地址时，要注意从后往前看，如果方向搞反，将发生严重的分拣错误。

2. 分拣时易发生的错误

业务员容易因分拣错误，导致快件传递失误。常见的分拣错误有以下几种情况：

（1）相邻格口或堆位易误分。如在分拣场地，广州和深圳两个格口相邻，分拣时误将一地的快件投入另一地的格口中。

（2）快件的地址地名形似，阅读混淆。我国有些地方地名书写相近，如英山县和莫山县，分拣时若不专心，容易导致误分。

（3）对运单信息审读不细或书写字迹潦草，造成对相关信息判断有误导致误分。如邮政编码、电话区号的0、9、1、7等都有发生误读的情况。

（4）退件改址未按新址分拣。由于派送地址更改或原址无法派送等原因，快递企业一般要求业务员划销原派送地址重新书写新地址或粘贴改派条。但分拣过程，由于阅读疏忽或由于改派条脱落，导致仍按原派送地址分拣。

（5）没有认真辨识运输方式标识或运输方式标识脱落，导致错分运输方式。如应经航空运输，分为按陆路运输。

分拣处理过程中可能出现的错误还有很多，这里列举的仅是常见的几类。为避免出现分拣错误，快递业务员在分拣过程中，要集中精力、仔细认真，做到快速、准确，尽量降低发生分拣错误的可能。

（二）分拣操作的基本要求

由于分拣机自动分拣基本不需要人工操作，只需要将快件运单朝上摆放在分拣机上，分拣机就会按照既定程序完成快件的分拣。因此，这里不再对分拣机自动分拣操作进行详细介绍，只介绍手工分拣和半自动机械分拣两种方式。

不论是手工分拣，还是半自动机械分拣，都不得有抛掷、摔打、拖拽等有损快件的行为。对于优先快件、到付件、代收货款件等要单独分拣。

1. 手工分拣

手工分拣包括信件类快件分拣和物品类快件分拣两大部分。

（1）信件类快件分拣

在分拣信件类快件时，应注意以下操作要求：

①分拣时，操作人员站位距分拣格口的距离要适当，一般在60～70cm(图3-5)。

②一次取件数量不宜过多或过少，一般20票左右为宜。快件凌乱不齐时，取件时顺势墩齐。墩齐的方法是：两手掌心相对用力在快件的两侧收拢整理。

③注意观察文件封是否有破损现象。在确定内件未遗失的情况下，用胶带进行粘贴加固，

同时在运单备注栏进行批注。

④采用右手投格,用左手托住快件的右上角,左臂拖住快件的左下角,或左手拖住快件左下角,拇指捻件,右手投入并用中指轻弹入格。左手投格的操作相反(图 3-6)。

⑤分拣后的快件,运单一面向上并保持方向一致。

⑥扫描时发现非本分拣区域的快件应及时交换。

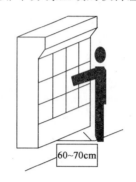 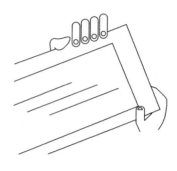

图 3-5　分拣格口与人体距离　　　图 3-6　左手托住快件的右上角

(2)物品类快件分拣

①将运单一面向上摆放,注意保护运单的完整。

②易碎快件要轻拿轻放,分拣距指定放置点 30 cm 以下脱手。

③按大不压小、重不压轻、木不压纸、金属不压木的原则分拣。

④分拣的快件格口和堆位要保持一定间距,防止串格和误分。

⑤赶发运输时间和处理时限较短的快件,要集中摆放到指定区域,便于封发。

2.半自动机械分拣

从各快递企业的实际操作看,一般信件类快件不上传输设备分拣,半自动机械分拣主要是对物品类快件的分拣。

(1)操作基本要求

在利用带式传输或辊式传输设备分拣物品类快件时,应注意以下操作要求:

①快件在指定位置上机传输,运单一面向上,平稳放置,宽度不得超过传输带的实际宽度。

②快件传输至分拣工位,分拣人员及时取下快件。未来得及取下而带过的快件由专人接取,再次上机分拣或手工分拣。

③看清运单寄达目的地、电话区号、邮编后,准确拣取快件。

④取件时,较轻快件双手(托)抓住快件两侧,较重快件双手托住底部或两侧有抓握位的抓牢,贴近身体顺快件运动方向拣取。

(2)操作中的设备安全

①设备运行前,检查带式传输或辊式传输设备周围是否有影响设备运行的障碍物,然后试机运行,调试紧急停止按钮。

②注意上机分拣的快件重量和体积均不得超出设备的载重和额定标准。

③对非正常形状或特殊包装不符合上机传输条件的快件,要剔出改人工分拣,不得上机传输分拣。如圆和球形快件及易翻滚快件、用锋利金属带捆扎包装的快件、易碎物品等,都严禁

上机传输分拣。

④上机传输的快件与拣取的速度要匹配。

⑤传输过程发生卡塞、卡阻要立即处理,保证设备正常运行。

⑥分拣传输设备运行中出现危急情况,立即停止设备运行。

(3)操作中的人身安全

①不得跨越、踩踏运行中的分拣传输设备(图3-7)。

图3-7 不得跨越、踩踏运行中的分拣设备

②不得随意触摸带电设备和电源装置(图3-8)。

③身体任何部位都不得接触运行中的设备(图3-9)。

图3-8 不得随意触摸带电设备　　图3-9 身体不得接触运行中的
　　　　　　　　　　　　　　　　　　　　设备和电源装置

④拣取体积较大快件时,不要刮碰周围人员或物体;拣取较重快件时,注意对腰部、脚等的保护。

⑤不使用挂式工牌,女工留短发或戴工作帽,分拣时不许戴手套。

(三)常见不符要求快件的种类

1.无法分拣及分拣时易出现错误的快件类型

(1)快件运单脱落。

(2)快件外包装有两张运单或一个运单填写有两个寄达目的地地址。

(3)地址填写错误或邮政编码、电话区号、寄达目的地填写错误。

(4)填写的街路不清楚或只写街路而无门牌号。

(5)寄达地址用同音字代替或使用相似字。

(6) 运单目的地栏填写或记号笔填写与收件人地址不符。

2. 不符重量和规格要求的快件类型

(1) 重量：快件单件重量超过 50kg。

(2) 规格：快件单件体积长或高超过 150cm，长、宽、高三边之和超过 300cm。

(3) 航空禁运快件未加标志，如"汽运"。

(4) 包装（封装）：快件的包装内衬或充填物过于简单，内件物品有响动或晃动及翻滚；外包装不坚固造成快件破损、塌陷、水湿、油污、渗漏等。

3. 超越服务范围的快件

超范围的快件有两种情况：一是本公司快递网络未覆盖地区；二是虽然快递网络覆盖但不在派送的服务区及未开办某些特殊业务的区域（如到付、代收货款等）。

任务二　国内快件分拣

>>>任务提出>>>

某快递公司处理中心处理员小刘，在快件分拣中将"丽水"误认成"丽江"，因一字之差，但一个在浙江，另一个在云南，相隔千里，分拣出错装车发出最终导致快件遭受较大延误。小刘要成长为一名合格的处理员，不仅要熟知地名，还要掌握哪些分拣技能？

>>>任务分析>>>

为了顺利完成国内快件分拣，处理员应能识别国内邮政编码；能识别国内地市级以上电话区号；能识别应用国内城市航空代码。

快件分拣是指快件处理人员按照快递运单送达地址，将相关的快件分别汇集到规定区域的处理过程。快件分拣是快件处理过程中的重要环节，分拣的准确性与效率决定了快件能否按预计的时限、合理的路线及有效的运输方式进行中转和送达到客户。

目前，国内快件大多是以快递运单上收件人所在地、所在地邮政编码、所在地电话区号或所在地航空代码等为依据进行分拣。熟练掌握全国各地的行政区划及各地快件的中转关系，有利于快件处理业务员在对快件进行分拣时做到准确、快速，避免出现差错。

一、国内邮政编码

（一）我国邮政编码的制订和组成

邮政编码是由阿拉伯数字组成，用来表示邮局及其投递范围内的居民和单位的邮政通信代号。我国的邮政编码采用四级六位制的编排方式。其中前 2 位的组合表示省（自治区、直辖市）；前 3 位的组合表示邮区；前 4 位的组合表示县（市）；最后 2 位数则表示投递局。如江苏省镇江市京口区象山镇，其邮政编码是 212016，则：

　　21 表示江苏省……………………………………前 2 位
　　212 表示镇江邮区…………………………………前 3 位
　　2120 表示京口区……………………………………前 4 位
　　212016 表示江苏镇江市京口区象山镇投递局………后 2 位。

(二)各省(自治区、直辖市)邮政编码代号

省(自治区、直辖市)码即邮政编码的前两位码由国家统一分配(表3-1)。北京为10,上海为20,天津为30,重庆为40,其余28个省(自治区)划分为10个大区,分别用0~9表示,9区为台湾省,目前还未确定邮政编码。原则上每3个省(自治区)划为一区,同一区的省(自治区)的第1位码相同。

各省(自治区、直辖市)邮政编码分配表　　表 3-1

大区	省(市)	编码代号	大区	省(市)	编码代号
一	北京	10	4区	湖南	41、42
	上海	20		湖北	43、44
	天津	30		河南	45、46、47
	重庆	40	5区	广东	51、52
0区	内蒙古	01、02		广西	53、54
	山西	03、04		贵州	55、56
	河北	05、06、07		海南	57
1区	辽宁	11、12	6区	四川	61、62、63、64
	吉林	13		云南	65、66、67
	黑龙江	15、16	7区	陕西	71、72
2区	江苏	21、22		甘肃	73、74
	安徽	23、24		宁夏	75
	山东	25、26、27	8区	青海	81、82
3区	浙江	31、32		新疆	83、84
	江西	33、34		西藏	85
	福建	35、36	香港、澳门、台湾暂无		

(三)我国主要城市(县)邮政编码

(1)北京市 100000

(2)天津市 300000

(3)河北省

石家庄市 050000　　衡水市 053000　　邢台市 054000　　邯郸市 056000
武安市 056300　　沧州市 061000　　唐山市 063000　　迁安市 064400
廊坊市 065000　　秦皇岛市 066000　　承德市 067000　　保定市 071000
张家口市 075000　　遵化市 046200

(4)山西省

太原市 030000　　晋中市 030600　　吕梁市 033000　　忻州市 034000
朔州市 036000　　大同市 037000　　临汾市 041000　　河津市 043300
运城市 044000　　阳泉市 045000　　长治市 046000　　晋城市 048000

(5)内蒙古自治区
呼和浩特市 010000　　乌兰察布市 012000　　包头市 014000
巴彦淖尔市 015000　　乌海市 016000　　　鄂尔多斯市 017000
准格尔旗 017100　　　呼伦贝尔市 021000　　赤峰市 024000
锡林郭勒盟 026000　　通辽市 028000　　　阿拉善盟 750300　　兴安盟 137400

(6)辽宁省
沈阳市 110000　　辽阳市 111000　　铁岭市 112000　　抚顺市 113000
鞍山市 114000　　海城市 114200　　营口市 115000　　大石桥市 115100
大连市 116000　　普兰店市 116200　　瓦房店市 116300　　庄河市 116400
本溪市 117000　　丹东市 118000　　锦州市 121000　　朝阳市 122000
阜新市 123000　　盘锦市 124000　　葫芦岛市 125000

(7)吉林省
长春市 130000　　吉林市 132000　　延边朝鲜族自治州 133000
通化市 134000　　白山市 134300　　四平市 136000
辽源市 136200　　白城市 137000　　松原市 138000

(8)黑龙江省
哈尔滨市 150000　　绥化市 152000　　伊春市 153000　　佳木斯市 154000
鹤岗市 154100　　七台河市 154600　　双鸭山市 155100　　牡丹江市 157000
鸡西市 158100　　齐齐哈尔市 161000　　大庆市 163000　　黑河市 164300
大兴安岭地区 165000

(9)上海市 200000

(10)江苏省
南京市 210000　　仪征市 211400　　镇江市 212000　　丹阳市 212300
常州市 213000　　金坛市 213200　　溧阳市 213300　　无锡市 214000
宜兴市 214200　　江阴市 214400　　靖江市 214500　　苏州市 215000
吴江市 215200　　昆山市 215300　　太仓市 215400　　常熟市 215500
张家港市 215600　　徐州市 221000　　铜山县 221100　　连云港市 222000
淮安市 223000　　宿迁市 223800　　盐城市 224000　　大丰市 224100
东台市 224200　　江都市 225200　　泰兴市 225400　　扬州市 225000
泰州市 225300　　南通市 226000　　海门市 226100　　启东市 226200
通州市 226300　　如东县 226400　　海安县 226600

(11)浙江省
杭州市 310000　　临安市 311300　　富阳市 311400　　诸暨市 311800
绍兴市 312000　　上虞市 312300　　嵊州市 312400　　湖州市 313000
长兴县 313100　　德清县 313200　　嘉兴市 314000　　嘉善县 314100
平湖市 314200　　海盐县 314300　　海宁市 314400　　桐乡市 314500
宁波市 315000　　慈溪市 315300　　余姚市 315400　　奉化市 315500
宁海县 315600　　象山县 315700　　舟山市 316000　　临海市 317000

温岭市 317500　玉环县 317600　台州市 318000　金华市 321000
永康市 321300　义乌市 322000　东阳市 322100　丽水市 323000
衢州市 324000　温州市 325000　瑞安市 325200　乐清市 325600
苍南县 325800

(12)安徽省
合肥市 230000　淮南市 232000　蚌埠市 233000　宿州市 234000
淮北市 235000　亳州市 236000　阜阳市 236000　六安市 237000
滁州市 239000　芜湖市 241000　宣城市 242000　马鞍山市 243000
铜陵市 244000　黄山市 245000　安庆市 246000　池州市 247100

(13)福建省
福州市 350000　长乐市 350200　福清市 350300　莆田市 351100
宁德市 352000　南平市 353000　厦门市 361000　泉州市 362000
惠安县 362100　晋江市 362200　南安市 362300　安溪县 362400
石狮市 362700　漳州市 363000　龙海市 363100　龙岩市 364000
三明市 365000

(14)江西省
南昌市 330000　景德镇市 333000　萍乡市 337000　九江市 332000
新余市 338000　鹰潭市 335000　赣州市 341000　吉安市 343000
宜春市 336000　抚州市 344000　上饶市 334000

(15)山东省
济南市 250000　章丘市 250200　聊城市 252000　德州市 253000
淄博市 255000　邹平县 256200　桓台县 256400　滨州市 256600
东营市 257000　潍坊市 261000　莱州市 261400　诸城市 262200
寿光市 262700　烟台市 264000　威海市 264200　荣成市 264300
文登市 264400　乳山市 264500　招远市 265400　蓬莱市 265600
龙口市 265700　青岛市 266000　即墨市 266200　胶州市 266300
胶南市 266400　莱西市 266600　平度市 266700　泰安市 271000
莱芜市 271100　新泰市 271200　肥城市 271600　济宁市 272000
兖州市 272100　曲阜市 273100　邹城市 273500　菏泽市 274000
临沂市 276000　日照市 276800　枣庄市 277000　滕州市 277500

(16)河南省
郑州市 450000　巩义市 451200　新乡市 453000　焦作市 454150
济源市 454650　安阳市 455000　濮阳市 457000　鹤壁市 458000
许昌市 461000　漯河市 462000　驻马店市 463000　信阳市 464000
周口市 466000　平顶山市 467000　洛阳市 471000　偃师市 471900
三门峡市 472000　南阳市 473000　开封市 475000　商丘市 476000

(17)湖北省
武汉市 430000　孝感市 432000　荆州市 434000　黄石市 435000

鄂州市 436000　　咸宁市 437000　　黄冈市 438000　　襄阳市 441000
随州市 441300　　十堰市 442000　　宜昌市 443000
恩施土家族苗族自治州 445000　　荆门市 448000

(18)湖南省

长沙市 410000　　长沙县 410100　　湘潭市 411100　　株洲市 412000
益阳市 413000　　岳阳市 414000　　常德市 415000
湘西土家族苗族自治州 416000　　娄底市 417000　　怀化市 418000
衡阳市 421000　　邵阳市 422000　　郴州市 423000　　永州市 425000
张家界市 427000

(19)广东省

广州市 510000　　增城市 511300　　清远市 511500　　韶关市 512000
梅州市 514000　　汕头市 515000　　惠州市 516000　　汕尾市 516600
河源市 517000　　深圳市 518000　　珠海市 519000　　潮州市 521000
揭阳市 522000　　东莞市 523000　　湛江市 524000　　茂名市 525000
肇庆市 526000　　高要市 526100　　云浮市 527300　　佛山市 528000
中山市 528400　　江门市 529000　　开平市 529300　　阳江市 529500

(20)广西壮族自治区

南宁市 530000　　崇左市 532200　　百色市 533000　　钦州市 535000
北海市 536000　　贵港市 537000　　玉林市 537000　　防城港市 538000
桂林市 541000　　贺州市 542800　　梧州市 543000　　柳州市 545000
来宾市 546100　　河池市 547000

(21)海南省

海口市 570100　　三亚市 572000　　三沙市 573199

(22)重庆市 400000

(23)四川省

成都市 610000　　双流县 610200　　乐山市 614000　　凉山彝族自治州 615000
攀枝花市 617000　　德阳市 618000　　眉山市 620000　　绵阳市 621000
阿坝藏族羌族自治州 624000　　雅安市 625000　　甘孜藏族自治州 626000
广元市 628000　　遂宁市 629000　　达州市 635000　　巴中市 636600
南充市 637000　　广安市 638500　　内江市 641000　　资阳市 641300
自贡市 643000　　宜宾市 644000　　泸州市 646000

(24)贵州省

贵阳市 550000　　毕节地区 551700　　六盘水市 553000　　铜仁地区 554300
黔东南苗族侗族自治州 556000　　黔南布依族苗族自治州 558000
安顺市 561000　　黔西南布依族苗族自治州 562400　　遵义市 563000

(25)云南省

昆明市 650000　　玉溪市 653100　　曲靖市 655000　　昭通市 657000
红河哈尼族彝族自治州 661400　　文山壮族苗族自治州 663000

普洱市 665000　　　西双版纳傣族自治州 666100　　　大理白族自治州 671000
怒江傈僳族自治州 673100　　　丽江市 674100　　　迪庆藏族自治州 674400
楚雄彝族自治州 675000　　　临沧市 677000　　　保山市 678000
德宏傣族景颇族自治州 678400

(26)西藏自治区

拉萨市 850000　　　那曲地区 852000　　　昌都地区 854000　　　山南地区 856000
日喀则地区 857000　　　阿里地区 859000　　　林芝地区 860000

(27)陕西省

西安市 710000　　　咸阳市 712000　　　渭南市 714000　　　延安市 716000
榆林市 719000　　　宝鸡市 721000　　　汉中市 723000　　　安康市 725000
商洛市 726000　　　铜川市 727000

(28)甘肃省

兰州市 730000　　　白银市 730900　　　临夏回族自治州 731100
武威市 733000　　　张掖市 734000　　　酒泉市 735000　　　嘉峪关市 735100
金昌市 737100　　　天水市 741000　　　陇南市 742500　　　定西市 743000
平凉市 744000　　　庆阳市 745000　　　甘南藏族自治州 747000

(29)青海省

西宁市 810000　　　海东地区 810600　　　黄南藏族自治州 811300
海北藏族自治州 812200　　　海南藏族自治州 813000
果洛藏族自治州 814000　　　玉树藏族自治州 815000
海西蒙古族藏族自治州 817000

(30)宁夏回族自治区

银川市 750000　　吴忠市 751100　　石嘴山市 753000　　中卫市 755000　　固原市 756000

(31)新疆维吾尔自治区

乌鲁木齐市 830000　　　昌吉回族自治州 831100　　　博尔塔拉蒙古自治州 833400
克拉玛依市 834000　　　塔城地区 834700　　　伊犁哈萨克自治州 835000
阿勒泰地区 836500　　　吐鲁番地区 838000　　　哈密地区 839000
巴音郭楞蒙古自治州 841000　　　阿克苏地区 843000　　　喀什地区 844000
克孜勒苏柯尔克孜自治州 845350　　　和田地区 848000

注：中国港澳台地区当前暂时未使用邮政编码。

二、国内地级以上城市的电话区号

由于不同地方使用不同电话区号，这样就可以利用电话区号作为快件分拣、复核的一种重要依据，当然在快递运单上书写电话号码更重要的意义还在于方便业务员和客户直接进行电话沟通。

需要说明的是我们日常所说的电话区号 020、0991 等，最前面的 0 并非区号的一部分，那是中国大陆地区国内长途电话接入码字冠，0 以后才是区号。在中国大陆由于 0 是唯一的国内长途接入码，所以经常和后面的区号并列，并已形成习惯。

我国主要城市的电话区号如下：
(1) 北京市 010
(2) 天津市 022
(3) 河北省

石家庄市 0311	保定市 0312	张家口市 0313	承德市 0314
唐山市 0315	廊坊市 0316	沧州市 0317	衡水市 0318
邢台市 0319	秦皇岛市 0335	邯郸市 0310	

(4) 山西省

太原市 0351	大同市 0352	阳泉市 0353	晋中市 0354
长治市 0355	晋城市 0356	临汾市 0357	吕梁市 0358
运城市 0359	朔州市 0349	忻州市 0350	

(5) 内蒙古自治区

呼和浩特市 0471	包头市 0472	乌海市 0473	乌兰察布市 0474
通辽市 0475	赤峰市 0476	鄂尔多斯市 0477	巴彦淖尔市 0478
锡林郭勒盟 0479	兴安盟 0482	阿拉善盟 0483	呼伦贝尔市 0470

(6) 辽宁省

沈阳市 024	抚顺市 024	铁岭市 024	大连市 0411
鞍山市 0412	本溪市 0414	丹东市 0415	锦州市 0416
营口市 0417	阜新市 0418	辽阳市 0419	朝阳市 0421
盘锦市 0427	葫芦岛市 0429		

(7) 吉林省

长春市 0431	吉林市 0432	延边朝鲜族自治州 0433	
四平市 0434	通化市 0435	白城市 0436	辽源市 0437
松原市 0438	白山市 0439		

(8) 黑龙江省

哈尔滨市 0451	齐齐哈尔市 0452	牡丹江市 0453	佳木斯市 0454	
绥化市 0455	黑河市 0456	大兴安岭地区 0457	伊春市 0458	
大庆市 0459	七台河市 0464	鸡西市 0467	鹤岗市 0468	双鸭山市 0469

(9) 上海市 021
(10) 江苏省

南京市 025	无锡市 0510	镇江市 0511	苏州市 0512	
南通市 0513	扬州市 0514	盐城市 0515	徐州市 0516	
淮安市 0517	连云港市 0518	常州市 0519	泰州市 0523	宿迁市 0527

(11) 浙江省

杭州市 0571	湖州市 0572	嘉兴市 0573	宁波市 0574
绍兴市 0575	台州市 0576	温州市 0577	丽水市 0578
金华市 0579	舟山市 0580	衢州市 0570	

(12) 安徽省

合肥市 0551	蚌埠市 0552	芜湖市 0553	淮南市 0554	
马鞍山市 0555	安庆市 0556	宿州市 0557	亳州市 0558	
阜阳市 0558	黄山市 0559	淮北市 0561	铜陵市 0562	
宣城市 0563	六安市 0564	池州市 0566	滁州市 0550	

(13) 福建省

| 福州市 0591 | 厦门市 0592 | 宁德市 0593 | 莆田市 0594 | |
| 泉州市 0595 | 漳州市 0596 | 龙岩市 0597 | 三明市 0598 | 南平市 0599 |

(14) 江西省

南昌市 0791	九江市 0792	上饶市 0793	抚州市 0794
宜春市 0795	吉安市 0796	赣州市 0797	景德镇市 0798
萍乡市 0799	新余市 0790	鹰潭市 0701	

(15) 山东省

济南市 0531	青岛市 0532	淄博市 0533	德州市 0534
烟台市 0535	潍坊市 0536	济宁市 0537	泰安市 0538
临沂市 0539	滨州市 0543	东营市 0546	威海市 0631
枣庄市 0632	日照市 0633	莱芜市 0634	聊城市 0635
菏泽市 0530			

(16) 河南省

郑州市 0371	安阳市 0372	新乡市 0373	许昌市 0374
平顶山市 0375	信阳市 0376	南阳市 0377	开封市 0378
洛阳市 0379	济源市 0391	焦作市 0391	鹤壁市 0392
濮阳市 0393	周口市 0394	漯河市 0395	驻马店市 0396
三门峡市 0398	商丘市 0370		

(17) 湖北省

武汉市 027	襄樊市 0710	鄂州市 0711	孝感市 0712
黄冈市 0713	黄石市 0714	咸宁市 0715	荆州市 0716
宜昌市 0717	恩施土家族苗族自治州 0718		十堰市 0719
随州市 0722	荆门市 0724		

(18) 湖南省

长沙市 0731	株洲市 0731	湘潭市 0731	衡阳市 0734
郴州市 0735	常德市 0736	益阳市 0737	娄底市 0738
邵阳市 0739	湘西土家族苗族自治州 0743		张家界市 0744
怀化市 0745	永州市 0746	岳阳市 0730	

(19) 广东省

广州市 020	汕尾市 0660	阳江市 0662	揭阳市 0663
茂名市 0668	江门市 0750	韶关市 0751	惠州市 0752
梅州市 0753	汕头市 0754	深圳市 0755	珠海市 0756
佛山市 0757	肇庆市 0758	湛江市 0759	中山市 0760

河源市 0762　　清远市 0763　　云浮市 0766　　潮州市 0768
东莞市 0769
(20) 广西壮族自治区
南宁市 0771　　崇左市 0771　　柳州市 0772　　来宾市 0772
桂林市 0773　　梧州市 0774　　贺州市 0774　　玉林市 0775
贵港市 0775　　百色市 0776　　钦州市 0777　　河池市 0778
北海市 0779　　防城港市 0770
(21) 海南省
海口市 0898　　三亚市 0898　　三沙市 0898
(22) 重庆市　　023
(23) 四川省
成都市 028　　眉山市 028　　资阳市 028　　攀枝花市 0812
自贡市 0813　　绵阳市 0816　　南充市 0817　　达州市 0818
遂宁市 0825　　广安市 0826　　巴中市 0827　　泸州市 0830
宜宾市 0831　　内江市 0832　　乐山市 0833　　凉山彝族自治州 0834
雅安市 0835　　甘孜藏族自治州 0836　　阿坝藏族羌族自治州 0837
德阳市 0838　　广元市 0839
(24) 贵州省
贵阳市 0851　　遵义市 0852　　安顺市 0853　　黔南布依族苗族自治州 0854
黔东南苗族侗族自治州 0855　　铜仁地区 0856　　毕节地区 0857
六盘水市 0858　　黔西南布依族苗族自治州 0859
(25) 云南省
昆明市 0871　　大理白族自治州 0872　　红河哈尼族彝族自治州 0873
曲靖市 0874　　保山市 0875　　文山壮族苗族自治州 0876　　玉溪市 0877
楚雄彝族自治州 0878　　普洱市 0879　　临沧市 0883
怒江傈僳族自治州 0886　　迪庆藏族自治州 0887　　丽江市 0888
西双版纳傣族自治州 0691　　德宏傣族景颇族自治州 0692　　昭通市 0870
(26) 西藏自治区
拉萨市 0891　　日喀则地区 0892　　山南地区 0893　　林芝地区 0894
昌都地区 0895　　那曲地区 0896　　阿里地区 0897
(27) 陕西省
西安市 029　　咸阳市 029　　延安市 0911　　榆林市 0912
渭南市 0913　　商洛市 0914　　安康市 0915　　汉中市 0916
宝鸡市 0917　　铜川市 0919
(28) 甘肃省
兰州市 0931　　定西市 0932　　平凉市 0933　　庆阳市 0934
武威市 0935　　金昌市 0935　　张掖市 0936　　嘉峪关市 0937
酒泉市 0937　　天水市 0938　　陇南市 0939　　甘南藏族自治州 0941

白银市 0943　　临夏回族自治州 0930

(29)青海省

西宁市 0971　　　　　　　海东地区 0972　　　　　　黄南藏族自治州 0973
海南藏族自治州 0974　　　果洛藏族自治州 0975　　　玉树藏族自治州 0976
海西蒙古族藏族自治州 0979　海北藏族自治州 0970

(30)宁夏回族自治区

银川市 0951　　石嘴山市 0952　　吴忠市 0953　　固原市 0954　　中卫市 0955

(31)新疆维吾尔自治区

乌鲁木齐市 0991　　　　塔城地区 0901　　　　哈密地区 0902
和田地区 0903
阿勒泰地区 0906　　　　克孜勒苏柯尔克孜自治州 0908
博尔塔拉蒙古自治州 0909　克拉玛依市 0990
昌吉回族自治州 0994　　吐鲁番地区 0995
巴音郭楞蒙古自治州 0996　阿克苏地区 0997
喀什地区 0998　　　　　伊犁哈萨克自治州 0999

注：中国港澳台地区当前暂时未使用国内电话区号，它们分别有各自的国际电话区号，香港特别行政区国际电话区号是 00852；澳门特别行政区国际电话区号是 00853；台湾省国际电话区号是 00886(00 为国际长途电话接入码)。

三、国内城市航空代码

国际航空协会在制订城市及机场的三字代码的时候，一般是按照该城市的英文名进行缩写，如北京市 PEK；也有的是按照机场的英文名进行缩写，如上海浦东机场 PVG。我国主要城市的机场航空代码见表 3-2。

我国主要城市的机场航空代码　　　　　　　　　　　　　　　　　表 3-2

城市名称	航空代码	机场名称	所属省份
广州市	CAN	白云国际机场	广东
郑州市	CGO	新郑国际机场	河南
长春市	CGQ	龙嘉机场	吉林
重庆市	CKG	江北国际机场	重庆
长沙市	CSX	黄花国际机场	湖南
成都市	CTU	双流国际机场	四川
大连市	DLC	周水子国际机场	辽宁
福州市	FOC	长乐国际机场	福建
海口市	HAK	美兰国际机场	海南
呼和浩特市	HET	白塔机场	内蒙古
合肥市	HFE	骆岗机场	安徽
杭州市	HGH	萧山国际机场	浙江
哈尔滨市	HRB	阎家岗国际机场	黑龙江

续上表

城市名称	航空代码	机场名称	所属省份
南昌市	KHN	昌北机场	江西
昆明市	KMG	巫家坝国际机场	云南
贵阳市	KWE	龙洞堡机场	贵州
兰州市	LHW	中川机场	甘肃
拉萨市	LXA	贡嘎机场	西藏
齐齐哈尔市	NDG	三家子机场	黑龙江
宁波市	NGB	栎社机场	浙江
南京市	NKG	禄口国际机场	江苏
南宁市	NNG	吴圩机场	广西
北京市	PEK	首都国际机场	北京
上海市	PVG	浦东国际机场	上海
上海市	SHA	虹桥国际机场	上海
沈阳市	SHE	桃仙机场	辽宁
石家庄市	SJW	正定机场	河北
三亚市	SYX	凤凰国际机场	海南
深圳市	SZX	宝安国际机场	广东
青岛市	TAO	流亭国际机场	山东
济南市	TNA	遥墙国际机场	山东
天津市	TSN	滨海国际机场	天津
太原市	TYN	武宿机场	山西
乌鲁木齐市	URC	地窝堡国际机场	新疆
温州市	WNZ	永强机场	浙江
武汉市	WUH	天河国际机场	湖北
西安市	XIY	咸阳国际机场	陕西
厦门市	XMN	高崎国际机场	福建
西宁市	XNN	曹家堡机场	青海
徐州市	XUZ	观音机场	江苏
义乌市	YIW	义乌机场	浙江
珠海市	ZUH	三灶机场	广东
香港特别行政区	HKG	香港国际机场	香港特别行政区
澳门特别行政区	MFM	澳门国际机场	澳门特别行政区
台北市	TPE	桃园国际机场	台湾
高雄市	KHH	高雄国际机场	台湾

四、快件分拣后的复核

快件的复核是指检查员对已完成分拣的快件进行核对,确保快件路向正确。复核的目的是为了避免因场地处理人员的遗漏和疏忽大意,导致快件分拣错误,从而造成快件的延误和丢失。

1. 快件复核的方法

(1) 按照操作方法分类

①人工复核:按照快件中转关系,建总包前由人工对分拣后的快件进行复核。

②系统比对:利用对快件进行电子扫描时产生的信息,由快递信息系统进行比对,筛选出所有分拣路向错误的快件。

(2) 按照工作环节分类

①专职复核:由场地设置的专职检查员对快件交接进行复核,分为快件接收复核和快件装车复核。

②相互复核:又称"交叉复核",人工分拣时,由相近分拣区域的两名场地处理人员交叉对快件分拣进行复核。

③环环复核:即利用场地处理过程的各环节,如拆解总包、分拣、总包封发等环节,对快件信息进行的反复核对。环环复核利用快递信息系统的自动比对功能,筛选出所有分拣不正确的快件,然后由场地主管对这些有问题的快件重新进行分拣。

2. 国内快件复核的具体内容

(1) 路向复核:按照堆位对分拣后的快件路向进行复核,避免快件上错车,导致快件错发、误发。

①按照中转关系对分拣的快件进行路向复核。

②按照电话区号对分拣的快件进行路向复核。

③按照邮政编码对分拣的快件进行路向复核。

(2) 规格复核:重点快件有无破损,是否进行了及时修复;对于重量低于5kg的小包装快件是否都封入总包。

(3) 种类复核:重点复核保价快件、易碎快件、贵重品快件、代收货款快件是否单独封装,总包是否加挂相应标识。

(4) 一票多件复核:重点复核一票多件有无漏件。

3. 国内快件复核时常见的几种问题

(1) 收件人地址模糊不清,导致分拣错误。

由于寄件人书写潦草,或者快件在传递过程中磨损,导致快递运单中收件人地址模糊不清,这时在复核时一定要给予重视。为了保证快件的正确流向,应综合收件人的地址、邮政编码、电话区号等信息进行判断;若还不能做出正确的判断,报客服部门联系寄件人或收件人,确认正确的收件人地址后,让该票快件进入最近的分拣批次进行下一步的传递。

(2) 收件人地址相近或相似,导致分拣错误。

由于我国幅员辽阔,地名复杂,不仅有相近或相似的地名,还有不少重名,极易混淆出错,还有部分寄件人书写不规范,这些都给分拣工作带来了很大的困难。为了避免分拣出错,在对快件进行复核时应给予高度重视。

(3) 一票多件快件漏件。

一票多件快件主运单上的快件数量和实际数量不符,主要是由于快件处理人员工作疏忽大意造成的。发现该问题时,应抓紧时间寻找遗漏的快件,只有数量匹配时才允许进行下一环节的传递。

任务三　异常快件的处理

>>> **任务提出** >>>

分拣处理中心处理员小刘在正常处理快件时,发现快件外包装出现损坏,这时他应该怎么办?

>>> **任务分析** >>>

针对异常快件,小刘要判断快件破损程度,是否危及快件内件安全;对于轻微破损,未影响快件内件的,应积极采取补救措施;对于严重破损,影响到快件内件的,应报告业务主管,双人共同对快件进行开拆,再根据内件受损情况,采取相应的处理方法。

快件处理员在分拣快件时遇到收件人名址有误、快件包装不合格等情况,如果处理不当、不及时,会造成快件滞留、延误,严重的可能造成快件损毁,从而给快递企业造成经济损失。

一、对收件人名址有误快件的处理

快件快递运单上记录的收件人名址是快件处理的关键,名址有误很容易导致快件出现误分拣,延误了快件的递送时间,严重的甚至导致快件丢失,给快递企业造成不良影响。对于地址填写不完整、地址内容前后矛盾的快件,快件处理人员应充分利用快件快递运单上的多种信息(如:邮政编码、电话区号、城市航空代码等)进行综合分析,确定正确的分拣方向;实在无法确认分拣方向的,应单独取出,交主管联系寄件人,明确收件人准确地址后,参与就近班次的中转。

1. 收件人名址不详

(1) 缺少收件人姓名或姓名不具体。

如收件人姓名:陈先生(姓名不具体)。

处理方法:对于缺少收件人姓名或姓名不具体的快件,一般不影响快件的正常分拣,可以按正常件进行分拣,到达目的地后再由收派员通过快递运单上的收件人电话联系派送。

(2) 收件人地址不具体。

如收件人地址:山东省青岛市南京路(没写具体的单位和门牌号)。

处理方法:对于未详细写明收件人地址的快件,如果不影响快件的正常分拣,可以按正常件进行分拣,到达目的地后再由收派员通过快递运单上收件人电话联系派送;如果无法进行分拣,应单独取出,交主管联系寄件人,明确收件人详细地址后,参与就近班次的中转。

2. 收件人地址有误

(1) 收件人地址与邮政编码不符。

如收件人地址:山东省济南市历下区泉城路289号,邮编:100000,联系电话:0531-66778899,经分析应该是邮编写错了,可以按照地址进行分拣、中转。

处理方法:这种情况一般是由于寄件人不清楚收件人所在地邮编,随手写邮编造成的。快件处理人员应充分结合收件人电话号码或寄达地航空代码,确定正确的分拣方向;实在无法确认的,应单独取出,交主管联系寄件人,批注正确的分拣方向,参与就近班次的中转。

(2)地址中省、市不匹配。

如收件人地址:河南省郴州市苏仙北路42号,邮编:423000,联系电话:0735-2884488,经分析应该是省份写错了,可以按照湖南省郴州市进行分拣、中转。

处理方法:这种情况一般是由于寄件人笔误造成的。快件处理人员应充分结合收件人电话号码或寄达地邮编,确定正确的分拣方向;实在无法确认的,应单独取出,交主管联系寄件人,批注正确的分拣方向,参与就近班次的中转。

3. 收件人地址潦草、模糊不清

处理方法:对于收件人地址潦草、模糊不清,影响到快件正常分拣的,应单独取出,交主管联系寄件人,明确收件人详细地址后,在备注栏批注,参与就近班次的中转。

4. 快件快递运单脱落

处理方法:对于快递运单脱落的快件,应积极在现场寻找脱落的快递运单,如果找到快递运单,重新粘贴在快件上,进行正常分拣;如果现场找不到快递运单,应将快件取出,进行滞留,交作业主管登记备查。根据发件部门提供的相关信息重新填写一份快递运单,粘贴在快件上,参与就近班次的中转,并将快递信息系统内的快递运单号进行修改,以备客户查询。

二、包装不合格快件的处理

由于快件运输过程中剧烈地振动冲击,堆码时底层快件承载过重,快件在装卸、搬运过程中的意外跌落以及作业人员工作态度、责任心等原因,都有可能因快件包装不合格导致快件破损,从而损害快件内件。

1. 包装不合格快件的确认

(1)外包装箱有2cm以上的破洞或有明显的撕裂。

(2)外包装箱有水湿、油污现象。

(3)外包装箱变形严重或被压垮、折断。

(4)在搬运过程中,虽外包装完好,但能感觉到快件内件之间有摩擦、碰撞并伴有碰撞音或有异常已破坏的声音。

(5)外包装未损坏,但有异常的气味或强烈的刺激气味。

(6)外包装为海报或塑料等易破损包装物。

2. 包装不合格快件的处理

对于包装不合格快件,为了保证快件在后续操作中的安全,应将快件拣选出,同时做好复秤、拍照工作,然后会同业务主管,在CCTV监控下共同处理。

(1)若发现快件外包装仅是轻微破损,判断尚未影响到快件内件品质,只需对快件原包装破损处用封箱带予以加固,按正常件进行后续处理即可。

(2)若发现快件外包装有明显破损或撕裂,判断很可能影响到快件内件品质,应将快件取出,做好复秤、拍照工作,然后会同主管,在监控下开拆快件,验视快件内件是否已经发生损坏。若快件内件未发生损坏,应对寄递物品按要求重新包装,重新填写一份快递运单,粘贴在快件上,参与就近班次的中转,并将快递信息系统内的快递运单号进行修改,以备客户查询,同时向上一环节缮发快件差异报告;若快件内件已经发生损坏,视情况进行滞留,同时向上一环节缮发快件差异报告,通知客服部门联系寄件人,协商解决。

三、疑似危险品快件的处理

对于某些寄递物品,比如一些含有锂电池、磁性材料、粉末或液体的物品,在采用航空运输时,存在着安全隐患,可能造成严重事故,因此,很多航空公司是不接受危险品货物的。快递企业在接收此类物品时,需要用户提供有关部门出具的非危险品鉴定证明书(如 DGM－CHINA 公司提供的鉴定证明书),为了杜绝发生危险,须进行有效处理后,方能进行正常的航空运输。

1. 含锂电池电子产品的处理

(1)锂电池的危险性。

锂电池中含有汞、镉、铅等重金属物质,具有毒性、辐射性和污染性,在高空低压的环境下会对飞机机身以及乘客人身安全造成影响。同时在航空运输过程中,因机舱高温或电子产品短路引发自燃,导致严重的安全事故。

(2)处理要求。

锂电池是民航限制运输的物品,需经过专业机构测试合格后方可作为非限制货物办理托运手续。经航空公司批准的100～160瓦时锂电池,一般限量两块,如果需要航空快递多块锂电池,必须做好安全防护措施:将锂电池和电子产品分离,对每块锂电池单独包装,将锂电池正负电极绝缘(如在暴露的电极上缠上绝缘胶带)。

2. 含磁性材料物品的处理

许多机电产品,比如:磁芯、磁环、磁铁、电机、扬声器、变压器等包含磁性物质,由于微弱的杂散磁场对飞机的导航系统和控制信号均有干扰,根据国际航空运输守则(IATA)902 相关条款的规定:距被测物 2.1m(7ft)处测得的最大磁场强度不得超过 0.159A/m(200nT)。因此,在收寄该类产品时,必须采取一定的措施,并经专业机构进行磁性检测,取得测试合格证后才能进行航空运输。

(1)采取简易防磁措施。

目前,尚未发现可以完全防磁的材料,真空也不能阻断磁力线。一般情况下,防磁就是用顺磁性材料如铁、镍、软磁材料等,将磁力线屏蔽起来。用铁磁性材料制成一个罩子,把需防护的磁性物品罩在里面,使它的磁场与外界隔离,使它不能干扰别的物品。

(2)使用专业防磁柜。

专业防磁柜是专门用于放磁性载体的存储设备,采用特殊的防磁结构设计,内填防磁材料,门框采用迷宫式防磁结构,用以加强防磁效果。

3. 含白色粉末物品的处理

处理场地发现白色粉末泄漏,应先对物品进行隔离,操作人员应佩戴防护用具(防护面具、橡胶手套),配备专业工具进行处理。查看运单信息及产品描述,参照危险品手册判断是否是危险品,如果不是危险品,应重新包装、转运;如果是危险品,应由专业人员进行处理。

4. 含液体物品的处理

处理场地发现液体物品泄漏,应先用沙子进行覆盖,操作人员应佩戴防护用具(防护面具、橡胶手套),配备专业工具进行处理。查看运单信息及产品描述,参照危险品手册判断是否是危险品,如果不是危险品,应重新包装、转运;如果是危险品,应由专业人员进行处理。

>>> **项目小结** >>>

快件分拣是快件处理过程中的重要环节,分拣的准确性与效率决定了快件能否按预计的时限、合理的路线及有效的运输方式送达到客户。该项目主要介绍了快件分拣方式和操作要求、国内快件的分拣、国际进口快件名址批译及审核、国际出口快件的分拣、异常快件处理等内容。其中,要求重点学会分拣操作要求、国内快件分拣及包装破损快件处理等分拣技能内容。

>>> **知识巩固** >>>

1. 常见不符要求快件的种类。
2. 简述疑似危险品快件的处理方法。
3. 列举快件分拣的依据。
4. 简述快件分拣操作中的基本要求?
5. 快件复核的方法有哪些?
6. 文件类快件分拣操作的注意事项有哪些?
7. 简述对收件人名址有误快件的处理方法。

项目四 快件封发

>>> **知识目标** >>>

◆ 了解快件登单的相关知识
◆ 掌握总包封装的相关知识
◆ 了解封志的注意事项
◆ 掌握封发的相关知识
◆ 掌握快件信息汇总的知识

>>> **能力目标** >>>

◆ 能够按照规范要求进行快件登单和总包封装
◆ 能够正确地进行装车发运
◆ 能够对快件信息进行汇总比对

>>> **导入案例** >>>

提升技术水平　提高封发效率

顺丰速运(集团)有限公司是一家主要经营国际、国内快递业务的民营快递企业,为广大客户提供快速、准确、安全、经济、优质的专业快递服务。截至2014年12月,顺丰已拥有近34万名员工,1.6万多台运输车辆,18架自有全货机及遍布中国大陆、海外的12 000多个营业场所,在大陆建有3个分拨中心、近100个中转场。

顺丰不断投入资金加强公司的基础建设,积极研发和引进具有高科技含量的信息技术与设备,不断提升作业自动化水平,使快件快速、有序、安全地进行不着地封发,大大降低了快件破损率、错发率和处理人员的劳动强度,提高了工作效率。

任务一　快件总包封装

>>> **任务提出** >>>

小丁到某快递公司实习,在处理场地操作过程中,他将分拣好的6票文件类快件递给车厢里的小张,小张告诉他,文件类快件要封装在总包内,才能装上车,那么小丁应掌握总包封装的哪些技能呢?

>>> **任务分析** >>>

为了防止小件遗失、损坏,提高分拣效率,文件类快件和小件应封装在总包内,总包封装应选择合适的包袋,将快件按要求扫描登单后装袋并封紧袋口。

快件封发作业,是将同一寄达地及其经转范围的快件经过分拣处理后集中在一起,按一定要求封成快件总包并交运的生产过程。主要经过快件的登单和总包的封装,最后装车发运。封发作业必须严格操作,所用的封装空袋、封志、包牌等用品应符合规定,并达到封发的规格标准,以使快件实现准确、安全、完整、及时的传递。

一、快件的登单

登单就是登记快件封发清单,它是快件传递处理的记录,各环节根据记录的内容接收和处理快件。登单一般分为手工登单和扫描登单。手工登单要选择合适的清单规格,准确填写登单日期、清单号码、原寄地、寄达地。扫描登单是使用条码设备扫描快件条码自动生成封发清单,包含信息与手工登单相同。随着信息化程度的提高,现在快递企业一般采用扫描登单,在系统内生成电子清单。

(一)清单的基本知识

1.清单的概念

快件封发清单是指登列总包内快件的号码、寄达地、种类或快件内件类别等内容的特定单式,是接收方复核总包内快件的依据之一,也是快件作业内部查询的依据。

2.清单的种类

从形式上分,清单分为纸质清单和电子清单两种。

从内容上分,根据生产作业的实际需要,清单分多种格式和功能,有普通快件清单、报价快件清单、代收货款清单等,其作用是相同的。清单内容主要包括清单的号码、始发地、目的地、快件的号码、寄送地、种类及总数。

(二)手工登单的操作要求

(1)选择合适的清单,准确填写登单日期(或加盖专用封发地日期戳记)、清单号码、封发地、寄达地。

(2)清单号码编排如以数字顺序、日期、专用代码为编列序号时,不得重复或编错。

(3)按出站发车的先后顺序,完整、准确地逐件抄登快件号码、寄达地、快件类别、重量等内容。

(4)抄登快件使用规范的汉字、阿拉伯数字及专用代码。

(5)对于退回、易碎、液体快件,要在备注栏或相关栏分别注明。

(6)对于报价、代收货款、到付快件,应注明金额或使用专用清单。

(7)抄登多页清单时,应在每一页上注明页数,快件的总件数登在清单的最末一页。

(8)对一票多件的快件要集中抄登。

(9)结束登单时,应在指定位置使用正楷签名或加盖操作业务员名章。

(10)对需要建包的快件,登单结束后制作总包包牌。

(三)扫描登单的操作要求

(1)首先启动操作系统,使用操作员本人用户名和密码登录,选择系统中登单功能操作模块,系统一般默认始发站代码和日期等信息。

(2)根据操作系统提示,首先要扫描预制总包包牌,并输入封发快件的寄达地代码、运输方式、快件类别、转运站代码等相关信息进行建包。

(3)建包后逐票扫描快件条码,装入总包。

(4)扫描时注意设备提示音响,当设备发出扫描失败提示音时,应复查出错原因及时纠正。

(5)为合理建立总包、方便报关,保证快件安全完好,应将快件分类扫描。文件与包裹、重货与轻货分开,可批量报关的低价值快件与单独报关的高价值快件分开扫描,分袋封装。

(6)一票多件的快件要集中码放、集中扫描。

(7)条码污染不完整无法扫描的快件,用手工键入条码信息或按规定换单处理。

(8)限时快件、撤回快件和其他有特殊要求快件,应输入特殊件代码或另登录专用模块单独处理。

(9)扫描结束,调取扫描数据与实物快件比对,件数是否相符;检查快件寄达城市代码,是否分属本总包经转范围,不符则应及时纠正。

(10)有快件无扫描记录的,应重新扫描登单。

(11)上传数据。

(12)检查作业场地及周围有无遗漏快件。一切正常则退出登录,关闭系统;否则重复前面步骤重新扫描操作。

二、总包的封装

总包的封装,是将发往同一寄达地或中转站的快件和对应的清单,集中规范地放置在袋或容器中,使用专用工具封扎、封闭袋口或容器开口,并拴挂包牌或标签的过程。

(一)总包包牌(包签)

总包包牌(包签)是指快递企业为发寄快件和内部作业而拴挂或粘贴在快件总包袋指定位置上,用于区别快件的所属企业和运输方式及发运路向等的信息标志。不同的快递企业使用的包牌不同,但包含的信息大多相同,如图 4-1 所示。

图 4-1 总包包牌

(1)包牌(包签)的制作。

包牌(包签)的制作一般有两种方式:一是在操作系统中实时生成总包包牌(包签);二是手工书写包牌、包签。

(2)包牌填写时,注意信息要准确、全面,要求特殊作业总包要使用规定包牌。主要注意以下几项:

①总包包牌应包含总包号码、原寄地、寄达地等信息,在指定位置准确填写快件总包重量、件数或票数。

②有特殊要求的快件,如优先快件和保价快件,总包按要求注明优先、保价等特殊信息。

③包牌禁止涂改,如有错填要更换新包牌重新填写。

(二)总包包袋

包袋也称总包空袋,是用于盛装快件的袋子,有棉质、尼龙、塑料等不同材质制成的。容器有集装箱、金属笼等。

1.包袋的使用要求

快件的封装离不开封装袋或容器,选择时,应以快件体积大小、重量、所寄内件性质相适应的包袋、轮式箱和集装箱,以各企业要求为标准。但无论使用何种包袋或容器,都不得有以下几种情况:

(1)使用企业规定外的包袋或容器。
(2)使用有破损的包袋或容器。
(3)使用水湿、污染、形状改变的包袋。
(4)使用印有其他快递企业标识的容器。
(5)将包袋或容器挪作他用或故意损坏。

2.封袋操作

(1)选用大小适宜、颜色正确的包袋。总包空袋的大小,应根据快件的数量和体积合理选用,切忌用大号总包空袋封装少量快件。文件类和物品类、普通快件和限时快件一般用不同颜色的包袋。

(2)将总包空袋置于撑袋架上(图4-2)。

(3)先扫描包牌,然后将快件逐件扫描,按重不压轻、大不压小、结实打底、方下圆上、规则形放下、不规则形放上的原则装袋。

(4)对总包盛装不能过满,装袋不宜超过整袋的2/3,重量不宜超过32kg。

(5)封装袋装好后,要在扎绳的绳扣上或塑料封志上垂直拴挂快件包牌。发航空运递的总包要加挂航空包牌,对有特殊要求的快件加挂相应的包牌。

(6)用塑料封志或扎绳封紧袋口(图4-3),使内件不晃动为宜。

图4-2 撑袋架上的总包空袋　　图4-3 封扎袋口

(7)封装结束,检查作业场地及周围有无遗漏快件及未封装快件。

(三)总包堆码

当转运车辆已经到达时,完成封装的快件总包及其总包单件和卸载中转的总包,应及时装车发运;如果转运车辆不能及时到达,应将其整齐堆码在指定的位置。

1. 总包的堆码
(1)各堆位之间应有明显的隔离或标志,留有通道。
(2)快件总包应立式放置,整齐划一,排列成行,高度以一层为宜。
(3)空间不足,多层堆放时,采用耐压大袋垫底,袋口向外一字排开逐层叠上的方式,包牌向上,便于核对路单。
(4)代收货款、到付快件和优先快件应单独码放。遇码放有特殊要求的总包单件,如贵重物品,应按要求单独交接码放。
(5)库房堆放要有秩序,杜绝任意乱放,每次进库总包要及时处理归堆,并留出通道。堆码要求整齐、牢固,堆位名称标注在显眼、不易遮挡位置。

2. 堆码注意事项
(1)根据不同航班和车次及赶发时限的先后顺序建立堆位。
(2)车次或航班的代码和文字等相近、相似的堆位要相互远离。
(3)总包快件堆码时,不得有扔、摔及其他损坏快件的行为。
(4)码放在托盘或移动工具上的总包快件,应结合工具的载重标准和安全要求码放,但码放高度不宜超过工具的护栏或扶手。
(5)快件总包堆码时,要注意保护包牌和包签不被损坏或污染。

(四)上传数据、资料存档

每一班封发作业操作结束后,应用操作系统处理快件信息,要及时将业务数据按规定处理并上传,相关资料分类存档。下一接收站接收到件预告,提前做好准备工作。其他相关部门需求的数据也可直接到数据库提取。

(五)封装过程中注意事项

(1)经过登单工序的快件封装时,应一张清单对应封装一总包(袋)。对标有易碎、怕压标志的快件尽量单独封包(袋),分别加挂易碎、怕压标识。
(2)要按照重不压轻、大不压小、结实打底、方下圆上、规则形状放下、不规则形状放上的原则装袋。总包最大重量不超过 32kg。
(3)重量和体积相邻近的快件应装入同一包袋内,如:1kg 以内的小件装在一个包内,1~3kg 的快件装在一个包内(轻泡件除外)等。
(4)文件类快件与包裹类快件应分别封装总包,保价快件、限时快件、代收货款快件亦应分别封装总包;混装在一起时,文件类快件要捆扎成捆,以防与其他快件粘贴。一票多件快件尽量装入同一总包内。
(5)装袋、称重和封发总包应由两人(或以上)共同进行,并在清单上共同盖章或签字。
(6)应使用印有企业专用标识、易识别的专用总包空袋。重复使用的总包空袋应按规定进行检查,及时发现遗留小件、包袋破损、油污、水湿等问题。

三、总包路单的制作

总包封装完成,按发运的路由线路制作总包路单,总包路单可起到明确交接责任的作用,使交接过程具有可追溯性。

(一)总包路单的概念

总包路单是记录快件总包的封发日期、接收日期、封发路由、总包数量和种类、总包总重量、原寄地、寄达地等详细信息,用于运输各个环节交接的单据。使用总包路单可明确责任,使交接过程有凭可据。电子总包路单也可起到预告到货信息的作用,方便下一站提前做好接收准备。

(二)总包路单的填制

总包路单的制作分为手工制作、系统扫描制作两种。图4-4为某企业总包路单格式。

快件总包路单

第　　号
由　　　　　交　　　　　　　年　月　日

格数	总包号码	始发站	终到站	袋	件	重量kg(精确到0.1)	备注
1							
2							
3							
……	……	……	……	……	……	……	……
10							
共							

交发人员签章＿＿＿＿　　　　　　　　　　　　　接收人员签章＿＿＿＿

图4-4　总包路单

1. 手工制作总包路单

(1)快件总包封装完成后,进入发运环节。禁止不登总包路单发运。

(2)总包路单要按一定规律编列顺序号,不要重号或越号。如发生重号或越号,要在备注里注明,并通知接收站修改后存档。

(3)号码栏和重量栏中,数字要清晰规范,字母要易于辨认,号码与相关包牌一致。

(4)始发站与终到站要按规定填写清晰准确,与包牌一致。

(5)总包路单要逐格逐袋登录,有特殊操作要求总包要在备注栏中批注。

(6)每一类发运方式,总包路单的总袋数和总重量要统计准确,将所有总包路单汇总,可合计出本班次封发总包总件数和总重量。

(7)总包路单应按规定份数填制。

(8)交接完毕,留存总包路单整理存档。

2. 应用操作系统制作总包路单

(1)首先启动操作系统,输入操作员账号密码进入系统,调出登录总包路单模块。设定发运方式、寄达地代码、快件类型、发运班次等信息。系统自动调取预制总包号码、重量、目的地等信息形成总包路单。

(2)系统按日期顺序生成总包路单编码;打印出总包路单,按实际总包号码勾核总包路单格数内号码,纠正错登、漏登号码。

(3)有特殊操作要求的总包,要在备注栏中批注后再打印。

(4)总包路单应按规定份数打印。

（5）系统可按每一类发运方式汇总袋数和重量，生成本班次操作总件数和总重量。
（6）交接完毕，留存总包路单整理存档。

任务二　快件总包的装车发运

>>> **任务提出** >>>

小丁负责装载总包，他将总包和快件随意扔进车厢，胡乱堆放在车厢里，小丁的装载存在什么错误？他应该如何装载总包？

>>> **任务分析** >>>

小丁将总包和快件胡乱堆放在车厢里，易造成快件损坏，减少装载量，应按照大不压小、重不压轻的要求逐层码放，注意装发作业的安全要求。

一、出站快件的交接

（一）汽车运输快件的交接

(1)指挥或引导车辆安全停靠在指定的交接场地。
(2)交接双方共同办理交接。
(3)核对交接的总包数是否与总包路单填写票数相符，所交总包单件规格是否符合要求。
(4)快件的装载配重和堆码是否符合车辆安全运行标准。
(5)出站快件路单的发出站、到达站/终到站、车辆牌号、驾驶员/押运员填写是否规范。
(6)交接结束双方签名盖章，在总包路单上加注实际开车时间。

（二）委托运输的航空或铁路快件的交接

(1)核对航空或铁路接收快件所填写的货舱单或航空结算单及货站发货单是否与所发快件数量、重量、航班等相符。
(2)核对航空快件安全检查是否全部符合要求。
(3)核对交发的快件规格及快件总包包牌或包签是否完好。
(4)交接结束，交接双方要在货舱单或航空结算单及货站发货单上签名盖章。

二、装发作业的安全要求

快递营运必须坚持"预防为主、安全第一"的生产方针，树立安全高于一切的思想。真抓实练，切实将安全培训、安全演练、安全岗位责任制落到实处。时时提醒、随时检查，及时消除生产中危及员工安全健康的不良条件和劳动行为确保安全，从而保障快件操作运输的正常进行。

（一）操作安全注意事项

(1)按规定动作搬运快件（包），充分利用各种搬运设备。
(2)严禁攀爬、跨越正在运行的传输设备。
(3)不要穿宽松的衣服操作传输设备。

(4)在运行的设备旁操作时,要将长发束起,以免卷入设备中。
(5)使用机械操作设备时,要严格执行安全措施,按规程操作,保证快件及人身的安全。
(6)用拖车、托盘转运快件(包)时,不准超过规定高度。

(二)人员安全搬运注意事项

(1)按规定佩戴防护装具。
(2)在搬动快件前,要保证活动一下自己的身体。
(3)估计快件的重量是否适宜个人搬运,保证这个重量不会对个人构成伤害。
(4)在搬运超过32kg以上的快件时,要寻求其他人员或设备的帮助。
(5)靠近快件站立。
(6)保持背部直立,同时屈膝。
(7)抓住快件的对角。
(8)使快件紧靠自己的身体,双脚前后站立,不要交叉。
(9)眼看前方,慢慢地将快件抬起,以脚后跟为支点转动身体。
(10)不能使膝盖和背部承受长时间的压力。

(三)场地安全注意事项

(1)封发作业场地禁止接待来客,禁止闲人进入,工作人员佩戴胸牌进入。
(2)按规定工作时间进入场地,工作时间不脱岗,交接完工作马上离场。
(3)严禁在任何操作场地、库房、操作间追逐打闹或吸烟。
(4)车辆按指定位置停放,工具按规定位置放置。
(5)下班后关闭室内照明及规定关闭的所有电源、电器设备。

(四)快件安全注意事项

(1)快件按规定堆位,堆放整齐,摆放牢固安全。
(2)不抛、摔、拖拉快件(包),易碎、怕压等特殊快件(包)要轻拿轻放。
(3)保价快件(包)要单独保管、书面交接。
(4)装载到车厢时,快件(包)要堆放整齐、稳固。
(5)各类快件(包)处理和运输过程中,严禁私拆、抽拿。
(6)司机要亲自确认装车完毕,车门关闭、施封结束后,方可开动车辆,严禁货车车厢内人货混装。

三、出站快件总包的装发

根据快件总包发运计划,将比对核查过的总包,按规定的快件发运频次和时限要求,准确无误地装发相关交通运输工具(飞机、火车、汽车)等,称为出站快件总包的装发。

(一)装车前准备

(1)根据总包发运计划及班次、吨位、容积和路线等情况,与汇总的发运信息进行比较,核算应发总包的堆位及其数量。
(2)当运量超过运能时,应及时进行相应调整。

(3)快件总包发运数量确定之后,制作出站快件总包的总包路单。总包路单一般只登记始发站、终到站和总包数量。

(二)总包装载及码放

厢式汽车是快件总包运输的主要运载工具,为了安全、顺利转运快件,应该遵守以下规则:

(1)装车工作应由两人(及以上)协同作业。

(2)装码总包要求:逐层码放,大袋、重袋堆在下部,规则形总包堆在下部,不规则形总包放在上部,不耐压、易碎总包放在上层。

(3)满载时(要按载重标志),要从里面逐层码高后向外堆码,结实打底,较小的总包放在中间压住大袋袋口,填放在低凹和空隙处。

(4)数量不到满载的,车厢里层最高,层次逐渐外移降低,这样可防止车辆启动、制动时,堆位倒塌造成混堆,避免卸错或漏卸。

(5)数量半载的,里层高度可稍低,比照上条所述堆码,不可以只装半厢,造成前端或后端偏重。

(6)严禁将快件码在车厢一侧,造成侧重不利于行车安全。

(7)装卸不是直达具有两个以上卸货点的汽车,要按照"先出后进""先远后近"的原则装载总包,堆位之间应袋底相对(总包袋底部贴在一起,可防止混堆),也可用绳网分隔。分隔方法有两端分隔和逐层分隔。

(8)两端分隔就是两个堆位快件总包从两端护栏杆堆码向中间移装,但中间必须有绳网将两堆位分开。

(9)逐层分隔就是将"后出"(班车线路后到的)快件总包在汽车上码好后用绳网隔断,然后再装"先出"快件总包。

四、建立车辆封志

车辆封志一般有门锁、特制塑料或金属条码封条、全球卫星定位系统(GPS)与地理信息系统(GIS)结合的信息记录等。

(一)建立车辆封志的操作步骤

(1)总包装载结束后,由车辆的押运人员或驾驶员将车门关闭。

(2)场地负责人将车辆封志加封在车门指定位置,车辆押运人员或驾驶员监督车辆施封过程。

(3)将塑料条码封条尾部插入锁孔中,再穿入条码封条顶部的扣眼中,用力收紧,并检查施封是否完好。

(4)将施封的条形码号登记在出站快件的总包路单上。

(5)车辆押运人员或驾驶员与场地负责人在总包路单上签字确认。

(二)建立车辆封志的注意事项

(1)施封前,要检查车辆封志是否符合要求,GPS定位系统是否正常。

(2)施封时,发运人员与押运人员(或驾驶员)必须同时在场。

(3)施封后的封志要牢固,不能被抽出或捋下。
(4)施封过程中,要保证条形码完好无损。
(5)核对封志的条形码与总包路单上登记的号码是否一致。

五、快件信息汇总比对方法

快件处理中心每天将不同运输方式、不同路向、不同时段接收的快件,进行开拆、分拣、封发处理。为加强本环节的监控,保证快件进出等量,必须对快件进出信息进行比对合拢,运用数据分析方法,发现其中误差及时检查纠错,保证操作质量稳定。

(一)快件信息汇总比对的概念和作用

1. 快件信息汇总比对的概念

快件信息汇总比对就是快件处理中心每日或每班快件生产工作结束后,对快件进站件数、上班次结余件数及快件出站件数、本班次结余件数的登单信息,分别进行汇总,结出总件数后填写格式单证(合拢单)进行比对,交主管人员审核签证的过程。正常工作状态下,比对结果是平衡的,即:

快件进站总件数＋上班次结余件数＝快件出站(或派送)总件数＋本班次结余件数

比对结果不平衡或结余件数和实存件数不符,出现或多或少的现象时,必须采取措施及时复查。复查无果要立即向主管汇报,做出详细记录备查。

填写合拢单前,必须认真核对清单、清单件数信息,不能有漏核和汇总错误,保证收集汇总数据的准确是快件信息汇总比对的基础。

2. 快件信息汇总比对的作用

进行快件信息汇总比对,是保证快件在传递处理过程中的安全,防止缺失、短少,明确责任段落的一项不可或缺的措施,是快件分拣封发质量控制的重要手段:

(1)运用快件信息汇总比对,可纠正操作当中的失误,减少快件延误丢失。
(2)运用快件信息汇总比对,可明确责任段落,汇总比对不平衡反映操作存在隐患,核查其中规律可更有针对性地解决问题。
(3)运用快件信息汇总比对,可用数字明确反映操作质量,量化质量指标方便考核评比。
(4)快件信息汇总比对合拢,也是快件处理中心生产秩序稳定的重要标志。

(二)快件信息统计汇总内容

快件信息统计汇总的内容包括进站快件和出站快件的信息统计汇总。

1. 进站快件的信息统计汇总(拆解信息统计汇总)

进站快件信息统计汇总,是将每日或每班进站总包开拆,经勾挑比对后汇总已有进站封发清单,结出总件数填制合拢单的过程。

进站快件经过比对,就是将快件的原寄地和号码与所登相关清单逐项勾核,验证单上所登内容与实物是否相符。不相符按规定处理,相符则汇总清单总件数,填写合拢单相应栏目。

2. 出站快件的信息统计汇总(封发信息统计汇总)

出站快件信息统计汇总,是每日或每班将勾挑比对过的快件,封装成总包后,汇总封发清单,结总出站件数及结余、问题件件数,填制合拢单的过程。

(三)快件信息汇总比对方法

1. 进站快件总包信息汇总比对

进站快件总包信息汇总比对是每日或每班快件工作终了,收集全部进站总包路单和进站封发清单,将清单号码与总包路单"总包号码"栏内数据进行比对。结果合拢表明本班次所有进站总包正常开拆;结果不匹配,需要进一步查找原因,方法如下:

(1)清单多于总包路单登列总数,表明有进站总包未登注总包路单,按规定缮发快件差异报告知会上一环节,补登总包路单并在补登处签字备查。

(2)总包路单登注的总包号码多于清单,表明清单缺失。要立即进行检查,分析原因找出问题所在,及时与上一环节沟通,请其传真缺失清单留存联,按清单登列的快件号码查找是否有进站信息:

①按清单登列的快件号码查找,有快件进站记录,表明总包已开拆,仅进站封发清单在中心丢失,需要将传真清单归档,说明情况备查。

②按清单登列的快件号码查找,没有快件进站信息,则表明有总包未开拆或遗失情况。应立即上报业务主管,组织人员检查操作现场及周边场地有无遗漏总包;追溯操作过程有无异常情况。发现未开拆总包,按正常流程交接操作;查找无果,填写异常报告上报另查。

进站快件总包信息汇总比对,是快件信息汇总比对的基础。只有快件信息收集全面、数据计算准确,才能正确反映实际操作质量。

2. 快件信息汇总比对的方法

根据运用工具的不同,快件信息汇总比对可分为手工汇总比对和操作系统汇总比对两种方法。以往操作都是手工实现的,操作员根据一定工作时间段内到达的封发清单,逐一手工登录快件信息;随着信息技术的发展和网络技术的普及,快递业操作设备越来越先进,信息处理越来越便捷。

(1)手工快件信息汇总比对

①每天或每个班次的分拣封发工作结束后,各拆解封发岗位按规定将清单集中上缴。

②手工方式按各车次,把进站封发清单逐一结总数后,汇总结出总件数。

③按各车次把出站封发清单逐一结总数后,汇总结出总件数,并把本埠派送、问题件、自提件和其他快件逐一结总后,汇总出总件数。

④所有清单整理完毕后,填写合拢单内容。

⑤进站汇总总件数填写在进站栏(表4-1),出站汇总总件数填写在出站栏。进站总计(1)减出站总计(2)应等于实际库存件数(其中包括问题件、库存自提件等)。

⑥对比结果合拢,说明操作正常;结果不匹配,需进一步查找异常原因。重新汇总计算数据是否正确,检查接收、封发、分拣各环节清单,查找出现差异的原因并予以纠正。

⑦未查找出原因,比对结果出现或多或少的现象时,要及时向主管如实汇报,并做详细记录备查。

⑧核查完毕,分类存放各式清单、合拢单,按规定存档。

快件进出站平衡合拢单　　　　　　　　　　　　　　　　　　　　　　表 4-1

进　　站				出　　站	
进站车次	总袋数	总件数		白班	夜班
			本埠件		
			中转件		
			问题件		
			自取件		
			其他		
			小计		
小计			总计(2)		
上班结余			备注：		
总计(1)					
记事栏：					

制表：　　　　　　　　　　主管：　　　　　　　　　　日期：

（2）应用操作系统进行快件信息汇总比对

现阶段普遍运用计算机功能模块实现信息的汇总比对，其原理与手工汇总比对相同。预先设置条件后，通过设备扫描快件快递运单条码，自动生成拆解清单和封发清单。按比对要求调取对应数据进行自动比对，筛选出差异快件号码，具体操作如下：

①首先启动操作系统，输入操作员的用户名和密码登录系统，选择系统中比对功能操作模块。

②系统默认当前站点，提示输入要求比对时段、班次、快件类别、始发站、寄达站等信息。

③输入比对要求后，点查询键，系统自动调取符合条件的数据进行对比，筛选出差异快件号码。

④查找出差异快件号码，具体分析造成差异的原因，准确做出处理或反馈。

⑤严重异常情况要生成书面报告，向负责人汇报，按规定存档。

⑥操作人员退出查询模块，关闭系统。

(四)汇总发运信息

通过汇总发运信息，可以精确掌握本班次发运快件总包的数量、重量和发运方向。与前期数据对比可以分析得出本区域快件主要流向，快件量增长速度，调整编制发运计划和运能调整提供数据参考。

1. 汇总发运信息的概念

按出站总包路单对各条运输线路的快件总包件数和重量进行汇总，称为汇总发运信息。汇总发运信息可以提供实际装载数据，成为调整发运计划的依据。例如某企业规定，任一线路实际装载总包件数或重量达到核定运能70%时，就要做好加大运能的准备工作。当运能不能满足运量要求时，产生滞留总包，滞留总包必须优先装运第二班次车辆。汇总滞留信息，为增加运能提供数据依据(图4-5)。

滞留总包汇总登记表				
班组_____			日期____年__月__日	
目的地	装发车次（航班）	滞留总包件数	质量	备注
……	……	……	……	……
合计				

填表人：　　　　　　　　　　　　审核：

图 4-5　滞留总包汇总登记表

2.汇总发运信息方法

(1)手工汇总发运信息方法

①总包路单登录结束,操作员按发运计划、中转关系、包牌信息将总包码放到正确堆位。堆位可以是笼、托盘、推车或现场隔离区域。

②按堆位勾核对应总包路单总包号码栏内数据,复核总包是否全部已登入总包路单。结果合拢,表明本班次所有出站总包正常封发,结总各堆位上的总包件数、重量等信息。结果不匹配,需要进一步查找原因。方法如下：

总包多于总包路单登录总包号码,表明有出站总包未登录总包路单,补填总包路单总包号码；总包路单登录的总包号码多于总包实物,说明总包有错放、漏放堆位,组织人员检查操作现场及周边场地有无遗漏总包；追溯操作过程有无异常情况,改正后重新勾核。

③填制快件总包发运信息汇总登记表,汇总出站快件总包发运信息,显示本班次总的发运总包件数、吨位及各路向的相关信息(图 4-6)。

快件总包发运汇总表							
班(组)_____						日期____年__月__日	
发运车次(航班)	目的地	总包运量		经转方式			备注
		数量	质量	汽运	航空	其他	
……	……	……	……	……	……	……	……
合计							

制表人：　　　　　　　　　　　　复核人：

图 4-6　快件总包汇总登记表

④将各类单据归档。

(2)操作系统汇总发运信息方法

①首先启动操作系统,输入操作员的用户名和密码登录系统对应模块,系统一般会默认始发站；根据系统要求输入时间段、寄达站代码、运输班次等信息来查询。

②系统自动调取总包重量等信息,形成每个运输方向的总包件数、总重量等发运信息。

③输入时间段,缺省其他信息,系统则调取本班次操作所有总包件数及总重量。

④汇总发运信息可提前预知发运计划中运输能力是否适合,提前修正发运方案,可节约成本,提高操作水平,保障快件时效。

⑤打印汇总信息,按规定存档。

⑥关闭模块,退出登录。

>>> 项目小结 >>>

快件封发是快递服务全过程中从集中到分散的环节。快件封发作业流程主要由登单、封包、装车发运等环节组成,封发作业必须严格操作,使快件实现准确、安全、完整、及时的传递。通过对该项目的学习,可以掌握基本的快件封发操作,更好地掌握快递流程。

>>> 知识巩固 >>>

1. 快件封发清单的概念。
2. 什么是登单?分为哪几类?
3. 请简要回答总包封装的基本要求。
4. 装载和码放总包,应遵守哪些规则?
5. 装发作业的安全要求有哪些?
6. 简述快件信息汇总比对的概念和作用。

项目五 快件派送

> **知识目标**

◆掌握快件派送的流程
◆熟悉快件派送前的准备工作
◆熟悉快件派送过程中的注意事项和派送装卸
◆快件交接信息核对、款项清点等派送后续处理

> **能力目标**

◆能够完成派送路单的填写、快件交接等准备工作
◆能够熟悉派送服务流程和原则,并能避免快件装卸中出现问题
◆能够熟练完成各种派送后续工作

> **导入案例**

独臂快递哥,活出自己的精彩

独臂快递员邢亮自从工作以来,每年几乎都是零差评。邢亮说:"每次当我把快件安全送到客户手中时,会有一种小小的成就感,让我内心得到满足,觉得挺有价值的。"

邢亮总是带着一脸微笑,"您好,给您送快件来了!"他与附近的居民打成一片,用他的话说闭着眼睛走路都不会撞到墙。他说:"一些客户对我熟悉了都非常照顾我,有时给小区送快件,居民都会主动下楼取快件。只有家里有老人小孩的,才让我送上楼。快递拼的就是时效,邢亮说他爬楼梯特别快,"现在我跑上六楼只需要一分钟!"

邢亮视快件如自己的生命一般,小心翼翼,生怕快件有所损失。大风大雨时,他首先想到快件千万别淋湿,赶忙用防雨的塑料布给快件盖上,自己淋湿了却毫不在意。

生命贵在珍惜,贵在有价值,而有意义的生命不是仅有大事业才能体现的。

任务一 交接检查

> **任务提出**

小王是某快递公司新入职的一名收派员,培训合格后,小王正式上岗,他将开始第一天的派送工作,在派送前需要与处理人员进行快件的交接,那么小王应如何进行快件的交接并注意哪些事项呢?

> **任务分析**

为了完成快件的交接任务,小王需要掌握派前准备流程;能够熟悉交接检查的注意事项及

项目五　快 件 派 送

交接原则等;掌握增值快件及异常快件的交接。

一、派送流程

派送流程,是指收派员将快件交给客户,并在规定的时间内,完成后续处理的过程。快件派送分为按址派送和网点自取两种方式。

按址派送,是指收派员从接收需要派送的快件开始,在规定的时间内到达客户处,将快件交给客户并由客户在运单上签收后,在规定的时间内,将运单的派件存根联、收取的到付营业款以及无法派送的快件统一带回派送网点处理,完成运单、快件、款项交接的全过程。

网点自取,是指客户上门至快件所在的派送网点自取快件,收派员将快件交由客户签收后,在规定的时间内,完成运单、款项交接的全过程。

在快件派送的两种方式中,按址派送是目前快递服务的主流形式,体现了其便捷、灵活的特点。但在按址派送不能实现或客户有特殊要求的情况下,也有客户网点自取的情况。从工作环节看,这两种方式存在一些差异(图5-1、图5-2及表5-1、表5-2)。

(一)按址派送

1.流程图(图5-1)

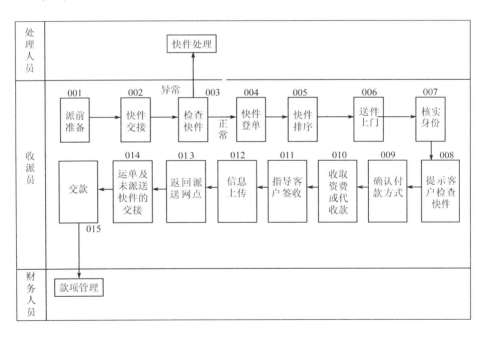

图 5-1　按址派送流程图

2.流程说明(表5-1)

按址派送流程说明　　　　　　　　　　　　　　　　表 5-1

编号	流程活动	流程活动说明
001	派前准备	准备好需要使用的运输工具、操作设备、各式单证等
002	快件交接	领取属于自己派送段的快件,与网点处理人员当面确认件数

127

续上表

编号	流程活动	流程活动说明
003	检查快件	逐个检查快件,如有异常将异常快件交回处理人员
004	快件登单	通过手工或系统,对交接的快件完成派件路单的制作
005	快件排序	根据快件派送段的地理位置、交通状况、时效要求等合理安排派送顺序,将快件按照派送顺序进行排序整理
006	送件上门	将快件按照派送顺序妥善捆扎在运输工具上,途中确保人身及快件的安全,到达地点后妥善放置交通工具
007	核实身份	查看客户或客户委托代为签收人的有效身份证件
008	提示客户检查快件	将快件交给客户进行查验。因外包装破损或其他原因客户拒绝接收,应礼貌地做好解释工作并收回快件,同时,请客户在运单的"备注栏"内签名,写上拒收原因和日期
009	确认付款方式	确认到付快件的具体付款方式。客户选择现付,则按照运单上的费用收取;客户选择记账,则在运单账号栏注明客户的记账账号
010	收取资费或代收款	向客户收取到付资费或代收款业务的相应费用
011	指导客户签收	派件收员在运单上填写姓名或工号,请客户在运单的客户签字栏用正楷字签名,确认快件已经派送给收件客户
012	信息上传	客户签收后,立即使用扫描设备做派件扫描。采用电子签收方式,则请客户在扫描设备上签字
013	返回派送网点	妥善放置无法派送的快件,确保在运输途中安全,在规定的时间内返回派送网点
014	运单及未派送快件的交接	清点已派送快件的运单("派件存根"联)、无法派送的快件的数量,核对与派送时领取的快件数量是否一致。将运单和无法派送的快件当面交给处理人员
015	交款	将当天收取的款项交给派送网点的相应处理人员

(二)网点自取

1. 流程图(图 5-2)

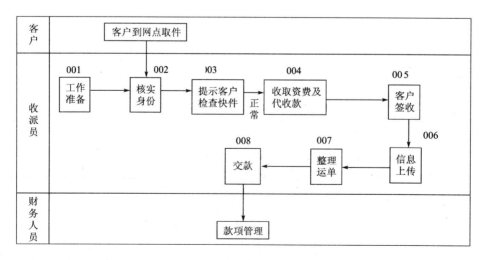

图 5-2 网点自取流程图

2.流程说明(表5-2)

网点自取流程说明　　　　　　　　　　　　　　　　　　　　　　　　表5-2

编号	活动名称	流程活动说明
001	工作准备	准备所需操作设备、各式单据和证件,并检查操作设备是否能正常使用
002	核实身份	根据客户提供的运单号,查找快件。核实客户提供的有效身份证件是否与运单收件人信息相符。不得将快件交给与收件人信息不符的人员,若属代签收,则必须在运单相应位置注明代收人的有效身份证件号码
003	提示客户检查快件	收件客户身份核实无误,收派员将快件交给客户,提醒客户对快件进行查验。如因快件外包装破损或其他原因客户拒绝接收快件,收派员应礼貌地向客户做好解释工作,并收回快件。同时,请客户在运单的"备注栏"内签名,写上拒收原因和日期
004	收取资费及代收款	如快件为到付,收派员须与客户确认具体付款方式,如客户选择现付,则按照运单上的资费收取;如客户选择记账,则在运单账号栏写上客户的记账账号
005	客户签收	收派员在运单上填写姓名或工号,请客户在运单的客户签字栏用正楷字签名,确认快件已经派送给收件客户
006	签收信息上传	若有移动扫描设备,客户在运单上签收后,立即使用扫描设备做派件扫描。若采用电子签收方式,需请客户在扫描设备上签字
007	整理运单	整理已经派送成功的快件运单,确保已派送的快件数量与运单数量一致
008	交款	将当天收取的营业款(款项)交给营业网点的相应处理人员

二、派前准备

(一)派前准备

1.业务准备

及时阅读宣传栏,掌握企业最新业务动态及相关操作通知。清楚与自己相关的替(换)班人员工作安排,并做好相应的准备。

2.单证准备

准备好派送通知单、收据或发票、零钱、身份证、行车证等相关证件。

3.快件交接

在企业规定的时间内,从网点派送分拣操作区,领取所属派送范围的快件。

4.接收检查

遵循当面交接、签字确认原则。

(1)检查快件的外包装、封签及运单,如有异常,应将异常快件交回处理人员;

(2)按派送区域核对快件是否属于本人派送区域;

(3)确认派送快件的数量。

5.快件排序

根据派送段的地理位置、交通状况、时效要求、快件特性等,合理安排派送顺序,并将派送快件按照派送顺序进行排序整理。

6.制作派送路单

通过手工或计算机系统,对排序后的快件完成派送路单(或称派送清单)的制作。

7. 运输工具、用品用具的准备

检查并确认运输工具、用品用具、操作设备状况良好;检查个人通信工具(对讲机、手机)、POS 机是否处于正常状态。

8. 装运快件

将快件进行集装、捆扎并安全装载在运输工具上。

9. 整理个人仪容仪表

派件出发前,一定要做好个人准备工作,身着企业统一制服、佩戴好工作牌,整理好个人仪容仪表,如头发梳理整齐,面容干净,衣服袖口须扣上,上衣下摆束在裤内等,调整自己的心态和情绪,保持良好的精神风貌。

(二)派件准备注意事项

(1)避免派件过程中因物料或者工具短缺而无法进行正常工作。如派件过程中,在收取到付款或营业款时,可能需要找零,如果不提前准备零钱,就可能会因无法找零而延误快件派送时间;派送到付或代收款快件,收款时需要向客户出具收款收据或者发票,如果没有携带相关票据,将影响派送工作的正常进行。

(2)检查有无快件处理的相关要求和操作变更通知,作业系统有无版本升级或操作变动。检查手持终端,核对作业班次和时间。避免因不了解情况和手持终端出现故障而影响快件派送。

(3)办好交接手续,明确责任。收派员与处理人员交接快件时,应当面核对数量,检查快件外包装、重量等有无异常情况。如发现异常情况,要将快件交由处理人员处理。交接双方在确认快件无误后,签字确认交接信息,明确责任。

(4)派送交接时,注意检查运单脱落、运单"派送存根联"缺失或粘贴不牢固的情况。如发现运单脱落、运单"派送存根联"缺失的快件,应交回处理人员处理;运单粘贴不牢固的快件,用企业专用胶纸粘贴牢固后,按正常快件进行派送。

(5)派送交接时,注意运单破损、字迹潦草、模糊、收件人名址不详的快件。此类快件需在确认收件人的详细姓名住址后,再进行派送。

(6)确保派送时限,降低派送服务成本。派送出发前合理设计派送路线、对快件进行整理排序。一方面可以节省派送的时间,实现企业派送时限的服务承诺;另一方面可以减少交通工具的磨损和油耗,并降低派送成本,从而提高企业经济效益。

三、交接检查

(一)交接检查的内容

收派员与内部处理人员进行交接快件时,必须对照派送路单认真检查确认快件的数量及状况,检查的具体内容包括:

(1)清点核对快件数量。按照快件派送路单对快件进行清点,核对快件总数及一票多件快件、代收货款快件、保价快件等快件数量是否与派送路单相符。

(2)核对是否有外包装破损、错分快件、地址错误、超范围、重量明显有误等异常快件。

(3)检验快件运单是否脱落、湿损、破损,运单信息是否清晰明了。

(4)确认快件付款方式,核对快件的到付款、代收款金额。付款方式不明确或快件到付、代收款金额大小写不一致,交由处理人员进行跟进处理。

(5)检查收件人名址。检查核对收件人地址是否属于自身所负责的派送区域;检查收件人地址是否正确、详细;检查收件人姓名是否具体;收件人地址是否与单位名称相符。

(二)交接检查的方法与步骤

(1)核对快件数量,通过勾挑核对检查多件或少件的情况,将多出或缺少的快件进行注明,并将异常信息向处理人员进行反馈。尤其注意一票多件快件是否缺件。一般应用勾挑核对的方法核对快件数量。

派送交接勾挑核对是指对照派送路单对快件逐票、逐件进行勾挑核对。随着快递信息技术的发展,由原来的手工核对,改为用移动扫描设备进行扫描核对。移动设备扫描核对比手工核对更加科学严谨,没有了人为因素的影响,使勾挑核对的作用得到充分发挥。在扫描核对时,如发现数量有误(多件或少件)等差错,能及时进行更正,从而避免派送路单与实物不符的现象。

如果数量不符,需要立即向处理人员进行反馈,双方再次确认交接快件的数量。

(2)检查快件外包装有无破损,如发现异常快件,将异常信息向处理人员进行反馈,并将快件滞留在派送网点,由处理人员进一步跟进处理。

(3)检查保价快件的保价封签是否正常,如发现异常情况(如:保价封签损毁、保价封签无寄件人签字等),将异常信息向处理人员进行反馈并向主管人员进行汇报,等待处理。

(4)检查快件运单:

①如果运单脱落,立即交由处理人员处理,并协助查找脱落的运单。

②如果发现快件运单粘贴不牢固,应用快递企业专用胶纸将之粘贴牢固。

③如果运单模糊不清(通常由于涂改严重或在运输过程中磨损造成),但可以识别快件编号时,由处理人员利用快件编号进入快递企业相应的信息系统查看快件信息,填写快递企业专用"派送证明"(图5-3)代替"派件存根"联,按正常流程进行派送。

派送证明

快件编号:_____,自_____发往_____,收件人为_____,运费为_____的快件已派送并签收。

特此证明

收件人(代收人):
证件名称及号码:
收派业务员:
派送时间: 年 月 日 时 分

图5-3 派送证明单样图

④如果运单轻微破损且不影响查看快件收件人信息,则按正常快件派送。

⑤如果运单模糊、严重涂改、破损等导致无法识别快件编号,交由处理人员进一步跟进处理。

(5)检查收件人地址是否清晰详细,能否准确识别。收件人信息不详的快件(如:收件人为××先生或××女士,收件人地址没有写楼号或单元号等),如能识别收件人电话,与收件人联系,确定收件人准确、详细信息,并在快件运单或派送路单上进行注明后,按正常流程进行派送;与收件人无法取得联系的快件,如能识别寄件人电话,与寄件人联系,确定收件人准确、详细信息,并在快件运单或派送路单上进行注明后,按正常流程进行派送;与收件人、寄件人均不能取得联系的快件,按要求准确批注无法派送的原因后,将快件交由处理人员跟进处理。

(6)检查快件是否属于本人派送范围。不属于本人派送范围的错分快件,及时将快件交与处理人员安排正确派送,以保证快件派送时效。收派员之间不能相互传递、互换快件。

(三)交接原则

1. 会同交接原则

收派员与处理人员交接快件时,交接双方应会同交接,当面确认快件状况。如发现异常情况,可将快件留与处理人员跟进处理或在派送路单中注明异常情况。

2. 交接验收原则

交接快件时,必须做好交接验收工作,以便明确责任。作为快递服务作业中的一项基本制度,在实际操作当中,"验收"是这项制度的核心内容。在执行这项制度的具体操作过程中,只有对"数量、规格、标准要求"等实际工作中诸多相应的内容、细节核对查验清楚之后,才能完成你交我接的形式。交接快件时,一定要对快件的数量、重量、外包装、运单和名址等进行认真核对,验收无误后再进行交接。严禁"信任交接""马虎交接""替代交接"。

3. 签字确认原则

收派员领取快件后,与处理人员会同核对检验快件数量及其他影响快件正常派送的情况,核对检验无误后进行交接,交接完毕,双方一定要及时签字确认交接情况。禁止无签字、替签或过后补签交接。

四、增值快件的交接

(一)限时快件交接

限时快件是在限定的时间段内送达用户的快件。派送交接时,对限时快件进行单独核对交接,并单独存放,以保证收派员及时掌握限时快件的派送信息,做好优先派送的计划与准备,保证优先派送,实现对客户的限时服务承诺。同时,对限时快件的运单信息、收件人名址进行核准,发现错分快件应及时退回处理人员进行重新分拣,以便及时安排派送。

(二)保价快件交接

保价快件通常具有高价值、易碎、对客户重要性高等特点,在交接时需特别注意。快递企业对保价快件有单独的收派及处理流程,而且快件流转的每个环节都需交接双方签字确认。因此,保价快件交接时,一定要单独交接并逐件点验数量,并查验快件外包装、保价封签及重量是否异常。查验内容主要包括:

1. 检查快件外包装及保价封签

检验保价快件的外包装及保价封签是否完好,有无撕毁或重新粘贴的痕迹;检验快件外包装有无破损、开缝、挖洞、撬开、污染、水渍和粘湿等不良状况。如外包装破损快件有可能已导致内件部分或全部丢失、毁损;开缝、挖洞、撬开、保价封签撕毁或重新粘贴有可能是被盗的迹象;外包装污染可能已导致快件内件部分或全部价值损失。发现快件外包装及保价封签异常情况,应向处理人员及时反馈。

2. 快件复重

保价快件交接时,处理人员与收派员会同进行称重,重量异常的保价快件上报主管人员,必要时经主管人员同意,在监控下面,2人以上会同开拆外包装进行检查。

3. 易碎保价快件检查

易碎保价快件交接时,通过摇晃、触摸等方式查验快件的完好性,发现异常快件(如轻微摇晃听到异常声响),向处理人员反馈,将快件交于处理人员跟进处理。

(三)到付快件、代收货款快件交接

到付快件、代收货款快件因涉及向收件人收取相应的款项,存在一定的风险。一般情况下,快递企业规定此类快件交接时进行逐票分类检查,在派送路单中注明应收取的款项和金额,或制作专用的应收账款清单。为了避免错收款项,派送交接时,收派员要注意核对派送路单所注明的应收款金额与快件运单或其他收款单据所写的金额是否相符。如有金额不符的快件,交由处理人员核实。

五、异常快件的交接

(一)运单脱落或"派送存根"联缺失快件的交接

处理人员分拣快件时,发现运单脱落或"派送存根"联缺失的快件应单独存放。首先,收派员协助处理人员在处理现场寻找有无脱落的运单,如果寻到并能确认,将运单粘贴牢固后,按正常流程进行派送;如果现场寻找不到脱落的运单,交回处理人员,处理人员通过与上一中转环节联系比对等方式查询快件的运单单号及相应的信息,填写企业专用的"派送证明"(图5-3)代替"派送存根"联,交给收派员按正常流程进行派送。

(二)运单破损快件的交接

处理人员分拣快件时,发现运单破损的快件应单独存放。如运单轻微破损,且不影响查看收件人信息,按正常流程派送;如果运单破损比较严重,导致无法识别快件单号及收件人信息,处理人员可通过与上一中转环节联系比对等方式查询快件单号及相应信息,填写"派送证明"代替"派送存根"联,交给收派员按正常流程进行派送。

(三)运单书写潦草、模糊不清快件的交接

处理人员分拣快件时,发现运单因书写潦草或涂改严重等原因造成字迹模糊,不能清晰辨认收件人名址、资费或代收款的快件,应单独存放。处理人员利用快件单号,通过信息系统确认收件人及其他信息,并批注在运单上,交于收派员按正常流程进行派送。

(四)收件人名址不详快件的交接

处理人员分拣快件时,发现名址不详的快件应单独存放。进行接收验收时,发现名址不详的快件,如果有收件人电话,与收件人联系确认详细名址并在运单空白处进行批注后,按正常流程进行派送。无电话号码或因电话号码错误、停机等原因无法与收件人取得联系时,将快件直接交回处理人员跟进处理。

任务二　派送路线设计与派送路单制作

>>> 任务提出 >>>

完成派前快件的交接工作后,小王需派送的快件要进行派送路线的设计并制作派送路单。

>>> 任务分析 >>>

首先,小王需要掌握派送段的合理划分;其次,了解派送路线设计的意义和作用;最后,掌握派送路线设计的原则、结构、方法、影响因素,合理设计派送路线,有效提高工作效率。

一、派送段的划分

派送段也称派送区域,快递企业根据业务量及收派员人数,将每个派送网点的服务范围划分成多个派送服务段,每一个服务段称为派送段。派送段是收派员的服务区域范围,也是收派员的工作定额。快递企业一般将快件的收寄和派送范围合并成一个区域,因此,派送段的设置,不仅要考虑快件的派送业务,还要考虑快件的收寄业务。

(一)派送段设计的作用

为了明确责任和便于收派员熟悉情况,每个派送段原则上配备一名收派员。收派员在这一服务区内,按照快件的规格、特性、时限要求,设计合理的派送路线,完成每一班次的快件派送服务。通过划分派送段对收派员进行定区管理,可以实现以下目标:

(1)收派员能够充分掌握该区域的道路、建筑、交通、客户群体等信息,合理设计派送路线并掌控派送时间,提高派送效率。

(2)将收派员的工号与派送段编码进行绑定,以实现收派任务自动分配,对快件进行实时跟踪管理。

(3)收派员深入了解该派送区域的市场行情及客户需求,有利于开发市场和开展客户维护工作。

(二)派送段的组织形式

派送段的组织形式有两种:一种是按照使用的派送车辆可分为非机动车段和机动车段;另一种是按照服务对象侧重点的不同可分为综合派送段、专业市场派送段、大客户派送段和社区派送段。

(三)派送段的设计

1.设计派送段时考虑的因素

(1)派送快件的频次、时限和收派员的工时规定。

(2)派送区域内机关、企事业单位、写字楼和居民的分布情况。
(3)派送区域内快件的业务量。
(4)派送区域内的交通、地形特征和各条街道的分布情况。
(5)房屋建筑的特点,如高层建筑、楼群、平房等。
(6)收派员在本派送段上的工作条件,如所使用的交通、搬运工具的种类等。

2. 设计派送段的基本要求

(1)派送段的区域大小要适宜,区域过大导致回程派送的用户收到快件的时间过晚,过小会增加分拣的工作量和收派员的人数。
(2)收派员当班都能在规定的时间内将快件派送完毕,不致延误,同时,要保证每名收派员的工时得以充分利用。
(3)段与段之间的派送量大小、里程长短、工时消耗多少要基本均衡,避免人为形成劳逸不均。
(4)派送段的结构要力求做到科学合理,上、下段的地点尽可能靠近派送网点,全段尽量避免中断、绕行、迂回、重复路线,以减少收派员的无效行程。
(5)段与段之间的界限要清楚明确,避免相互交错重叠。
(6)一条街道相连的巷、胡同、里弄、一个居民区尽可能划入一个派送段内,以便于内部分拣和外部派送。如条件有限不能划入一个派送段时,对于街道一般以纵分为宜,即将街道的单、双号牌分别划归两个派送段。如果街道延伸较长,则将一条街道划归若干个派送段,应选择较大的交叉路口、知名建筑物等具有明显特征的地点来作为段界。

3. 设计派送段的步骤

设计派送段,应按照测算、规划、调试、定案的步骤来进行。

(1)测算。统筹分析派送区域内快件的业务量以及街道、房屋建筑的分布情况和特点,统计各派送段快件的业务量、客户数量、派送里程等基础数据,按照定额标准核算出派送区域内应划分的派送段数,并对各段增减的比例进行预安排。
(2)规划。根据核算结果,初步拟订派送区内的派送段规划方案。组织收派员对规划方案进行讨论,听取意见并进行修改。
(3)调试。经集体讨论通过的派送段规划方案,要进行多次试走,根据试走情况进行调整,不断完善方案。
(4)定案。派送段规划方案调试完成后即上报待批,经批准后即可作为最终执行方案。方案实施前,要做好两项工作:

①建立派送段资料。派送段一经确定,要为每个段定名编号,编制派送段情况表,登记派送段的派送范围(分拣资料)、单位和重点用户的名址等主要信息数据。
②调配人员,分配工作。要组织派送网点处理人员、收派员熟悉新的派送段范围。

4. 设计派送段的注意事项

因为派送段的范围涉及各段快件的分拣处理,所以一般派送段确定后不得随意变更。如遇段内新迁入较大的单位,或新建住宅区和建筑物,导致快件派送量骤增,派送时限难以完成等特殊情况,需组织调研论证形成派送段调整方案并报请上级主管批准后,方可实施派送段的调整。派送段变动后,要及时修改派送段情况表,确保资料的完整和准确,并将变动情况及时通知处理部门。

二、派送路线的设计

派送路线是指将收派员在派送快件时所经过的地点或路段,按照先后顺序连接起来所形成的路线。派送路线是收派员派件行走的轨迹,合理设计派送路线可以节约派送时间,提高派送效率。

(一)设计派送路线的作用和意义

1.派送路线设计的作用

派送路线设计主要是整合影响派送运输的各种因素,根据现有的运输工具及道路状况,对派送路线做出选择,及时、安全、方便、经济地将快件准确送达客户手中。合理地设计派送路线对于派送工作的有效完成具有重要的作用。

2.派送路线设计的意义

合理设计派送路线,一方面有利于满足快件的时效要求,实现派送承诺;另一方面节省收派员行驶和派送的时间,可以减少收派员的劳动强度,提高收派员劳动效率;同时,减少空白里程,减少车辆损耗,节省派送运输成本。因此,在派件前进行派送路线的合理设计具有重要的意义。

(二)派送路线设计的原则

1.保证快件安全

快递服务的宗旨是将快件完好无损、及时安全地送达收件人。保证快件安全原则要求:选择的派送路线路况要好(路面质量好、车道宽敞、车流量较少、坡度和弯度密度小);不能很偏僻等。

2.保证派送时限

快件派送时限是指从完成快件交接至客户处成功派送快件的最大时间限度。时限是客户最重视的因素之一,也是衡量快递服务质量的一项重要指标。

影响派送时限的主要因素包括:

(1)当班次派送快件量过大。

(2)在同一班次内,因客户不在而进行二次派送。

(3)天气、交通堵塞、交通管制等不可控因素。

(4)派送车辆故障。

(5)选择的派送路线不当。

因此,必须在认真分析各种因素的前提下,用系统化的思想和原则,有效协调,综合管理,选择最佳派送路线,保证快件的派送时限。

3.优先派送优先快件

优先派送的快件主要包括以下4种类型:

(1)限时快件。客户有严格的限时送达要求,需要优先派送。限时快递是快递企业承诺在约定的时间点之前,将快件送达客户的快递服务,如限时送达生日礼物、结婚贺礼等。

(2)等通知派送的快件。根据寄件客户的要求,快件到达目的地后暂不派送,待寄件客户通知后才安排派送的快件。

(3)二次派送的快件。首次派送不成功的快件,因为收派员在给客户留写派送通知单或与客户电话联系时,约定了第二次派送的具体时间,需要优先派送。

(4)保价快件。保价快件一般价值较高,一旦丢失,会给快递企业和客户带来非常严重的损失。收派员携带保价快件路上行走时间越长,快件丢失或损毁的概率越大。为了降低风险,在不影响其他快件派送时限的情况下,应优先派送保价快件。

4.先重后轻,先大后小

由于重件或体积大的快件的装卸搬运劳动强度大,优先派送,既可减轻全程派件的作业难度,也可减少车辆磨损和能耗。

5.减少空白里程

空白里程是指完成当班次所有快件的派送所行走的路线的实际距离减去能够完成所有快件派送的有效距离。空白里程的产生不仅增加了运输服务成本和收派员的劳动时间和劳动强度,还影响快件的派送时限。为了减少空白里程,需要做好以下几方面的工作:

(1)收派员应熟悉掌握派送段内每个路段、街道所包含的门牌号。如果派送段内包括商城、学校、超市等场所,需要了解其布局,确保能以最短距离到达客户处。

(2)快件排序时,注意将同一客户的多票快件排在一起,一次派送。

(3)对于同一派送段,应掌握多条派送线路,选择最短路径进行派送。

(4)及时掌握派送段内的交通和路况信息,避免因交通管制或道路维修而绕路,增加空白里程。

(三)派送路线的结构

派送路线的结构形式主要有3种:辐射形、环形和混合形。

1.辐射形线路

辐射形线路是指从派送网点出发,走直线或曲折线的线路。这种线路的优点:运行简单,适于客户分散、派送路程远的情况(图5-4)。缺点:返程多为空车行驶,里程利用率低。

2.环形线路

环形路线是指收派员从派送网点出发单向行驶,绕行一周,途中经过各派件客户所处的地点,回到出发的派送网点(图5-5)。环形路线的优点:不走重复路线。

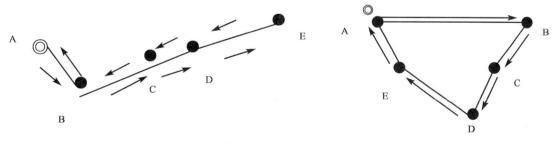

图5-4 辐射形派送线路结构图　　图5-5 辐射形派送线路结构图

环形路线适合于商业集中区、专业批发市场等客户较为集中的派送段派送路线的设计。缺点:快件送到最后几个派送点的时间较长。

3. 混合型路线

混合型路线是指包含辐射形和环形两种结构形式的线路(图5-6)，适合于商住混杂区，混合型线路设计时，要综合考虑里程利用率和派送时效。

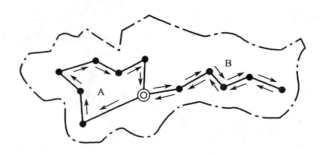

图5-6 混合型派送线路结构图

(四)设计派送路线时考虑的影响因素

在快件的派送路线设计过程中，影响派送效果的因素很多，主要包括以下3个方面：

(1)时限因素。时限要求较高的快件优先设计，优先派送。

(2)动态因素。如天气、车流量变化、道路施工、客户更址、车辆变动等。

(3)静态因素。如客户的分布区域、道路交通网络、建筑楼群布局等。

各种因素互相影响，很容易造成派送不及时、派送路径选择不当，延误客户收件时间等问题。因此，设计派送路线时要综合考虑影响派送运输的动、静态各种因素，以满足快件时效要求，实现服务承诺。同时，满足安全派送、降低成本、提高效益的派送要求。

(五)派送路线设计应用举例

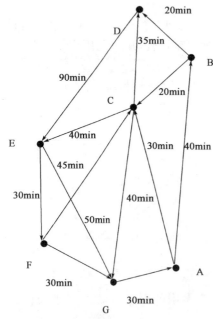

图5-7 派送路线设计示意图

如图5-7所示：A点为营业网点所在地，B点需要派送一票1h内到达的快件，D点要派送一票普通文件，F点需要派送一票重量12kg的普通包裹，C点需要派送一票保价快件，E点需要派送一票1kg的普通包裹，G点需要派送一票代收货款4 000元重量不超过1kg的快件。

A点到B点需要40min，B点到C点需要20min，B点到D点的时间为20min，A点到C点需要30min，C点到E点需要40min，C点到D点需要35min，D点到E点需要90min，E点到F点需要30min，F点到G点需要30min，F点到C点需要45min，E点到G点需要50min，G点到A点需要30min，C点到G点需要40min。

请根据需要派送快件的情况，设计派送路线并对快件进行排序。

解：

(1)B点派送的快件属于限时快件，虽然仅从路程时间计算,从 A 点经 C 点到 B 点,1h 能到达,但考虑派送途中可能因交通堵塞或交通管制等延误时间,因此,优先派送,派送路线 A→B;

(2) B→C→D 需要 55min,B→D→C 同样需要 55min,又因 C 点需要派送一票保价快件应优先派送,因此,选择 B→C→D;

(3)不走重复线路,应尽量选择环形路线,因此,选择 D→E→F→G→A(图 5-7)。

三、快件排序

对快件进行合理、得当的排序,是快件派前整理的重点,也是快件实现高效率派送的基础。

(一)快件分堆

(1)将整理好的快件按规定的派送路线顺序和客户分布情况,把一条派送段分为若干小段,每一小段的快件放在一堆,形成堆位。

(2)堆位的数量不宜过多或过少,过多则不宜记忆,且工作台面(场地)紧张,造成堆位混杂,增加误分;过少则还需二次分拣,影响速度。一般 6~8 堆为宜,最多不超过 10 堆。

(3)分堆时,要合理地设置堆位或格口。操作时,对收件人地址要看清、看全,单位名称还要看清全称,注意区分近似易混的名址,改寄、退回快件要看准标识。

(4)分堆完毕,要及时清理现场,检查场地有无遗漏快件。

(二)快件细排

细排是整个快件排序过程中的关键一环,细排时出现差错,极易导致按址派送时误派。为保证细排质量,细排时应按照分堆的顺序和派送路线,由前往后逐堆细排。优先快件或有特殊要求的快件要优先进行排序。遇有大件或圆卷等快件不便排入时,可用其他代表相关快件的卡片等排入或将下一票快件反排,以便帮助记忆,防止漏派。排序时,快件运单一致朝外,不能倒置快件。

(三)排序复核

为确保派送质量,快递业务员与处理人员完成派送快件交接后,对快件进行排序整理,在派件出发前还要进行一次复核。复核是快件排序过程中重要的一环,能够纠正分堆、细排时所发生的差错。因此,对每一票快件都要认真仔细地检查,确保准确无误。复核的重点是检查各类快件是否符合规定,是否按派送线路排好顺序,有无漏排和误排现象或其他质量问题。发现问题,及时予以纠正。

快件复核完毕后,快递业务员要清理工作台,检查作业现场有无遗漏快件,做到离台"三查",即:一查工作台上;二查分拣格口(有的快递企业称为分拣档口);三查工作台下。确认没有遗漏的快件后,方能出发派件。

四、派送路单制作

快递企业按派送段制作派送路单,作为收派员与网点处理人员进行快件交接的依据。派送路单的制作有严格的要求。

(一)派送路单的制作方法

在派送快件前,可以通过手工抄写、计算机系统打印等方式将准备派送快件的相关信息制作成派送路单。某快递企业派送路单样单,如图5-8所示。

派送路单

营业网点:　　　第　段　　　年　月　日　　　第　页　共　页

序号	快件编号	收件人名址	收件账号	应收款金额		是否派送	备注
				到付	代收货款		
1							
2							
3							
4							
5							
6							
7							
8							
9							
10							
11							
12							
13							
14							
15							
合计							

收派员名章:　　　　　　　　　　　　处理员名章:

图5-8　派送路单样图

1.手工登单

手工登记派送快件路单(简称登单),手工登单是通过手工抄写的方式,按派送段将准备派送快件的相关信息及收派员的名称或工号填写在印制好的空白表格中。手工登单的具体操作方法如下:

(1)派送路单上,清晰地填写派送日期,填写收派员名章、派送段名称、快件编号等信息。

(2)将快件与派送路单并排放在工作台的适当位置,用左手翻看快件的派送信息,右手执笔抄登,利用双手协调配合。

(3)制作派送路单时,书写的数字号码、文字要清晰准确,不能写白字、别字、连体字或简化字。

(4) 登记收件人名址时,务必将运单内容完整地登录在派送路单上面,不能用简称。

(5) 备注栏内需要注明的内容要简单易懂并且准确,属于改寄或退回的快件,在备注栏内加注"改寄"或"退回"字样,这样可以有效地节省时间,提高工作效率,并便于业务查询。

2. 计算机系统打印

计算机系统打印派送路单是指快递企业的操作系统中设有特定的派送路单样式,对快件进行派送登单扫描,将快件信息上传至计算机系统,并在相应位置输入派送段名称、收派员姓名或工号等,计算机自动在系统内生成该派送段的派送路单,再将派送路单打印出来。计算机系统打印派送路单的具体操作方法如下:

(1) 启动操作系统后,路单制作人员输入使用者的用户名和密码登录系统,选择系统中派送登单功能相对应的操作模块。

(2) 根据操作系统要求,输入派送段名称、代码、拼音缩写等,正确选择进入登单格口的派送段操作界面。

(3) 逐一扫描快件,防止误扫和漏扫,挑出错误分拣的快件单独存放。

(4) 如果快件实际数量与派送路单数量不符,应及时进行查找复核。漏扫的快件,重新扫描录入。

(5) 扫描快件时,距运单编号5~30cm,使激光束覆盖运单编号。扫描时,需注意设备提示音响,当设备发出扫描失败提示音时,应进行重新扫描。

(6) 应对一票多件快件集中进行扫描。

(7) 运单编号污染、受损无法扫描时,应进行手工键入。

(8) 对于保价快件、代收款快件、到付快件、限时快件,要在备注栏注明或使用专用模块扫描录入。

(9) 如果错扫快件,应及时在操作系统中执行数据删除。

(10) 扫描结束后,利用操作系统打印派送路单。

(11) 登单结束,退出操作系统。

(二)派送路单的制作要求

根据派送计划,制作派送路单:

(1) 在制作派送路单时,必须做到"两准、两核对"。"两准"是指登录的快件信息和快件数量要准、派送路单结数要准;"两核对"是指派送路单表头派送段名称与快件上收件人地址信息核对,派送路单表头派送段名称与分拣格口派送段名称核对。

(2) 派送路单制作过程中,如发现有错误分拣(即串段)、错误登录(快件信息录入错误)的情况,要及时予以更改。

(3) 手工登单时,路单的流水号要连续。另外,一定要防止出现重号或跳号现象。每页路单应按规定格数登录完以后再换页,不能超格登记,也不能在同一班次内未登录完就换页。

(4) 每个派送段登录完毕应有正确结数,同时,路单(包括底份)上都应清晰地加盖当班(日)登单日戳或填写登单日期及时间,同时,登单人员要加盖名章。

(5) 制作派送路单时,要逐票核对派送路单与快件实际信息是否相符。如果发现路单上收件人信息空白或其他信息与实际情况不符,必须用手工补写完整或修改正确,并且字迹清晰;遇到错误分拣或错误登录的情况,派送路单上某票快件需要划销或改登、转出时,必须在派送路单相关格内加以相应批注,并且加盖经手人员名章。

(6)派送路单字迹必须清晰可辨认,并一式两份,一份交由处理人员留底备份,一份交由收派员作为派件的依据。

(7)收派员对照派送路单检查核对快件,核对无误后,会同处理人员在派送路单上签字确认。

(8)派件时,收派员在派送路单上记录派送异常情况,归班后及时上交业务主管存档。

任务三　派送服务与签收

>>> 任务提出 >>>

收派员从处理员处接收到快件,进行合理的路线设计后,接下来将本派送段内的快件全部装车,按照已规划好的路线挨家挨户上门派件。在上门派件的过程中,收派员应该注意哪些问题呢?

>>> 任务分析 >>>

在进行派送服务前期,收派员需要了解整个派送服务流程;然后对本派送段的快件进行合理的装车码放,有效地利用派送车辆的空间或装载能力,还应根据快件的性质(易碎、易串味)、形状、体积及重量等做出某些调整;同时注意交通安全,在派送途中能够合理驾驶车辆;能指导客户进行快件签收。

一、派送服务

派送服务,是指收派员完成派前准备工作后离开营业网点,按照预先规划好的派送路线,依次到达派送目的地,交由客户签收,完成派送任务的工作过程。派送服务的具体流程如下:

1. 上门派送

将快件按照派送顺序妥善捆扎、装载在运输工具上,安全送达到收件客户所处的地点,确认收件人地址,妥善放置交通工具及其他快件。

2. 核实客户身份

为了保证派送正确,派件前,要认真查看客户或客户委托签收人的有效身份证件,以核实客户身份。

3. 提示客户验收快件

收派员将快件交给收件人时,应告知收件人当面验收快件。快件外包装完好,由收件人签字确认。

对于网络购物、代收货款以及与客户有特殊约定的其他快件,快递企业与寄件人(商家)签订合同,明确快递企业与寄件人(商家)在快件派送验收环节的权利义务关系,收派员在派送时,按要求提示收件人验收,验收无异议后,由收件人签字确认。

4. 确认付款方式

确认到付款或代收款快件客户的具体付款方式。

5. 收取运费及代收款

向客户收取到付款或代收款等应收的款项,向客户开具收款收据或发票。

6. 指导客户签收

指导客户正确手工签收或者电子签收快件。

7. 签收信息上传

客户签收后,立即使用手持终端进行签收扫描并上传到企业信息系统。采用电子签收方式,则请客户在手持终端上签字,然后上传企业信息系统。

二、快件装运

派送快件的装运,是指按照派送顺序将快件进行集装、妥善捆扎并安全装载在运输工具上。为了防止快件在装运过程中散落、遗失,收派员需将快件用捆扎材料捆扎固定为一个集装单元或固定在运输工具上。捆扎快件时,应根据快件的数量、重量以及体积大小,结合装运快件的工具(快件袋、手推车等)合理确定捆扎方式。派送途中确保快件不能裸露在外。

一般情况下,快件的派送顺序排好后,只要按照"先派后装"的原则将快件装车即可。但有时为了保障快件的安全,有效地利用派送车辆的空间或装载能力,还应根据快件的性质(易碎、易串味)、形状、体积及重量等做出某些调整。

(一)影响快件装运的因素

1. 快件的特性

快件的特性影响快件装运。如易碎快件、轻泡及其他怕挤压的快件应置于车厢、快件袋等的上层或单独放置。

2. 快件形状

特殊形状的快件,如棱锥状、卷状、筒状快件,装车时,要综合考虑快件码放的稳固性以及车厢、快件袋的容积利用率。在确保快件安全、交通运输安全的前提下,尽量充分地利用车量的运载能力。

3. 快件规格、重量

对于超重、超大的快件,应由专门的派送车辆和人员负责派送。

(二)快件装载的原则

1. 安全原则

快件装运的安全原则包括两方面的内容:确保收派员的人身安全和确保快件的安全,安全原则是快件装运的基本原则。快件装运时,收派员必须按要求使用和佩戴有关的装备及劳动保护物品,不能因嫌麻烦而忽略操作要点,切实做好自我保护工作;在操作过程中轻拿轻放、不能拖、拽、滚动、投掷、踩踏快件,严禁野蛮装运快件。

2. 轻重搭配原则

快件装运时,注意轻重搭配,保持车辆重心稳定,并将重件置于底部,轻件置于上部,避免重件压坏轻件,同时保证快件码放稳定。

3. 集中放置原则

遇到收件客户在同一居民区、同一单元楼、同一单位时,尽量将快件集中放置;一票多件快件,进行集中码放,必要时捆扎在一起。避免因为快件漏派而引发迂回行驶,从而延误快件的派送时间。

4. 小件集结原则

对于零散小件必须集装在企业统一规定使用的快件袋、快件筐内再装车。装袋、装筐时,注意快件外包装上粘贴的标识,按标识进行正确操作。如:不能倒置的快件按正确方向放置,易碎不能挤压的快件放在快件袋或快件筐的上层。集装时,快件的运单及标识一律朝上。

5. 合理码放原则

可根据车厢的尺寸、容积,快件的尺寸、特性来合理确定码放的方法。快件不能装满车厢时,按阶梯形进行码放,避免派送运输途中因车辆颠簸引起倒堆,造成快件挤压损毁。

6. 严禁超载原则

装运快件时,不允许超长、超宽、超高、超重。超载不仅形成交通安全隐患,还违反交通法规,有可能引起交通部门的查扣和罚款,影响快件的派送时限和提高派送成本。

7. 易滚动快件垂直摆放原则

装运易滚动的卷状、桶状快件时,要垂直摆放,以防快件途中倒堆,造成快件自损或压损砸坏其他快件的情况。

8. 适当衬垫原则

装运易碎快件或纤维类易被沾污的快件时,要进行适当衬垫,防止快件之间相互碰撞、沾污。

9. 重量分布均匀原则

装运快件时,重量应分布均匀,重心不能偏移,以确保快件安全和交通安全。

10. 适当稳固原则

装载完毕,应进行牢固捆扎或采取适当的稳固措施,以免快件遗失或倾倒。

(三)快件装卸搬运注意事项

1. 防止和消除无效作业

所谓无效作业是指在装卸搬运作业活动中超出必要的装卸、搬运量的作业。显然,防止和消除无效作业对装卸搬运作业的经济效益有重要作用。为了有效地防止和消除无效作业,可从以下几个方面入手:

(1)尽量减少装卸搬运次数。

要使装卸搬运次数降低到最小,要避免没有效果的装卸搬运作业。例如:先派后装就能很有效地减少装卸次数。

(2)缩短搬运作业的距离。

快件在装卸、搬运过程中,要实现水平和垂直两个方向的位移,选择最短的路线完成这一活动,就可避免超越这一最短路线以上的无效劳动。

2. 实现装卸搬运作业的省力化

装卸使快件发生垂直和水平位移,必须通过做功才能实现,要尽力实现装卸作业的省力化。在装卸作业中,应尽可能地消除重力的不利影响。在有条件的情况下利用重力进行装卸,可减轻劳动强度和能量的消耗。将设有动力的小型传送带(板)斜放在运输车辆或站台上进行装卸,使快件在倾斜的传送带(板)上移动,这种装卸就是靠重力的水平分力完成的。

3. 合理地规划装卸搬运作业过程

合理规划装卸搬运作业过程是指对整个装卸搬运作业的连续性进行合理的安排,以减少运距和装卸次数。装卸搬运作业现场的平面布置是直接关系到装卸、搬运距离的关键因素,装卸搬运快件的设备要与作业现场的道路、场地面积等互相协调。作业现场能满足装卸搬运机械工作的要求,道路布置要为装卸搬运创造良好的条件,使装卸搬运距离达到最小。

4. 装卸搬运作业连续

装卸搬运作业的连续性应做到:作业现场装卸搬运机械合理衔接;不同的装卸搬运作业在相互联结使用时,力求使它们的装卸搬运速率相等或接近;充分发挥装卸搬运调度人员的作用,一旦发生装卸搬运作业障碍或停滞状态,立即采取有力的措施补救。

三、派送安全

(一)交通安全

无论是使用助力自行车、摩托车进行派送快件,还是使用汽车派送快件,都要严格遵守交通规则,做到既保证自身和快件的安全,又不对他人造成伤害。

1. 使用助力车派送快件时交通安全注意事项

(1)做好行车前准备。

收派员要认真检查车况,在助力自行车闸、车把、车铃、链条等关键部件灵敏有效的前提下,方可出发派送快件;不能将快件悬挂在车把上,以免行驶时因重心不稳引发交通事故;载重符合要求,驮载快件长、宽、高不超过规定限度,即高度从地面起不得超过1.5m,宽度左右各不得超过车把0.15m,长度前端不超出前车轮、后端不超出车身0.3m。

(2)行车途中严格遵守交通法规。

助力自行车应当在非机动车道内行驶,在没有区分机动车与非机动车道标志的道路上,应当在道路的右侧行驶,并注意观察瞭望,避让机动车辆;转弯前,减速慢行,向后瞭望并伸手示意,确认安全后方可转弯;不能牵引其他车辆,也不能被其他车辆牵引;不能攀附其他车辆,双手也不能离开车把;通过陡坡或交通复杂地段时,应下车推行通过;超越其他车辆时,不能影响被超越车辆及其他车辆的正常行驶。

2. 使用电动三轮摩托车派送快件时交通安全注意事项

(1)做好行车前准备。

准备好驾驶证、行车证等相关证件;派送出车前,要检查车况。在总体车况良好,制动器、转向装置及指示灯灵敏有效,且在喇叭、后视镜等装置齐全有效的情况下,按相关要求佩戴好安全防护用具,方可驾车出发派件;按规定装载,高度从地面起不超过1.5m,长度不超过车身0.2m,两轮摩托车载物宽度左右不超过车把0.15m,三轮摩托车载物宽度不超过车身。

(2)行车途中严格遵守交通法规。

按规定线路行驶;双手不得离开车把;不能在车把上悬挂物品;行车途中不准拨打或接听电话;不准下陡坡时熄火或者空挡滑行。

3. 使用汽车派送快件时应注意的交通安全事项

(1)做好行车前准备。

派件出发前,对车辆进行常规检查,在确认车况良好的情况下,才能出车;按规定装载快件,不能超载;准备好车辆营运证、营运上岗证、行车证、驾驶证等证件。

(2)行车途中严格遵守交通法规。

不在驾驶室内悬挂、放置妨碍驾驶人视线的物品;行车时关好车门、车厢;不在行车时拨打或接听电话;有限速标志的路段,按照限速标志行驶。按规定超车,前车正在左转弯、掉头、超车时,不能超车;与对面来车有会车可能时,不能超车;前车为执行紧急任务的警车、消防车、救护车、工程救险车时,不能超车;行经铁路道口、交叉路口、窄桥、弯道、陡坡、隧道、人行横道、市区交通流量大的路段等没有超车条件时,不能超车;遇有前方车辆停车排队等候或者缓慢行驶时,不得借道超车。

在有禁止掉头或者禁止左转弯标志、标线的地点以及在铁路道口、人行横道、桥梁、急弯、陡坡、隧道或者容易发生危险的路段,不得掉头。倒车时,应当察明车后情况,确认安全后倒车,不得在铁路道口、交叉路口、单行道、桥梁、急弯、陡坡或者隧道中倒车;不能违章停车等。

(3)做好预见性驾驶。

许多交通事故都是由于驾驶员对险情确认迟缓或判断失误所致。为了避免交通事故的发生,预测在什么情况下会有哪些险情,对于安全驾驶非常重要。学会判断,不能因错误判断或盲目自信导致事故;及时确认,对复杂交通环境中可能出现的险情进行及时确认;根据险情的程度,理智地采取相应的有效驾驶操作。

按规定做好行车前的准备,行车途中遵守交通安全法规,做好预见性驾驶。预见性驾驶是指预测可能发生的危险,远离、避免危险的驾驶技术和方法。驾驶员在驾驶过程中,能够准确地"预见"有其他驾驶员、行人、不良气候或路况而引发的危险,并及时地采取必要、合理、有效的措施防止事故的发生,这种可避免危险发生的技术即被称为防御性驾驶技术。防御性驾驶能够提高安全系数,降低油耗,减少车辆、快件损毁,降低驾驶人员疲劳感。

①防御驾驶的作用和目标。

防御性驾驶的具体目标是预防行车事故的发生,一是在自己驾驶车辆时,避免错误,确保自己的车辆不引起主动性行车事故;二是在其他人员犯错误时,不将自己牵连其中,确保自己不出现被动性行车事故。

②防御驾驶的核心步骤(图5-9)。

a.辨别危险因素。仔细地观察确认你要通过此路段的路况,包括其他车辆、行人和路况等。

b.预测可能发生的危险。对目前通过该路段存在的障碍做出风险评估,找出潜在的可能发生的危险。

c.做出决定。根据预测可能发生的危险,果断做出是否需要采取措施,采取何种措施的决定。

d.立即采取行动。根据决定通过手、脚做出相应的动作,采取及时、合理、有效的措施以防止事故发生。

③防御性驾驶的基本要求。

a.视野宽阔。

(a)在行车中目光要看远一点,大约15s距离,若有可能看30s的距离。

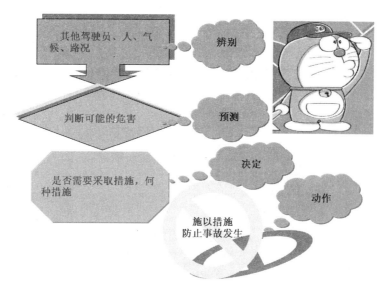

图 5-9 防御驾驶步骤示意图

(b)接近路口信号灯前,合理调整车速,以不停车最佳。

(c)注意车载重量,不能超高、超宽;驾驶员前方不要悬挂物体;夜间行车,要观察大灯覆盖以外的区域。

(d)避免一切视线障碍。跟车距离:正常 4s,非正常 8~10s;保持适当的跟车距离。

(e)通过交叉路口时,不要凝视信号灯,通过时要左右观察;行驶途中精力要集中。

b. 空间足够。

(a)确保 15s 视力引导时间和 4s 跟车距离。

(b)适时调整车速、变道,避免"凑堆"。

(c)停车顺序在第一位时,离停车线半车距离(3~4m);停车顺序在中间或后面时,离前车一车距离(6~8m)。

(d)绿灯起动:比其他车辆慢 2s。

c. 沟通有效。

善用信号灯。在启动/并道、改变车道、倒车、路边停车、转弯、躲避堆积物、动物、孔洞等,以及车辆故障、尘、雾、大雪、大雨的天气,应使用好信号灯,预防意外事故。

d. 行车途中遇到突发情况时,做好应急驾驶。

很多交通事故往往是因为一些突发情况所致,比如:爆胎、转向失控、控制失灵、火灾、碰撞、天灾等,驾驶人员一旦遇到这些紧急情况时,一定要采取一些必要的应急技术措施,最大限度地减轻或化解事故所带来的损失。

(二)恶劣天气安全

1. 大风天气注意事项

大风天气外出派送快件时,要注意防备路旁建筑物上刮落的花盆、玻璃等物品伤人;防备路旁树木倒伏、树枝折断伤人;防备广告牌、广告架被大风刮倒伤人。

2.大雨天气注意事项

大雨天气外出派送快件时,要防备过路或通行车辆在视线和路况不好、制动性能不稳定的情况下,对自身造成伤害,尽量与机动车辆保持较远距离。

注意绕开路上的下水井,以防落入无盖井中;要高度集中思想,小心谨慎驾驶机动车辆、电动车或助力自行车;在不明前方路况的情况下,应暂停行进或绕道通过;雷雨天气,还要注意预防雷击(见户外防雷常识)。

3.冰雪冷冻天气注意事项

大雪冰冻天气机动车驾驶要防备路面打滑或被过往车辆撞击;助力自行车缓慢行驶,转弯时,采取下车推行或两脚着地等安全防范措施。

【小提示】

户外防雷常识

人在户外碰到雷雨天气,为了有效预防雷击,应遵守以下原则:

1. 立即寻找避雷场所,可选择装有避雷针、钢架或钢筋混凝土的建筑物等处所,但是注意不要靠近防雷装置的任何部分。若找不到合适的避雷场所,可以蹲下,两脚并拢,双手抱膝,尽量降低身体重心,减少人体与地面的接触面积。如能立即披上不透水的雨衣,防雷效果更好。

2. 不要停留在树林的边缘;不要待在电线杆、旗杆、干草堆、帐篷等没有防雷装置的物体附近;不要停留在铁轨、水管、煤气管、电力设备、拖拉机、摩托车等外露金属物体旁边;不要靠近孤立的大树或烟囱;不要躲进空旷地带孤零零的棚屋、岗亭内。

3. 避免雷雨天开摩托车、骑自行车,更不能开摩托车、骑自行车在雷雨中高速行驶;人在汽车里要关好门窗。

4. 身处空旷地带宜关闭手机。

4.大雾天气注意事项

使用汽车、摩托车派送快件,要集中精力,注意观察瞭望,减速慢行;使用汽车派送快件的途中,还需要按规定打开雾灯;使用自行车派送快件时,需要减速慢行。

(三)资金安全

随着电子商务的快速发展,电子商务商家与快递企业的联系越来越密切,导致代收货款业务增长迅速。代收货款业务的增多,收派员所涉及的资金会越来越多,资金安全问题应引起高度重视。

(1)派件出发前,检查装有现金夹的衣袋或包(夹)有无破损、漏洞。

(2)收派员在派送快件时,收取的现金及支票,要存放于专门的兜(包)或制服内随身携带,不要放在车辆上。

(3)装有现金夹的衣袋或包要严密扣紧,现金及支票不可外露。

(4)装有业务现金的衣袋或包内,不要放置个人物品或单据。

(5)掌握一定的鉴别人民币真伪常识。

(6)收派员向客户收款,收取支票时,要核对支票所书写的金额及日期,现金当面点清。

(7)携带现金、支票派送快件时,不要出入与派送工作无关的场所,不要接触不明身份的陌生人,不要在人员复杂场所停留或观望。

(8)及时移交营业款。

(四)信息安全

注意保守客户信息,不能泄露客户的商业机密。收派员不得向他人泄露所派送快件的情况,如快件运单所书写收、寄件人的地址、姓名、物品名称、保价金额等。派送快件过程中,严禁将快件交给他人翻看,严禁将快件带到与派送快件无关的其他场所。在派送任务结束后,收派员不得直接回家或到宿舍休息,应将当班已成功派送快件的运单(派送存根联)及无法派送的快件,安全、及时地带回到营业网点办理移交手续。

【案例】
收派员不该私带存根联回家

某快递公司快递员工梁磊在工作时,因为中午派送地点离家比较近,所以在派送快件后,就近回家吃饭,没有及时把快递存根联交回公司,而是带回到自己家中,但是没有做好安全措施,造成存根联在助力车上丢失。而客户的信息泄露后,对客户隐私形成很大影响,因此造成很多用户对快递公司的不满。

案例分析:没有做好客户信息的保密工作,违反了保密信息原则。

四、快件签收

(一)到达客户处进行快件派送

(1)快件派送前,收派员先识别快件派送地址。如果该客户是老客户,且运单上的地址属于固定的办公地址,可不经过电话联系,直接上门派送。如果客户地址是酒店、宾馆、车站、场馆等临时场所或学校、住宅小区的,应在快件派送前致电客户,询问客户的具体地址和客户地址处是否有人签收快件。

(2)快件派送前,若有代收货款业务快件,结算方式为现金结算,且金额较大,则需提前通知客户,告知客户应付金额,提请客户准备应付款项。

(3)收派员将快件派送到客户处,为了快件的安全,防止他人冒领,应在核实客户身份后方能派送。收派员应该要求查看收件人的有效证件,并核实客户名称与运单上填写的内容是否一致。如果客户没有随身携带有效证件,收派员应根据运单上收件人的电话号码与客户联系,确认收件人。

有效证件指政府主管部门规定的,能够证明身份的证件。居民身份证、户口簿、护照、驾驶证等,是客户领取快件的常见有效证件。

(4)收派员将快件派送到客户处,如果客户不在,收派员必须根据运单记载的收件人电话,及时与收方客户进行联系。

①与客户约定再次派送时间,并在运单或快件上注明。

②如收件人指定其他人代签收,需仔细查看代签收人有效身份证件,待确认代签收人的身份后,交由代签收人签收快件,同时,应告知代签收人的代收责任。

③若收派员未能与收件人取得联系,需要留下派送通知单,告知客户快件曾经派送。派送通知单应包括收派员名称、联系电话、本次派送时间、下次派送时间、快件单号等内容。派送通知单样例,如图5-10所示。

派送通知单

　　　　公司　　　　先生/小姐,您好:

　　由　　　寄给您的单号为　　　　的快件已到,于　月　日　时第　次派送,因无人签收,现带回公司。第　次派送时间为　月　日　时,请注意接收。如有紧急派送需求,请联系收派员。

　　特此告知。

　　　　　　　　　　　　　　　收派员:

　　　　　　　　　　　　　　　联系电话:

图 5-10　派送通知单

(二)提示客户验收快件

(1)收件人身份无误,收派员应在快件交给收件人的同时,请其对快件外包装进行检查。如果是一票多件快件,需提醒收件人清点快件件数,快件的实际件数须与运单上所填写的件数一致。

(2)如收件人因快件外包装破损或其他原因拒绝签收快件,收派员应礼貌地向收件人做好解释工作,并收回快件。同时,请收件人在快递运单等有效单据上注明拒收原因和时间,并签名。

(三)揭取运单

(1)背面带胶直接粘贴的运单,收派员左手按着运单左边打孔边,右手拿着需要客户签字的运单,用力拉,即可把运单取下,粘贴在快件上的随货联不需取下。

(2)使用运单袋粘贴的运单,使用小刀轻轻划开运单袋,注意划开运单袋时不得划坏运单,将运单全部取出。

(四)客户签收快件

客户签收快件可采取手工签字、盖章签署、电子签收3种方式。无论采取哪一种方式,客户都应在外包装检查完好的情况下签字。

1. 手工签字

收派员应该礼貌地请客户在收件人签署栏,用正楷字写上收件人的全名和寄件日期。如客户的签名无法清晰辨认,收派员应该再次询问收件人的全名,并用正楷字在客户签名旁边注上收件人的全名。任何时候收派员都不得替代客户签字。填写收件日期时,应当详细到具体的时分,填写格式为:××月××日××时××分。

2. 盖章签署

如收件人选择用盖章替代签字,则请收件人在运单的收件人签收栏盖上代表收件人身份的印章,同时在日期栏写上具体的寄件日期。

（1）盖章时注意。每一联运单都必须在收件人签署栏盖章，且是同一个章，即确保每一联运单的盖章保持一致。如运单内容不清晰，收派员应该询问收件人的全名，并用正楷字在盖章旁边注上收件人的全名。

（2）日期填写注意。如客户的印章带有日期，则不需重新填写，如印章上没有日期，则需要请客户填写日期，或在收件人的监督下，由收派员填写具体的时间。派送时间的填写格式为：××月××日××时××分。

3. 电子签收

电子签收是指在快件派送完毕后，请客户在移动扫描设备屏幕上进行签名确认，签收完成后移动扫描设备即时将签名图片传输到系统服务器，客户可随时登录网站，并根据运单号查询到签收信息（图5-11）。

（1）电子签收的作用

①即时反馈快件签收信息。电子签收完成后，签收信息会即时自动上传至快递企业的网络系统，客户可通过系统即时查询到签收信息。

②保证快件派送的及时性、安全性。让客户监督快递企业的实际服务时效和承诺服务时效。

③对于快递企业来说，电子签收服务是一项为客户提供的增值服务，可提高自身服务质量，提升公司品牌服务形象，有利于客户的开发。

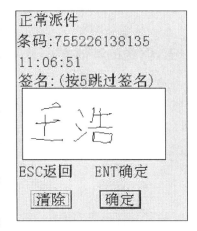

图5-11 电子签收

（2）电子签收注意事项

①任何时候，收派员都不得代替客户或者伪造电子签收。

②电子签收只能使用配套的触控笔，以免损伤屏幕；同时，提示客户书写时需稍微用力，只要签收内容可识别即可，无须客户重复书写。

③公司绝对保证电子签收信息的安全性与保密性，仅作为客户对快件签收的确认和识别。

【案例】

未经收件人同意快件被代收，出现问题快递企业承担责任

2010年4月，张女士通过某快递企业从山东往天津寄一快件。派送时，收派员未经收件人同意，将快件交由收件人所居住的小区门卫人员签收。由于门卫人员未及时转交，导致该快件严重延误。张女士对此表示不满，向快递企业投诉无果后，向邮政管理部门进行申诉。

经调查，上述情况属实。快递企业向张女士道歉，并退还本票快件的快递服务费用。

案例分析：本案中，快递企业履行义务不符合约定，未将快件交由收件人本人签收，而是未经收件人同意将快件交由门卫人员代收，导致快件延误，根据合同法相关规定，理应承担违约责任。

④个人快件签收时，注意所签姓名与运单书写的收件人姓名要一致，提醒客户字迹工整、清晰；单位签收快件时，应加盖单位公章或收发专用章，公章或收发专用章加盖要清晰和端正，

并要求经办人签字确认;他人代签收的快件,应在运单签收栏内批注代收关系、有效身份证件名称、证件号码等(图5-12)。

```
代收关系:   收件人父亲
姓    名:   赵××
有效证件:   身份证 210102××××××××6213
```

图5-12 他人代签收快件样图

五、派送的其他方式

随着城市化进程的加快,大型居民区、商业区、校区、机关企事业单位综合办公区等不断涌现,原来传统单一的"门到门"服务方式已经无法满足客户的多样化需求,在居民区或校园进行派件时,由于学生上课、居民上班的原因,容易导致派送不成功,快递企业开始采用一些多元化的服务模式来提升服务质量。对于没有高时效要求的普通快递业务,在收件人预先同意的前提下,可派送到附近区域的指定代理点或智能快件箱,由客户自取或转交,不仅能降低收派员的工作强度,而且效率提升后,还能增加派送密度,间接提升派送时效。

(一)企业自建自提点

快递企业在居民区建立自提点,可以收派快件,也可以供客户体验产品,这样将自提点打造成提货、销售和体验中心。企业自建自提点,相当于小型营业网点,安全性好,易于控制,但成本较高,很难分布到每个小区。

(二)与第三方合作模式

快递企业在居民区、校区可以与第三方合作,比如与便利店、超市合作,在校园建立快递服务点,在居民区建立社区收发室,减轻在这些区域的派送压力。与第三方合作的派送方式,快递企业应与第三方签订协议,对于费用结算和异常快件的处理做出明确规定,避免产生纠纷。

1. 便利店

在居民聚集区域,快递企业与居民区便利店或超市合作,将客户不在家中的快件放在便利店或超市中,由客户到便利店或超市自取。对于这种派送方式,快递企业应与便利店或超市签署协议,对费用结算和异常快件的处理做出明确规定,避免产生纠纷。

2. 建立校园快递服务点

校园快件越来越多,上课时间教师和学生都不方便取件,快递企业与学校合作建立校园快递服务点,快递企业将当天校园所有快件统一运送到快递服务点,下课时,学生可以到服务点自取或由服务点人员送件到宿舍(图5-13)。

3. 建立社区收发室

派送居民区快件经常会遇到居民不在家中,不能及时收件的情况,不但耽误派送时间,还可能产生问题件,快递企业可以与社区合作,建立社区收发室,由企业将当天快件配送到收发室,客户可以到收发室自取。

图 5-13　校园快递服务点

(三)智能快件箱

智能快件箱,是指设立在公共场合,可供投递和提取快件的自助服务设备。智能快件箱一般应用在高等院校和社区,方便客户自助取件,它智能化程度高、便利、运营成本低、安全性高(图 5-14)。

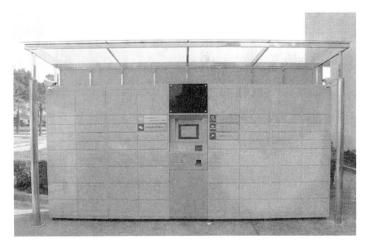

图 5-14　智能快件箱

1.智能快件箱的功能要求
(1)智能快件箱的业务功能
①投递快件:快递业务员将快件投放到快件箱内。
②客户取件:客户从快件箱内取出快件。
③取回逾期件:快递业务员将逾期件从快件箱取回。
④扩展功能:快件箱可以扩展支付、退件、查询等功能。
(2)智能快件箱的内部管理

①快递业务员的管理:实现对快递业务员的注册、查询和识别等管理。

②快递企业管理:实现对快递企业的注册、查询和识别等管理。

③快件信息查询:实现快件从投放到快件箱内再到用户提取全过程的信息查询服务。

④快件箱管理:实现快件箱运行状态监控以及快件箱布放位置和数量等信息查询功能。

⑤数据统计:实现对快件箱内投放快件数量和种类及对格口使用情况等数据进行统计分析功能。

⑥其他管理功能:其他管理功能可包括协议用户管理、快件箱操作日志管理、远程控制维护、安全监管等。

2.智能快件箱操作的基本原则

(1)快递业务员将快件投放到智能快件箱前,应征得收件人的同意。选用自提服务是用户的一种自主选择行为,快递企业和快递业务员不能自行决定。因此,快递业务员将快件投放到快件箱前,必须征得收件人的同意,以避免不必要的纠纷。征求用户同意可通过签署书面协议或电话、短信等多种形式进行。

(2)快递业务员投放快件前,应检查快件外包装,外包装破损的快件不应投放到快件箱内。

(3)快件箱的每个格口应只投放一个快件。快递业务员投放快件时,应保证一个格口投放一个快件,以简化快件信息跟踪、安全监控等管理,同时也避免了发生快件漏取、错放等人为错误。

3.智能快件箱的快件派送流程

应用智能快件箱派送快件的流程包括以下步骤:

(1)快递业务员登录。

(2)快递业务员录入或扫描快件编号。

(3)快递业务员录入收件人手机号码等联络信息,或通过支撑系统从快递业务系统获取收件人手机号码等联络信息。

(4)快件箱打开格口。

(5)快递业务员将快件投放到格口中。

(6)快递业务员关闭格口。

(7)投放完成,快件箱向收件人发送取件通知。

(8)快递业务员继续投放新的快件,重复(2)到(7)的操作。

(9)投递快件结束,快递业务员退出登录。

4.用户取件流程

用户取件流程应包括以下步骤:

(1)用户凭取件通知输入身份验证信息。

(2)快件箱打开快件所在格口。

(3)用户取走快件。

(4)用户关闭格口。

(5)取件完成后,快件箱向收件人发送取件确认通知。

任务四　异常快件与增值件的派送

>>> **任务提出** >>>

有些快件由于书写潦草,不能清楚辨认收件人信息,还有快件破损的情况,收派员遇到这样的异常件的派送,需要注意哪些问题呢?

>>> **任务分析** >>>

在异常快件与增值件的派送中,收派员需要掌握各种异常快件的派送,如运单书写潦草快件的派送、延误快件的派送等;能够熟练处理特殊快件的派送;掌握增值快件如代收货款快件、保价快件的派送等。

一、异常快件的派送

1. 运单书写潦草快件的派送

(1)如果收件人名址辨认不清,但收件人电话能完整识别,向收件人打电话询问收件人详细名址,并将详细名址批注在运单空白处,按照批注的名址进行派送。

(2)如果收件人名址辨认不清,收件人电话也不能完整识别,将快件带回营业网点交与处理人员,处理人员通过信息系统查询收件人详细信息并在运单上进行批注,收派员下一班次根据批注的收件人名址进行正常派送。

2. 名址不详快件的派送

(1)如果能与收件人取得联系,应询问收件人详细名址,并将详细名址在运单上进行批注。收件人提供的地址属于本人派送服务范围,按正常流程派送。收件人提供的地址不在本人派送服务范围内,将快件带回营业网点交与处理人员,办理交接手续。

(2)如因收件人电话无法接通、电话号码不全、号码为空号等导致联系不上收件人,将快件带回营业网点交与处理人员,办理交接手续。处理人员通过信息系统查询收件人详细信息,并在运单上进行批注,收派员根据批注的收件人名址进行正常派送。

3. 延误快件

快件延误是指快件的派送时间超出快递企业承诺的服务时限,但尚未超出彻底延误时限。

(1)快件延误的原因

快件延误主要表现在以下几个方面:

①因企业自身运输、派送能力不足,委托寄达地其他快递企业代派,被委托企业派件不及时;企业之间出现经济纠纷,积压快件等引发延误。

②快递企业超范围不派送快件引发快件延误。为了节省开支,个别快递企业主城区以外的快件不及时派送,积攒到一定数量才进行派送。

③收派员将快件擅自、随意派送到门卫、传达室等处,门卫、传达室人员没有及时转交快件。

④因天气恶劣、交通事故等不可抗力因素引发的快件延误。

(2)延误快件的处理

①延误诊断。对已被识别的快件延误,应进行归因分析,以明确是企业内部因素还是外部因素造成的,以及企业对此次延误的可控性,从而为补救行为提供依据。

②补救措施。首先主动承认问题。不管是快递企业主动识别还是客户抱怨的快件延误,都应该主动承认问题并且向客户道歉,而不是辩解。辩解不仅不能平息客户的怨气,反而使客户感觉快递企业在推脱责任。向客户解释发生这次延误的原因,以及将要采取的补救措施。

③提高补救速度。快速服务的补救措施不仅可以提高客户对服务质量的满意度和忠诚度,还能有效防止客户负面口碑的传播。由于中转延误、天气状况恶劣、交通堵塞等导致快件错过当班派送时间,应及时与客户进行协商沟通,客户要求立即安排派送的,应第一时间采取补救措施,不能以车辆、人员紧张、找不到快件等不负责任的行为推脱,故意延误派送快件。对于可控性较强的延误,企业应努力减短延误的时间。

④追踪补救效果。可以采用口头询问、电话回访或电子邮件等手段对经历快件延误的客户进行跟踪调查,了解服务补救的效果如何。确认客户对服务的失望情绪是否从根本上得到恢复,同时向客户传达企业愿意对失误负责到底的信息,为恢复客户忠诚做最后的努力。

(3)延误快件的赔偿

①延误的赔偿应免除本次服务费用(不含保价等附加费用);

②由于延误导致内件直接价值丧失,应按照快件丢失或损毁进行赔偿。

【案例】

寄达地偏远致快件延误

2010年1月31日,王女士通过某快递企业从山西往内蒙古邮寄一票快件,2月11日派送签收,快件延误。王女士向该快递企业投诉无果后,向邮政管理部门申诉,要求退还快递服务费用。

经核查,上述情况属实。快递企业称该快件收件人地址为偏远农村,快递企业每3天派送一次。王女士交寄时,收派员并未向王女士说明,快递企业承担违约责任,向王女士作了解释,并退还了快递服务费用。

案例分析:快递企业未按规定履行义务,导致王女士快件延误,按《合同法》规定,理应承担违约责任,按约定免除王女士的快递服务费用。

如果快件寄达地址偏远,无法保证快件的派送时限,快递企业应提前告知客户,避免出现类似纠纷。

4.外包装破损快件

快件外包装破损或因外包装破损导致内件破损、变形或潮湿等毁损的快件的派送处理方法如下:

(1)快件派送交接过程中发现破损。

在派送交接过程中发现外包装破损的快件,不能直接进行派送,等待进一步处理,并按处理结果决定下一步的派送工作。轻微破损且重量无异常的情况,在"派送路单"备注栏内详细登记破损情况,对快件进行加固包装后派送。快件外包装破损严重,重量与运单重量可能不符的情况,先进行拍照登记留存,收派员会同处理人员对快件进行复重(图5-15),如果重量与运单重量不符,上报主管人员并将快件留仓跟进处理;如果重量一致,收派员会同处理人员重新包装快件,进行试派。

对有液体渗漏的快件,需要单独存放并小心处理,防止人身伤害或污染其他快件。处理人员对快件进行拍照,及时将快件编号、破损情况等信息上报客服备案。

(2)派送时发现外包装破损。

①客户签收验视发现快件外包装轻微破损,但没有影响快件的实际使用价值并同意签收,按正常流程进行派送。

②客户发现快件外包装破损拒收快件或拒付到付款时,首先向客户道歉,并将客户拒收、拒付的原因标注在运单或派送路单等有效单据上,请客户签字确认,通过手持终端上传(或通过其他方式通知客服部门)快件异常派送的信息。

图 5-15　破损快件复重示意图

5. 错发快件

错发件是指实际送达名址与收件人名址不符的快件。错发件的处理方法如下:

(1)派送交接时,如果遇到单位名称与地址不相符或地址错误的快件,与收件人(或寄件人)进行电话联系,确认收件人正确的地址后按正常流程进行派送。如果无法与收件人(或寄件人)取得联系,则将快件交由处理人员跟进处理。

(2)到达运单书写的地址进行派件时,发现该地址无此收件人(或无此单位)的情况,应电话联系收件人,仔细询问收件人的详细地址。如果收件人地址属于本人派送范围,在派送路单或运单上注明正确地址,按正常流程进行派送;如果收件人地址不在本人派送范围内,在"疑难件处理单"上填写(勾画)无法派送的原因,注明正确的地址及收件人姓名,"疑难件处理单"牢固平整地粘贴在快件运单上,将快件带回派送网点,交处理人员跟进处理。如果无法与收件人取得联系,应电话联系寄件人,说明快件无法派送的原因,并询问快件的处置方法,并在运单上注明,如:"查无此人,寄件人要求原址退回"。

(3)不能在没有核实确认正确地址或收件人身份的情况下派送快件。

6. 信息不完整快件的派送

信息不完整快件,是指收件人是个人姓名,但地址只写单位名称未写明分支部门,也没有写明具体楼号、房间号的快件;或者收件人地址详细,但没有写明具体收件人的快件。

(1)收件人是个人姓名,但地址只写单位名称未写明分支部门,也没有写明具体楼号、房间号的快件,如有收件人电话,联系收件人由收件人本人签收或指定他人签收;如果无收件人电话或收件人电话号码不全、号码错误、无法接通等,无法与收件人取得联系时,将快件派送到单位收发室或总服务台,由单位收发室或总服务台协助查找并通知收件人签收快件。

(2)收件人地址详细,但没有写明具体收件人的快件,如有收件人联系电话,须电话联系确认收件人姓名,将快件派送给收件人或收件人委托人;如没有收件人联系电话或收件人电话无法接通,将快件派送到具体地址,核实确认该地址(办公室、家庭)具体的收件人,在运单上备注签收人员的身份证号码。

7. 金额不符快件的派送

到付快件大小写金额如果不符，收派员需将快件交由营业网点处理人员进行核实，处理人员在当班次派件出发前上报客服部门，通知寄件网点问题件，进行收款金额的确认。

如出发派件前能核实确认，须将核实后的付款金额在运单上明确标注，并加盖更改确认章，同时按核实后的金额派送收款。如无法在出发派送前核实确认，将快件滞留在营业网点，交由处理人员跟进处理。

二、特殊快件

(一) 改寄件

收派员接收到带有"改寄"标识的改寄件时，首先，确认收件人名址，仅有一个运单的快件，按改寄后的名址进行派送；粘有两个运单的快件，与寄件人联系确认收件人地址并在派送路单上进行批注后派送。其次，确认快件资费的收取方式及金额，需要加收改寄服务费的到付快件，除了收取到付款外，还需收取改寄服务费；寄付快件，直接收取改寄服务费。

(二) 撤回快件

在快件寄递的任何一个环节，接到客服部门的撤回通知后，都需要及时对快件进行撤回处理（粘贴快件撤回贴纸，并标注撤回费用），不能使快件进入下一个寄递环节。收派员如果在快件首次派送途中接到撤回通知，应立即停止该票快件的派送，在快件运单或派送路单上注明"快件撤回"字样，待返回营业网点后，交由处理人员跟进处理。

收派员派送接收到带有"撤回"标识的撤回快件时，先确认快件资费的收取方式及金额，需要加收撤回服务费的到付快件，除了收取撤回服务费外，还需收取快件到付服务费用；寄付快件，直接收取撤回服务费。

三、增值快件的派送

(一) 代收货款快件

在进行代收货款时，需注意事项：

(1) 收派员接收进口代收货款快件后，应单独登列"代收货款快件交接清单"一式两份，一份给收派员，一份交代收货款管理人员。

(2) 要认真核对款额、收件人名址、联系方式等内容。如有模糊不清、大小写数字不符的情况，应及时与上一环节联系进行核实。

(3) 收派员在派送前与收件人电话联系，核实快件信息，便于客户做好资金准备，也可以避免二次派送。

(4) 应按照国家有关规定，根据快递企业与寄件人（商家）签订的合同，提供符合合同要求的验收服务，收派员在派送时可给予提示，按运单中标注的"收件人应付款"和"说明"条款要求，进行相应的处理。

(5)收取货款时,应注意检验货币真伪;对于刷卡支付客户,应注意让客户在回执单上确认并签字。

(6)快件派送后,如收件人要求退回货款,投递人员应请其与发件企业联系解决,派送人员及公司不负责退回收件人所交纳的货款。如收件人要求退回快件,应按正常快件相关手续进行办理。

(二)保价快件

保价快件,在快件派送中关于保价服务的注意事项:

(1)收派员在对保价快件进行交接检查时,必须认真仔细检查保价快件的外包装和保价封签。保价封签粘贴在快件包装箱骑缝线上,并有寄件人签字。如果封签损毁或无收寄件人签字,则属保价封签异常。发现保价快件外包装破损或封签异常,应先向网点主管人员报告,拍照留存后,指定人员跟进处理。

(2)为了确保保价快件的安全,派送保价快件时,收派员需要提醒客户检查清楚快件外包装及保价封签是否完好无损,客户验视无异议后,签收快件。

(3)非常贵重的保价快件可与客户协商到网点自取。

(三)限时快件的派送

快递企业对限时快件的服务承诺一般是"限时未达,原银奉还",具有较强的时限要求。因此,派送时要特别重视细节,以尽量缩短派送时间。限时快件的派送要求如下:

(1)优先派送限时快件。客户对快件送达的限时要求,在快递企业服务网络正常的派送时限规定范围之内,派送网点处理人员在与收派员交接快件时,只是提示优先派送的要求。收派员接收快件后,在客户要求的时限内,优先派送限时快件;客户对快件送达的限时要求,不在快递企业服务网络正常的派送时限规定范围之内(如:收派员的出班时间为早晨8点,某票限时快件要求送达时间为早晨7点),派专人、专车进行按时派送。

(2)对限时快件要切实做到派送到户,如因个别单位不允许进入,收派员应及时联系收件人,通知收件人到单位门口或前台签收。对周末及节假日派送的限时快件,收派员在派送出发前,应先与收件人联系,以确保快件及时准确派送。

(3)限时快件限时送达的保证只限第一次派送时有效,如果第一次派送时无人签收或客户拒收,再一次派送时则不受所承诺的时限保证。

(4)限时快件的派送信息应严格按规定及时、准确地进行录入。通过手持终端在客户当场上传签收信息或通过其他方式通知客服部门快件已被签收,尤其对拒收、拒付件,询问拒收、拒付的原因,客户签字确认后,当场通过手持终端上传(或通过其他方式通知客服部门)快件异常派送的信息。

(四)签单返还快件的派送

1. 签单返还快件的概念

签单返还快递是指快递企业在派送快件后,将收件人签收或盖章后的回单返回寄件人的业务。回单是指应寄件人要求,在收件人签收快件的同时,需收件人签名或盖章后返还给寄件人的单据。派送时,需要收件人签回单的快件被称为签单返还快件。

2. 签单返还快件的派送方法

(1)若快件运单上贴有签回单的贴纸或有其他回单快件标识(如:在运单上勾写"签回单"业务),收派员派件前,需要检查确认回单运单及回单的完整性。

(2)将寄件人提供且要求收件人签收的回单,交由寄件人指定的人员签收或按指定的方式签收、盖章。

(3)对于签署完毕的回单,收派员认真查看回单各联的用途,将需要收件客户留存的一联留给收件客户,将需要寄回给寄件客户的回单联保留并进行回单回寄操作。

3. 回单的回寄

(1)填写回单运单

填写回单回寄的运单时,将原回单快件运单的寄件人和收件人信息进行互换,收寄日期即为回单快件的派送日期,收寄业务员工号为回单快件派送业务员的工号。填写完毕,交客户确认并签名。

(2)回单回寄

将客户签好的回单用回单运单按正常的收寄流程寄回原收寄快件的派送网点。回寄回单操作中,不得夹带其他任何托寄物。

任务五　派送后续处理

>>> 任务提出 >>>

收派员小王完成当班的派送任务,回到营业网点,并不是派送工作的终点,还需要进行一系列的后续处理工作,这些后续工作都包括什么呢?

>>> 任务分析 >>>

快件派送服务后,收派员还需对运单进行复核、整理等相关处理;能够熟练进行派送信息的复核及录入。对于无法派送快件,要掌握其处理方式;同时,掌握款项交接,并能够熟练核对交款单据、清点资金、签字等。

一、派送信息的复核及录入

(一)派送信息复核

收派员需要对快件的签收、无法派送快件的批注及应收款的收取等派送信息进行复核。复核的方法:按顺序逐票核对已签收快件的签收批注和应收款的收取情况;逐票核对无法派送快件是否进行正确批注。

1. 复核签收批注情况

(1)检查已派送的快件有无收件人漏签名章的情况;

(2)查看收件人所签名章是否清晰;

(3)他人代签收的快件,有无批注代收有效证件名称、号码、与代收人的关系等内容;

(4)批注的有效身份证件号码是否符合规则。

2. 复核应收款收取情况

根据派送路单(或称派送清单)和其他应收款资料(如:收派员自己抄写的到付、代收款明细表),核对到付款、代收货款、关税等应收款项是否足额收取。

3. 检查无法派送快件的批注情况

为了明确责任,说明快件无法派送的原因,同时便于客户查询,对于无法派送的快件,要求收派员当班进行批注。一般要求收派员在派件时,对无法派送的快件及时进行批注,以避免无法派送的原因批注错误。如因时间问题,有的快件未能当场批注,返回派送网点后,应及时进行批注。

(二)派送信息录入

派送信息录入是指快件派送完毕后,将运单编号、派件时间、派送结果、收件人签名、无法派送的原因等内容录入快递企业的信息系统。派送信息的录入要求如下:

1. 真实性

在整理录入派送信息时,应如实记录,不得捏造。

2. 完整性

将所有派送信息完整录入信息系统,不能只录入一部分内容或简化输入。

3. 及时性

在快递企业规定的时间内及时录入派送信息,以便寄件人查询快件的派送结果。

二、运单(派件存根联)处理

收派员返回派送网点后,对当日成功派送快件的运单"派件存根"联进行整理、审核无误后,交与网点指定人员进行归档。

(一)整理运单

按寄付、到付、代收货款、代缴关税等对运单进行分类整理。

(二)核对数量

核对运单与无法派送快件的数量,是否与派送路单中快件总数平衡一致。如果数量不一致,需及时找出数量不符的原因并跟进处理。

(三)核对签收信息

逐票核对运单是否有收件人(代收人)签名及签名是否清晰、完整。对字迹潦草难以辨认或不完整的签名,收派员应用正楷加以注明,便于签收信息的录入及查询。

(四)装订运单

核对无误后,将运单整理整齐进行装订。装订时,要求运单方向保持一致。

(五)运单交接

收派员将装订好的运单交与网点指定人员,办理交接手续。

三、无法派送快件的处理

无法派送的快件,一般是指快件到达派送网点后,遇特殊情况不能正常派送,需要退回寄件人或按照寄件人注明的要求进行相应处理的快件。

(一)无法派送快件产生的原因

快件无法派送的原因很多,主要有以下几种类型:

1. 地址书写不详或错误

快件运单上所书写的收件人地址未详尽写明、写全,存在遗漏、错误情况,导致无法正常派送。

2. 原书写地址无此单位或收件人

快件运单上书写收件人地址正确,但有以下两种情况造成无法派送:

(1)该地址没有运单上书写的单位,疑似地址书写错误。

(2)该地址有此单位,但该单位内部没有快件所指的收件人。包括该单位从无此人或收件人曾在该单位工作,但现已离职,去向不明。

对于原址无此单位的情况,如果本派送网点所属范围及本地市内也无同名单位,则该快件可按无法派送快件处理;对于单位内部无此收件人情况,则必须由单位指定的收发(传达)部门在快件上进行明确批注,而不能由收派员代替该单位进行批注。

3. 客户迁移新址不明

快件运单上书写地址准确,且收件人原居此处、现已迁移。这里迁移新址是前提,不明是结果。如知其所迁地址(收件人已提前在快递企业登记;或经原址他户告知;通过电话查询得知收件人新址;客户在原址明示迁移新址),均不能作为无法派送快件处理。

4. 客户公司注销无人收件

快件运单上原书写地址单位客观主体消失(曾经存在,并非更名等情况),且不属兼并、撤并或临时机构行政终止等,均可视为已撤销且无合法代收单位。

5. 客户拒收或拒付

非快递企业责任,客户拒绝接收快件或者拒绝支付应付的费用,造成快件无法派送的情况,按客户拒收或拒付无法派送快件处理。

6. 自取件逾期不领

网点自取快件超过快递企业规定的保管期限,按规定催领仍无人领取。

7. 其他无法派送的快件

其他无法派送快件是指以上原因以外导致无法派送的快件。例如:运单脱落的快件。

(二)无法派送快件的处理方法

收派员在派件前应联系收件人,一票快件派送不成功时,要努力进行查找和联络,如:联系收件人或联系寄件人征求处理意见等。

1. 无法派送快件的处理方法

(1)首次无法派送时,应主动联系收件人,通知再次派送的时间及联系方法,若未联系到收件人,可在收件地点留下派送通知单,将再次派送的时间及联系方法等相关信息告知收件人;将无法派送的快件进行正确批注后带回派送网点交与指定人员跟进处理。

(2)第二次派送仍不成功,可通知收件人采用自取的方式,并告知收件人自取的地点和工作时间。收件人仍需要派送的,事先告知收件人收费标准和服务费用,按正常流程进行派送,

项目五 快件派送

收取加收的服务费用。

（3）若联系不到收件人，或收件人拒收快件，快递企业应在彻底延误时限到达之前联系寄件人，协商处理办法和费用，主要包括：

①寄件人放弃快件的，应在快递企业的放弃快件声明上签字，快递企业凭放弃快件声明处理快件；

②寄件人需要将快件退回的，应支付退回的费用。

2. 无法派送快件处理的注意事项

（1）无法派送的快件，必须注明无法派送的原因以及是否进行电话、短信联系。

（2）在确定为无法派送的快件前，必须联系收件人。如果运单上没有收件人电话、电话错误或电话无人接听导致无法与收件人联系，应注明。

（3）收件人不接电话、关机，应保留电话拨打记录，以便于确认。

（4）因快件派送要求与快递企业运营规则冲突所造成的无法派送快件，应耐心告之收件人和发件人无法派送的原因，与客户协商网点自取。

（三）无法派送快件的原因批注

基于对客户高度负责的原则，在批注快件无法派送原因时，应慎之又慎。必须充分理解无法派送规定的特殊情况，准确界定快件是否已无法派送，以确保服务质量，维护快递企业信誉和用户权益。

1. 无法派送快件原因批注方法

（1）专业处理单批注

一般快递企业都具有批注无法派送快件的专用处理单，比如"疑难件处理单"（图 5-16）。批注方法如下：

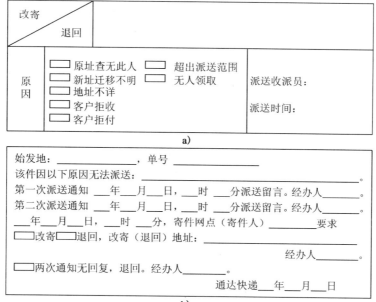

图 5-16 疑难件处理单

①快件无法派送且与收件人无法取得联系,经与寄件人联系要求改寄或退回,在"疑难件处理单"上勾画或批注无法派送的原因及处理方法。

②因收件人出差等原因当班无法派送,但经与收件人联系确定再次派送时间的快件,在"疑难件处理单"上勾画或批注"再派",并写明再派的时间。

③因外包装破损、内件不符或坏损等原因客户拒收、拒付的快件,在"疑难件处理单"上勾画或批注"拒收"或"拒付",并批注拒收、拒付的原因,等待寄件人或客服部门与收件人协商结果,对快件再做处理。

④将"疑难件处理单"牢固粘贴在无法派送的快件运单上面。

(2)"十字"标记批注法

当快件无法正常派送时,收派员需要将快件无法派送的原因、派送的日期和时间、派送人员姓名在快件上进行"十字"标记批注(图5-17)。采用"十字"标记批注法批注无法派送的快件以便于操作人员识别,一目了然(图5-18)。

原因代码	时间
原因	收派员

图5-17 无法派送快件"十字"标记批注示意图

001	2012-04-17 11:23
无法与收件人取得联系,电话号码不符	331028

图5-18 无法派送快件"十字"标记批注例图

2. 无法派送快件的批注要求

(1)清晰。一是批注无法派送原因的字迹要清晰可辨,不得潦草,不能使用简化字或自造字,同时要注意修正错别字;二是派送日期、时间以及批注人员签字要清晰。

(2)明确。一是批注的原因表述不得含混、似是而非,批注内容要注重唯一性,不能使客户费解或产生歧义。例如:派件时,发现没有运单上所写的单位或公司,也没有收件人的联系电话,如果只批注"查无此单位或公司"的写法有些笼统和生硬。正确的写法应为"按所写地址上门派送无此单位或公司,并且无法联系收件人",这样,用户可清晰地了解到快件被退回的原因。又如:电话联系客户无人接听,且通过规定派送频次上门派送客户不在的,应批注"多次上门派送无人在家,电话联系无人接听",同时,还要注明每次上门派送的时间。如果只写"电话无人接听",就会使客户产生收派员只是打了电话并没有上门派送的误解。二是尽可能使用处理单上已经给出的选项,确实需要另行批注的,要准确说明原因,特别是对因无法派送而退回的快件,批注内容应详尽而明确。三是对误分拣的快件,要明确批明应分派送区域,杜绝随意批退和两个派送区域之间相互推诿现象的发生。

(3)连贯。如果快件上已有批注内容,接续批注时,要看明上班次批注的原因。如:一票再派快件,上一班次批注"收件人外出",而本班批注的是"查无此单位",遇到这种情况时,要及时予以纠正,保持快件无法派送原因的一致性和连贯性。

(4)时效。快件第一次派送不成功,批注时一定要准确填写第一次派送的时间,否则就可能导致快件延误投诉。因客户搬迁或收件人地址错误等被确认无法派送的快件,批注时也一定要准确填写派送时间,避免延误投诉。

(5)完整。相关选项不能遗漏填写。

(6)牢固。如果用专业处理单进行批注,在粘贴处理单时,先将处理单抚平,然后再用手压一下。如果处理单不牢会容易脱落,影响对快件状态的查询。

【案例】

批注不当引起误解

某快递业务员在派送一票快件之前,先给客户打了电话,当时电话显示为空号。后来快递业务员上门派送时,客户也没在。于是,快递业务员就在快件上贴了一张疑难件处理单,上面注明"电话号码为空号",将快件退回了。当寄件人看到快件上的处理单后,十分不满,认为快递业务员只是打了电话,并没有上门派送就将快件退了回来,当即进行了投诉。

以上案例说明,正确批注无法派送的快件十分重要。如果由于书写大意,就会导致客户对快递服务的质疑,造成不必要的误会和不良的影响。如果快递业务员再加批"按所写地址上门派送无此单位或公司",这样,用户就可清晰地了解到快件被退回的原因了。

(四)无法派送快件的移交与保管

1. 无法派送快件的移交

(1)收派员在规定的时间,将当班无法成功派送的快件带回营业网点,途中严密保管快件,不能在与业务无关的场所停留。

(2)收派员向处理人员移交无法成功派送的快件时,处理人员必须检查快件的外包装有无破损。

(3)处理人员对交回的外包装破损快件进行复重,核对快件重量与运单重量是否相符。如快件重量与运单重量一致,则属于无误。若有明显差异,需要收派员签字确认,并检查外包装是否破损或有物品外露。

(4)再次派送的快件不需上报客服部门,直接安排下一班次进行派送,如已经同收方客户约定了再次派送的时间,则安排与约定时间相对应的派送班次进行派送。

(5)需上报客服部门跟进处理的无法派送的快件,将无法派送快件的信息上报至客服部门,并跟进处理。

(6)处理人员对交回的无法派送快件进行接收入仓扫描,将扫描数据上传信息系统。

(7)收派员与处理人员在快件交接记录表上签字确认,完成无法派送快件的交接工作。

2. 无法派送快件的保管

(1)无法派送的快件必须存放在派送网点指定的库房。如因条件限制未能配置无法派送快件库房,须存放在指定的笼车内。无法派送快件库房或笼车必须加锁,钥匙由派送网点负责人指定人员保管。

(2)对存放在派送网点的无法派送快件定期进行盘点,将盘点结果汇总并与客服部门进行核对。

四、款项交接

收派员需当班将收取的到付资费、代收货款、代缴关税等应收款,与财务人员进行结算,必须当日结清,以保证企业资金正常流转。款项交接流程如下:

1. 整理收款资料

收派员整理当班派送快件的收款资料(如派送路单,或收派员自己抄写的到付、代收款明细表)。

2. 清点资金

清点当班收取的资金,包括现金、支票及 POS 机收款票据。

3. 资金核对

将收取的资金与收款资料进行核对,检查有无漏收款的快件。

4. 领取交款清单

向财务人员领取本人当班收取的到付、代收货款、代缴关税等快件交款清单。

5. 核对交款清单

将交款清单应收款项逐一与快件收款资料进行核对,如有差异,及时查清差异原因,进一步跟进处理。

6. 交款签字

按交款清单移交资金。移交支票时,需在交款清单中登记支票号码。款项移交完毕,核验无差错,交接双方在交款清单上签字。财务人员向收派员开具收款票据,证明已接收款项。

>>> 项目小结 >>>

为了熟悉快件派送的各个环节流程、快件派送前的各种准备工作以及在派送期间遵守的原则,并且能避免会计装卸中出现的问题,顺利地完成各种派送后续工作,本章对派送流程、派前准备、派送服务、派送后续处理进行了详细的讲解,并且针对有代表性的操作进行举例说明,从而可以顺利地完成快件派送的各个环节的操作。

>>> 知识巩固 >>>

1. 快件派送的整个流程组成有哪些?
2. 快件派送前的准备工作有哪些?
3. 快件派送服务的原则、注意事项是什么?
4. 快件派送装卸需要注意什么?
5. 在快件派送后续处理中,有哪些问题需要注意?

项目六 国际及中国港澳台快件的收派

>>> 知识目标 >>>
◆国际快件的分类及收寄流程
◆国际快递的运单填写
◆国际快递单证的制作要求
◆国际快递的清关
◆国际快递的派送及英文名址的批译

>>> 能力目标 >>>
◆能够指导客户准确填写国际快件快递运单
◆能够熟练制作形式发票、商业发票及装箱单
◆能够熟练掌握进出境快件的清关要求及流程
◆能够对英文名址进行批译并派送国际快件

>>> 导入案例 >>>

国际快递:3个同规格包裹,代缴关税竟差千余元

市民金小姐和陆小姐最近遭遇了烦心事:3个相同规格的越洋包裹,快递代缴关税却出现了不收税、收"小税"和收"大税"的3种情况。

今年6月底金小姐与陆小姐(化名)结伴同游,在德国法兰克福的同一家百货公司里给自己和亲友买了蒸锅、炒锅等厨房用品,分3箱装运邮寄回国。这3箱货品包装规格一样,每箱均收了100欧元运费,接运方同是某国际快递公司,邮寄目的地是广州。但当这3箱货物邮寄到广州时,第1箱货物被征收1 431.58元关税,第2箱货物则被征收328元的关税,第3箱货物免关税放行。

包裹一:被征收1 431.58元关税

据了解,陆小姐仍在欧洲时,即接到快递企业办事人员关于第1箱货物已到达广州的信息。但由于时差问题,快递公司广州清关员(即关税办理人员)拨打陆小姐电话时,陆小姐手机关机。当天上午10:39这名清关员给陆小姐发邮件,要求陆小姐在下午4:30之前回复以下内容:"此包裹将要到达广州机场清关申报,因没有公司名,烦请联系和确认是按公司样品申报还是按私人物品清关或者做正式报关?"

陆小姐没来得及在当天下午4:30前回复此邮件,而是在当天下午7:30回复了此邮件称:货物是自购自用,不存在公司样品情况。

但这名清关员表示该批货物已按"公司样品"申报关税。就这样陆小姐被征收了1 431.58

元关税。陆小姐表示:"以公司样品征关税,这与事实完全不符。"她多次向快递公司申诉此单货物的关税问题,但两个星期下来,快递公司均维持原有决定:不交1431.58元"关税",价值4 000多元的锅就将一直扣压在仓库。"无奈,我只有先收下此笔货物。"

包裹二:被征收328元关税

陆小姐的另一笔货物,虽然是同样的用途,但由于及时与清关员联系上,说明此包裹是自己所用,最后被征收的是328元的个人物品进口关税。

包裹三:免征关税

与陆小姐同行的金小姐,则与快递企业"争论"很久,最后被以"行李"名义零关税放行。

焦点1 快递公司暂无法提供所有税款单?

联系到快递客服及相关的人员,他们确认以上3个案例确实存在。

广州海关12360统一服务热线的客服人员介绍,所有被中国海关征税的货物,都会有一个一式三联的"税款缴款单",分别由海关、快递公司及客户各持一份。

快递客服人员称,很多小包裹都是统一由快递公司集中向海关征税的,快递公司无法提供针对每个小包裹的"税款缴款单"。陆小姐被征税的两笔货物中,以公司样品名义被征高额关税的那笔货物就无法提供海关正式提供的"税款缴款单"。但广州白云机场海关监管科有关工作人员表示,商业性快件由快递企业总担保,他们先向海关交税,再向客户代征收。每一周海关会出一份详细税单,也即俗称的报关单,上有海关的签章,以证明这笔货物海关确实已经征收了税。

焦点2 快递企业未向客户说明代征税条例?

快递企业清关人员表示,第一笔被征收公司样品关税的运单,是因为客户没能及时与快递企业联系上,而快递企业的货物如流水般地走,不可能将某单货物因为关税问题滞留在机场海关处。而且此笔货物已清关,无法重新退回争议税款。

当事人陆小姐则坚称,快递企业擅自替客户做了一个与事实不符合的报关申请,其造成的错缴税款,应该由快递企业承担。

广州白云机场海关监管科有关负责人表示,相关的争议应该由当事人与快递企业协调解决。

广强律师事务所律师汤喜友就此分析道,作为专业的国际快递运输公司,应该知道在进关时会产生征税问题,如果需要替客户代缴关税,就应该在客户交运包裹时明确此点及相关的代征税条例。

陆小姐和金小姐在交运快递时对代缴税及相关条例完全不知情,其所填写的交货单亦没有相应的快递运输条例。目前,陆小姐已经打算正式起诉快递企业。

焦点3 国外购买商品是否都要缴税?

为何类似的3箱快递货物中有一箱可以不用征税?不少快递企业未向客户说明限额内分运行李可以不必征税的税法规定。快递企业一般只问客户两个问题:快递商品是个人所用还是公司所用,而不提第3种情况:如果快递的货物是客户的行李,只要价值在5 000元以内,是可以免征关税的。前两种情况,无论是个人所用,还是公司所用,进口到中国的商品价值超过50元均要被征税。

如果是本人在国外购买的自用商品,可以当成行李快递回国。但需要在抵达国内的机场时向海关办理行李登记手续,并办理分运行李申报表。如果忘记当场办理,还可以补办。

(来源:广州日报,2014-07-15)

任务一 国际快递运单的填写

>>> **任务提出** >>>

客户老王给远在美国的亲戚寄递一份新年礼物,由于老王无法看懂英文的运单,因此请收派员小李帮助他填写运单。那么小李在指导老王填写国际快递运单时应掌握哪些技能?

>>> **任务分析** >>>

小李为能正确的指导客户填写国际快递运单,应能对国际快件进行分类;能计算国际快件的资费;并能正确填写国际快递运单各项目。

一、国际快递业务介绍

国际快递业务与国内快递业务相比,流程大致相同,都要经历快件收寄、分拣、转运、派送等基本过程,但是因为国际快递业务在运输过程中需要经过进、出境环节,所以在进出境的过程中应当遵照各个国家进出境的相关法律和要求。目前,世界各国家都设置海关机构,代表国家在进出境环节实施监督管理。国际快递业务在进出境过程中需要受到海关的监督,所以与国内快递业务相比,国际快递业务增加了通关环节。

通关又叫清关、结关,是指海关对快递服务组织呈交的单证和快件依法进行审核、查验、征收税费、批准进口或出口的全部过程。主要包括快件的申报、查验、征税、放行等环节。

通关通俗的解释就是快递企业在将快件运出 A 国国境前,先向 A 国海关书面报告所运载的快件品名,经 A 国海关查验确认实际运载物品与报告中的描述一致后,给予放行的过程,在此过程中,A 国海关可能会根据本国情况向快递企业收取相应的税费。A 国海关同意放行后,快件经过运输到达 B 国关境,同样快递企业需要在将快件运进 B 国关境时,向 B 国海关申报所运物品,经过 B 国海关的查验确认后,此物品进入 B 国,然后由快递企业在 B 国进行派送。在快件转运的过程中,因涉及 A、B 两国海关,如果快递企业所运载的快件不能满足 A 国或 B 国的要求,快件则无法完成寄递。

国际快件在寄递过程中,需要根据海关的相关规定,准备相应的资料。如发票、报关委托书等。

1.国际快件分类

国际快递服务是指寄件地和收件地分别在中华人民共和国境内和其他国家或地区(中国香港、澳门、台湾地区除外)的快递服务,以及其他国家或地区(中国香港、澳门、台湾地区除外)间客户相互寄递但通过中国境内经转的快递服务。国际快递服务中寄递的快件简称国际件。例如:从中国发送至美国、韩国、英国等国家的快件都属于国际件。国际件按照通用方法,一般分为文件、包裹两类。

(1)文件类是指法律、法规规定予以免税且无商业价值的文件、单证、票据及资料,品名申报为"DOC(文件)",价值申报为"0 美元"。

(2)包裹类是指法律法规允许进出境货样、广告品,需要按货物实际价值进行申报。包裹类快件需要客户提供形式发票(或商业发票)。包裹根据其申报价值的高低又分为低价值包裹和高价值包裹。各国对低价值包裹与高价值包裹的划分不尽相同。

2.国际快件收寄流程(图6-1)

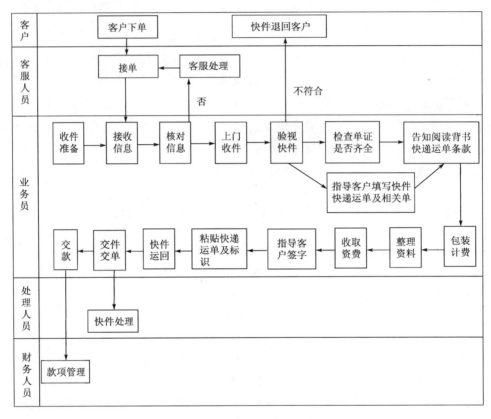

图6-1 国际快递收寄流程图

国际快件的收寄过程与国内快件基本一致,国际快件的收寄相对于国内快件收寄主要增加了单证检查的环节。

3.国际快件的重量和规格要求

(1)重量限度:国际快件每件最高重量50kg,有的国家对包裹限重20kg、15kg或10kg。因此,包裹重量限度应以寄达国家规定为准。我国采用的单件最高重量限度为50kg,单票不超过250kg。

(2)规格限度:非宽体飞机载运的快件,每件快件重量一般不超过80kg,体积一般不超过40cm×60cm×100cm。宽体飞机载运的快件,每件快件重量一般不超过250kg,体积一般不超过100cm×100cm×140cm。快件重量或体积如果超过以上标准,快递企业可根据本企业实际情况确认是否收寄。

4.国际快件服务费用

(1)国际快件服务费用组成

国际快件因涉及出、入境等相关操作,所以国际件的收费除了正常资费之外,一般情况下还会有燃油附加费、包装费、偏远地区附加费、保价费以及垫付关税、商检费、保险费等费用。

①资费是指快递企业向寄件人提供快递承运服务时,以快件的重量为基础,向客户收取的承运费用。

②燃油附加费是快递企业收取的反映燃料价格变化的附加费。一般是随着国际油价的浮动,由各快递企业自行确定。

③包装费是快递企业向客户提供包装材料所收取的费用。

④偏远地区附加费是快递企业向客户收取的,在偏远地址收寄或派送快件的,区别于资费之外的服务费用。

⑤保价费是快递企业在承运快件的过程中收取的向客户提供保价服务的费用。

⑥垫付关税是指国家授权海关对出入境的货物和物品征收的一种税,按征税商品流向可以划分进口税、出口税和过境税。

⑦商检费是指快递企业代客户对货物进行检验、检疫等产生的费用。

⑧保险费是保险公司在快递企业承运客户快件的过程中向客户收取的服务费用,以保障快件在出现约定损失后获得相应的赔偿。

(2)资费计算

在国际快递业务中,一般采用首重加续重计算方法,资费计算公式为:

$$资费 = 首重价格 + (计费重量 - 首重) \times 单价$$

由于国际业务涉及全球多个国家和地区,所以快递企业为了收派员能够更加迅速地计算国际快件的服务费,同时也可以让客户更加直观地了解寄递到各个国家的费用情况,快递企业大都采用分区收费的方法,按照各个国家的地理位置自行制定收费规则。由于各个企业分区方法各有所异,以下以各大洲部分国家分5区为例介绍分区收费方法。

国际快递一般根据寄达目的地国家的不同,制定不同的收费标准,快递企业先按国别分成不同的区域,然后将每一区域的资费计算好,做成表格的形式方便查询。

国际快递资费的计算步骤:

①查找目的地国家所在区域;

②查看所寄递物品是文件类还是包裹类;

③根据快件的质量所在横行与该快件所在区域的竖列相交即为运费金额。

例:请查询到英国的8kg包裹类快件的运费价格。

步骤一:首先在表6-1中查找英国所在的区域在4区。

某企业国际快递业务区域表　　　　表6-1

区 域 名	服务国家和地区	区 域 名	服务国家和地区
1区	日本、韩国	4区	俄罗斯、英国、法国
2区	埃及、南非	5区	新西兰
3区	美国、加拿大		

步骤二:确定该快件为包裹类快件。

步骤三:然后确定表6-2中8kg包裹所在横行与该表中4区所在竖列的数值。610即为该快件的运费金额,单位为"元"。

国际快递业务区域收费计算表　　　　　　　　　　　表6-2

区域		1区(元)	2区(元)	3区(元)	4区(元)	5区(元)
文件类 (kg)	0.5	90	100	120	90	130
	1	110	120	140	110	145
	1.5	130	140	160	130	160
	2	150	160	180	150	175
	2.5	170	180	200	170	190
包裹类 (kg)	0.5	150	180	190	160	210
	1	180	220	235	190	250
	1.5	210	260	280	220	290
	2	240	300	325	250	330
	2.5	270	340	370	280	370
	3	300	380	415	310	410
	3.5	330	420	460	340	450
	4	360	460	505	370	490
	4.5	390	500	550	400	530
	5	420	540	595	430	570
	5.5	450	580	640	460	610
	6	480	620	685	490	650
	6.5	510	660	730	520	690
	7	540	700	775	550	730
	7.5	570	740	820	580	770
	8	600	780	865	610	810
	8.5	630	820	910	640	850
	9	660	860	955	670	890

二、国际快件运单内容填写及要求

国际快递业务的运单一般一式五联,分别是寄件人存根联、快递企业收件存根联、收件人存根联、随包裹报关联、快递企业派件存根联,各联的内容和版式完全相同,与国内快递业务运单相比,只是增加了随包裹报关联(图6-2、图6-3)。

国际快递业务的运单与国内运单相比,内容基本相同,需注意的区别主要有以下几个方面:

(1)寄递物品的申报价值

国际件在进出境时需要如实申报价值;国际件在申报价值时应为该快件的实际价值或接近市场的价值,当申报的价值超过当地海关有关规定,就不能按照普通快件进行出口,需要客户提供特殊的清关单证正式报关出口。申报价值的高、低都会对快件产生影响。申报过高可能会在目的地产生税款,收件人需要缴纳税款后方能收到快件。申报过低在始发地出口时,海关会对申报价值产生质疑,要求重新申报或扣留货物甚至追究法律责任。

(2)寄递物品品名

应用英文明确标注详细物品名称,描述不全或模糊都有可能影响快件报关的速度。

图 6-2　国际快递运单样例一

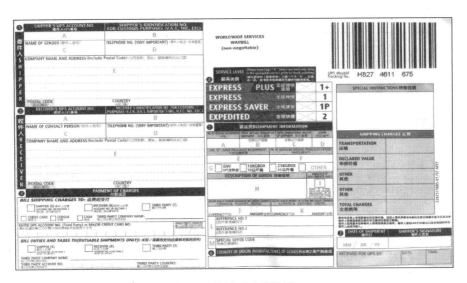

图 6-3　国际快递运单样例二

(3)始发地和目的地代码

为保证快件的时效,应准确填写始发地和目的地所在城市航空代码。

(4)区分快件种类

准确区分快件为文件类还是包裹类,并对包裹类快件进行高低值区分。

(5)核实单证

根据快件种类核实客户准备的单证是否齐全。

(6)保险

国际快件有保险需求的,应在运单规定的位置标明,并按实际人民币价值标注快件的保险价值。

(7)确认关税支付方

收派员应与客户确定关税支付方,关税的支付方可以是寄件人,也可以是收件人或是第三方。

(8)确认快件费用支付方

可以是寄方、收方或是第三方。

(9)寄递物品的货物税号 HS-code,即海关编码

编码协调制度由国际海关理事会制定,英文名称为 The Harmonization Code System (HS-Code)。海关编码必须准确地注明在快件运单的规定位置。

(10)企业海关注册号

报关单位《进出口货物收发货人报关注册登记证书》上的10位数字的海关注册登记编码,是企业唯一的和终身的经营单位编码,此号码需要标注在快件运单上。

三、国际快件运单填写注意事项

(1)寄件人和收件人名址应使用英文、法文或寄达国通晓的文字书写。如用英文、法文之外的文字书写时,应使用中文、英文或法文加注寄达国国名和地址。

(2)文件类快件可只填写快递运单,包裹类快件除填写快递运单外还应填写形式发票。

(3)内件品名及详细说明等内容,应使用英文填写,申报价值以美元表示。

注:寄往中国香港、澳门、台湾地区的快件,寄件人、收件人名址可以只用中文书写。

四、国际快件运单填写样例

国际快递运单填写样例如图 6-4、图 6-5 所示。

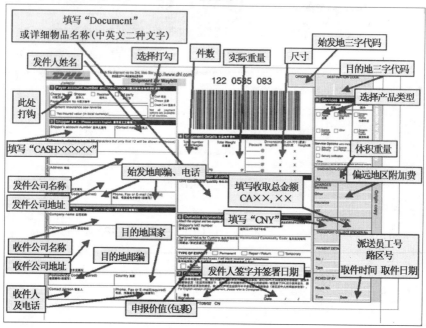

图 6-4 DHL 国际快递运单填写样例

项目六 国际及中国港澳台快件的收派

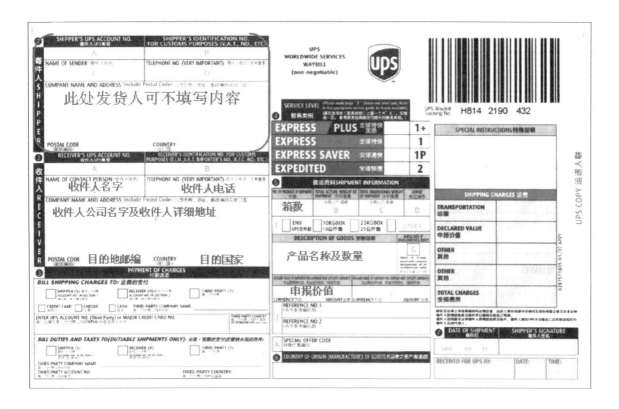

图 6-5 UPS 国际快递运单填写样例

任务二 国际快递单证的制作

>>>任务提出>>>

客户小王办了一家服装外贸公司,主要向国外客户寄递服装,由于小王开始不了解国际快递的相关要求,因此,请收派员小李帮助他制作形式发票、商业发票等单据。

>>>任务分析>>>

收派员小李应根据客户寄递物品的数量、价值及海关对单证的制作要求等,帮助小王制作形式发票、商业发票等单据。

一、快递单证的制作原则及要求

1. 单证的制作原则

报关单证的格式有多种,但都会包含几个基本要素,即:发件人名址、收件人名址、品名、成分、数量、申报金额等项内容。在制作的过程中,要遵循"从上到下,从左到右"的原则。所谓从上到下,即从一张发票最上面的项目开始,做完上一行的项目再做下一行的项目,遇到一行有多个纵向项目,则要遵循从左到右的原则。

175

这样,一不容易把需要改动的项目漏改;二把整张单证划分成若干单元小块完成制作可以提高精确度。因为我们在做单证时,每个企业都有其一套固定格式,通常每次都会套用固定格式,但在套用的同时容易出现"应该修改的项目而没有改过来"的错误。比如同一种商品不同订单批次的发票,往往套用相同格式、抬头、品名的单据,但由于是不同批次订单的票据在日期、数量和编号等小方面有细微的差别,这些差别很容易被忽略。然而,只要奉行从上到下、从左到右的原则来制作单据,并在这个原则下切实做到"心想、口读、眼盯、笔点、尺比逐行逐字母一一核对"基本上就可以避免这方面的错误。

2. 单证的制作要求

(1) 准确

正确是报关单证的前提,制作的单证应首先满足单单、单证一致,其次还应符合国际贸易惯例、各国海关的法律和法规要求,第三单证还应与所描述的货物无出入。

(2) 完整

制作的单证要在内容、数量上完整,一般海关都会明确要求寄件方提交哪些单据、提交几份及在单证上应标明的内容,所有这些都必须得到满足。

(3) 简明

制作单证应简单、明了。为了防止混淆和误解,不要加注过多的细节内容及与快件本身无关的内容。

(4) 整洁

制作单证应清楚、干净、美观、大方,发票的格式设计合理、内容排列主次分明、重点内容醒目突出。不应出现涂抹现象,应尽量避免或减少加签修改。

二、形式发票的制作

1. 形式发票的概念

形式发票也称预开发票、估价发票或试算发票,是快递企业按照海关要求提供的,证明所寄物品的品名、数量、价值、海关税则编码等,以便海关进行监管的报关文件。

2. 形式发票的作用

出口商有时应进口商的要求,发出一份列有出售货物的名称、规格、单价等非正式参考性发票,供进口商向其本国贸易管理当局或外汇管理当局申请进口许可证或批准给予外汇等之用,这种发票叫作形式发票。形式发票不是一种正式发票,不能用于托收和议付,它所列的单价等内容,也仅仅是进口商根据当时情况所做的估计,对双方都无最终的约束力,所以说形式发票只是一种估价单,正式成交还要另外重新缮制商业发票。

形式发票的作用主要体现在以下几方面:

(1) 是一份具有约束力的协议。

(2) 一些国家作为进口许可程序的一部分。

(3) 银行和金融机构使用形式发票来为进口商开立信用证。

(4) 与商业发票相似,易于识别。

项目六　国际及中国港澳台快件的收派

3.形式发票样本(图 6-6、图 6-7)

寄件人(Consignor)：_____ 公司名称(Company Name)：_____ 地址(Address)：_____ 电话/传真(Phone/Fax)：_____ 收件人(Consignee)：_____ 公司名称(Company Name)：_____ 地址(Address)：_____ 电话/传真(Phone/Fax)：_____	×××公司形式发票 PROFORMA INVOICE
运输细节(TRANSPORT DETAILS)：	发票号(NO.)：　　　发票日期(DATE)： 合同号(S/C NO.)： 付款方式(TERMS OF PAYMENT)：

运输标志 (Marks & No.)	包装的件数、种类及商品描述 (Number and kind of package Description of goods)	数量 (Quantity)	单价 (Unit Price)	总价 (Amount)
			总计(Total)：	

出发地(PORT TO LOADING)： 目的地(PORT OF DESTINATION)： 出运时间(TIME OF DELIVERY)： 保险(INSURANCE)： 是否生效(VALIDITY)： 受益人(BENEFICIARY)： 通知行(ADVISING BANK)： 议付行(NEGOTIATING BANK)：	

图 6-6　形式发票样本 A

形式发票

Proforma Invoice

1）收件人：
　　Consignee：_____
　　公司名称：
　　Company Name：_____
　　地址：
　　Address：_____
　　城市／地区号：
　　Town/Area Code：_____
　　州名／国家：
　　State/Country：_____

2）运单号：
　　Airbill No.：_____
　　承运人：
　　Carrier：_____
　　重量：
　　Weight：_____
　　体积：
　　Dimensions：_____
　　电话／传真：
　　Phone/Fax No.：_____

3）详细的商品名称 Full Description of Goods	4）海关税则编码 Harmonised Commodity Code	5）生产厂商 Manufacturer	6）数量 No.of Items	7）单价 Item Value	8）报关总价 Total Value for Customs

9）本人认为以上提供的资料属实和正确，货物原产地是 _____
I declare that the above information is true and correct to the best of my knowledge and that the goods are of _____ origin.

10）出口理由
Reason for Export

　　签　名：　　　　　　　　　　　　　　　　　　　　　　公　章：
　　Signature：　　　　　　　　　　　　　　　　　　　　　Stamp：

图 6-7　形式发票样本 B

三、商业发票的制作

1. 商业发票的概念

商业发票是卖方交给买方全方位确认销售协议的最后文件(图 6-8)。商业发票应当含有形式发票所提供的全部条款,或经协商后更改的条款。商业发票也被政府用来确定货物估价以便海关征税、验货和统计数据。此外,很多国家使用形式发票来控制进口。对于出口商来说,和进口商一起核准商业发票中必备内容,以便在进口国顺利通关。

商业发票
Commercial Invoice

卖方(SELLER)	发票号(Invoice No.)	日期(Invoice Date)
	信用证号码(L/C No.)	信用证日期(L/C Date)
	开证行(L/C Issued By)	
买方(BUYER)	合同号码(Contract No.)	合同日期(Date)
	始发地(From)	目的地(To)
	运输工具(Shipped By)	
唛头(Marks)、商品名称、规格描述(Description)、数量(Quantity)、价格(Price)、件数(Unit)、商品的总重量、总价值(Amount Of Good Weight Term Price)		
		出具人(Issued By) 签章(Signature)

图 6-8 商业发票样本

2.商业发票的作用
(1)是卖方履约的证明。
(2)是出口商收取货款和进出口双方记账的凭证。
(3)是进出口双方办理报关纳税的重要依据。
(4)是出口商办理保险等出口手续时提供的单据之一。

3.商业发票的内容
商业发票主要分为首文部分、本文部分和结文部分。
(1)首文部分包括卖方、买方的名称、发票号码及日期、信用证号码及日期、合同号码及日期、运输工具等。
(2)本文部分包括唛头、商品描述、数量、单价及总价、合计。
(3)结文部分包括加注的各种证明、签字、盖章。

4.填写商业发票应注意的事项
(1)卖方栏目要按合同和信用证的规定填写名称和地址的全称;一般名称和地址要分行打。
(2)买方栏目又称发票的收货人或抬头人。当采用信用证方式付款时,商业发票必须以信用证申请人为抬头,除非信用证另有规定。跟单托收业务,发票上的收货人应根据合同所列买方或指定名称缮制,并列明详细地址。
(3)发票号码。发票号码由出口商自行编制,一方面便于出口商的查寻,同时又代表了全套单据的号码和某批货物,所以在缮制时不能遗漏。如缮制汇票时的号码就是按发票号码填写。
(4)发票日期。发票的出票日期,信用证方式一般在信用证开证日期之后,装运日期之前,或至少在交单或有效期之前。
(5)信用证号码、日期按信用证填写。
(6)开证行。填写信用证的开证行。
(7)合同号码应与信用证上所列的一致,须在发票上列明,若一笔交易有几个合同号码,都应打在发票上。
(8)合同日期为订立合同的时间。
(9)起运地、目的地。按信用证规定填写,并与提单所列明的一致。同时,要注意目的地的规定要明确具体,不能笼统;有重名的目的地后面要加打国别。
(10)运输工具。在得到船运公司或运输代理的配载通知后,按其配载内容列明运输工具和航次。
(11)唛头。又称运输标志,它通常是由一个简单的几何图形和一些字母、数字及简单的文字组成,其作用在于使货物在装卸、运输、保管过程中容易被有关人员识别,以防错发错运。凡是信用证上规定唛头的,必须逐字逐行按规定缮制,并与其他单据的唛头相一致。信用证中没有规定唛头的,则按合同条款中指明的唛头或买方已提供的唛头缮制;如果都没有规定的,则由卖方自行设计,并注意单单相符。
(12)商品名称及规格。必须与合同和信用证一致。
(13)数量或重量既要与实际装运货物相符,又要符合信用证规定。以件数计算价格的商品,发票要列明件数;以质量计算价格的,必须列出重量。如果货品规格较多,每种商品应打明小计数量,最后表示出总数量。

(14)价格术语要严格按信用证规定填制,有时包含佣金,有时不含佣金。

(15)单价和总值是发票的重点,特别要注意发票金额不超过信用证金额,发票的货币要与信用证相一致。

(16)出具人和签章。一般发票必须经出口商正式签字盖章才有效,并注意使用的图章和签字与其他单据的签章相一致。如果对方国家要求手签时,要注意各国的习惯。

5.商业发票制作实例(图 6-9)

```
                    大连进出口有限公司
              Dalian Import and Export Co.Ltd

                    COMMERCIAL INVOICE

TO:                                      NO:      12698
    DAIWAN ART AND CRAFTS CO.LTD.        DATE:  JULY 28, 2010
                                         S/C NO.: RS303/008
                                         L/C NO.:  M0389701

FROM    DALIAN    TO    BUSAN    BY  SEA

MARKS&NO.S   DESCRIPTION   QUANTITIES   UNIT PRICE   AMOUNT
             Glass Ware                              CIF BUSAN
             03-01         100PCS       USD6.12/PC   USD612.00
N/M          03-02         100PCS       USD5.23/PC   USD523.00
             Glass Ware AS PER
             SALES CONFIRMATION
             NO.RS303/008 DATED 6-6-2010

TOTAL:                     200PCS                    USD1135.00

    SAY US DOLLARS ONE THOUSAND ONE HUNDERED AND
    TIRTY FIVE ONLY
                                         大连进出口有限公司
                                         Dalian Import and Export Co.Ltd
                                               张小二
```

图 6-9　商业发票制作实例

Dalian Import and Export Co. Ltd. 与韩国 Daiwan Art and Crafts Co.,Ltd. 于 2010 年 6 月 6 日签订一份出口玻璃器皿(Glass Ware)的合同。

合同号:RS303/008。

2010 年 6 月 13 日开来信用证,号码:M0389701。信用证最晚装运期 7 月 30 日,有效期至 8 月 13 日。

卖方 7 月 28 日装船完毕,取得提单(表 6-3)。

提 单 字 表 表 6-3

货　　号	单　价	数　量	毛　重	净　重
03—01	USD6.12/PC	100PCS	635kgs	540kgs
03—02	USD5.23/PC	100PCS	635kgs	540kgs

唛头:无

装运港:大连

32B/AMOUNT:USD 1135

44A:ANY PORT IN CHINA

44B:BUSAN PORT, KOREA

45:Glass Ware AS PER SALES CONFIRMATION NO. RS303/008 DATED 6-6-2010 CIF BUSAN PORT,KOREA

46/DOCUMENTS REQUIRED:+SIGNED COMMERCIAL INVOICE

四、装箱单的制作

1. 装箱单

装箱单又叫包装单,是最常用的附属单据,在进出口业务中,除了散装货物外,一般都要求提供装箱单。装箱单是发票的补充单据,它列明了信用证(或合同)中买卖双方约定的有关包装事宜的细节,便于国外买方在货物到达目的港时供海关检查和核对货物,通常可以将其有关内容加列在商业发票上,但是在信用证有明确要求时,就必须严格按信用证约定制作(图 6-10)。

2. 装箱单的作用

(1)海关通关时,必须按照装箱单所载明细逐一核对。

(2)公证行检验或进口商提货均以装箱单上的记载为依据。

(3)货物代理公司定舱时,以装箱单所载毛重和尺码为依据。

3. 装箱单填写的注意事项

(1)包装单据的名称应与信用证内规定的名称一致。

如:packing list in triplicate,则打上 packing list;

packing and weight list in triplicate ,则打上 packing and weight list。

(2)毛、净重一般要求显示货物的总的毛重、净重。

(3)装箱单据一般不显示货物的单价、总价,因为进口商在转移这些单据给实际买方时,不愿泄露其购买成本。

4. 装箱单的填写

装箱单(Packing List):在中文"装箱单"上方的空白处填写出单人的中文名称地址,"装箱单"下方的英文可根据要求自行变换。

出单方(Issuer):出单人的名称与地址。在信用证支付方式下,此栏应与信用证受益人的名称和地址一致。

受单方(To):受单方的名称与地址。多数情况下填写进口商的名称和地址,并与信用证开证申请人的名称和地址保持一致。在某些情况下也可不填,或填写"To whom it may concern"(致有关人)。

项目六　国际及中国港澳台快件的收派

出单方（Issuer）						
受单方（To）		装箱单 （Packing List）				
		发票号（Invoice No.）		日期（Date）		
运输标志 （MARKS No.）	商品描述 （Description Of Goods）	数量 （Quantity）	包装件数 （Package）	毛重 （G.W）	净重 （N.W）	箱外尺寸 （Measurement）

图 6-10　装箱单样本

发票号（Invoice No.）：填发票号码。

日期（Date）："装箱单"缮制日期。应与发票日期一致，不能迟于信用证的有效期及提单日期。

运输标志（Marksand Numbers）：又称唛头，是出口货物包装上的装运标记和号码。要符合信用证的要求，与发票、提单一致。

包装种类和件数、货物描述(Number and kind of packages, description of goods):填写货物及包装的详细资料,包括:货物名称、规格、数量和包装说明等内容。

货物的毛重、净重:若信用证要求列出单件毛重、净重和皮重时,应照办;按货物的实际体积填列,均应符合信用证的规定。

自由处理区:自由处理区位于单据格式下方,用于表达格式中其他栏目不能或不便表达的内容。

5. 装箱单制作实例(图6-11)

Dalian Import and Export Co. Ltd. 与韩国 Daiwan Art and Crafts Co.,Ltd. 与2010.06.06 签订一份出口玻璃器皿(Glass Ware)的合同。

合同号:RS303/008。

2010年6月13日开来信用证,号码:M0389701。信用证最晚装运期7月30日,有效期至8月13日。

卖方7月28日装船完毕,取得提单(表6-4)。

提 单 表　　　　　　　　　　表6-4

货　号	单　价	数　量	毛　重	净　重
03—01	USD6.12/PC	100PCS	635kgs	540kgs
03—02	USD5.23/PC	100PCS	635kgs	540kgs

```
            大连进出口有限公司
         Dalian Import and Export Co.Ltd

                PACKING LIST

TO.            INVOICE NO.:              DATE:   12698
                                                 JULY 28, 2010
      DAIWAN ART AND CRAFTS CO.LTD.
FROM        TO           BY
DALIAN     BUSAN        SEA

MARKS&NO.S  DESCRIPTIONS  QUANTITIES  PACKAGES   GW.        NW.        MEASUREMENT

            Glass Ware
N/M         03-01         100PCS      10CTNS    @6.3KGS    @5.4KGS    @(70×40×50)CM
                                                 63KGS      54KGS      1.4CBMS

            03-02         100PCS      10CTNS    @6.3KGS    @5.4KGS    @(70×40×50)CM
                                                 63KGS      54KGS      1.4CBMS
            Glass Ware AS PER
            SALES CONFIRMATION
            NO.RS303/008 DATED 6-6-2010

TOTAL:                    200PCS      20CTNS    126KGS     108KGS     2.8CBMS

         ALL THE GOODS ARE PACKED IN TWENTY CARTONS ONLY.

                                           大连进出口有限公司
                                        Dalian Import and Export Co.Ltd
                                             张小二
```

图6-11 装箱单制作实例

唛头：无
装运港：大连
32B/AMOUNT：USD 1135
44A：ANY PORT IN CHINA
44B：BUSAN PORT，KOREA
45：Glass Ware AS PER SALES CONFIRMATION NO. RS303/008 DATED 6-6-2010 CIF BUSAN PORT，KOREA
46/DOCUMENTS REQUIRED：+SIGNED COMMERCIAL INVOICE

任务三 快件清关

>>> 任务提出 >>>

小李到某快递企业实习，该公司随着业务的不断发展壮大，已经开通了到多个国家的国际件业务，小李被分配到了负责国际快递清关的部门，他需要掌握哪些知识和技能才可以完成清关任务呢？

>>> 任务分析 >>>

对于进出境的物品，世界各国都设置有海关来处理，快件要顺利进出各个国家，都必须进行清关操作，小林应掌握中国海关对进出境快件监管的基本要求、进出境快件的清关要求以及国际快件清关单据的处理。

国际快递业务与国内快递业务相比，流程大致相同，都要经历快件收寄、分拣、转运、派送等基本过程，而国际快递业务在运输过程中需要经过进、出境环节，所以在进出境的过程中应当遵照各个国家进、出境的相关法律和要求。

一、海关关务

在通关过程中，与快递企业有关联的主要是申报环节，至于查验、征税、放行等环节，主要是由海关来进行操作。快件在进出境过程中，快递企业需要对当批次的快件集中向海关申报，客户在寄递国际快件时，收派员应了解海关相关知识，以指导客户提供海关要求的相关单据，告知客户何种物品可以寄递等。

1.海关概述

《中华人民共和国海关法》（以下简称《海关法》）规定："海关是国家的进出关境（以下简称进出境）监督管理机关。海关依照本法和其他有关法律、行政法规，监管进出境的运输工具、货物、行李物品、邮递物品和其他物品（以下简称进出境运输工具、货物、物品），征收关税和其他税费，查缉走私，并编制海关统计和办理其他海关业务。"也就是说，国家赋予海关的主要任务是对进出口货物和个人物品（包括邮递物品）实行实际监管，征收关税，查缉走私和办理其他海关业务。

2.海关监管的目的和范围

为施行海关对进出口快递物品的监管，我国制定了《中华人民共和国海关对进出境快件监管办法》(以下简称《进出境快件监管办法》)。

(1)海关监管的目的是防止利用非贸易性渠道从事非法贸易和其他违法活动。

(2)海关将进出境快件分为文件类、个人物品类和货物类3类。

①文件类:法律、法规规定予以免税且无商业价值的文件、单证、票据及资料等。

②个人物品类:海关法规规定的自用、在合理的数量范围内的,与进出境旅客分离运输的行李物品、亲友间相互馈赠物品和其他个人物品。

③货物类:文件类及个人物品类以外的进出境快件。

3. 海关对进出境快件监管的基本要求

(1)进出境快件通关应当在经海关批准的专门监管场所内进行,如果因特殊原因需要在专门监管场所以外进行的,需事先征得所在地海关的同意。

(2)运营人(快递企业或其代理人)应当在海关对进出境快件的专门监管场所内设有符合海关监管要求的专用场地、仓库和设备。

(3)进出境快件通关应当在海关正常办公时间内进行,如果需在海关正常办公时间以外进行的,需要事先征得所在地海关同意。

(4)快递企业或其代理人应当按照海关的要求采用纸质文件方式或电子数据交换方式(EDI),到海关办理进出境快件的报关手续。

(5)进境快件自运输工具申报进境之日起14d内,出境快件自运输工具离境3h之前,应当向海关申报。

(6)快递企业或其代理人应向海关传输或递交进出境快件舱单或清单,海关确认无误后接受申报;运营人需提前报关的,应当提前将进出境快件运输和抵达情况书面通知海关,并向海关传输或递交舱单或清单,海关确认无误后接受预申报。

(7)海关查验进出境快件时,运营人应派员到场,并负责进出境快件的搬移、开拆和重封包装。

(8)海关对进出境快件中的个人物品实施开拆查验时,运营人应通知进境快件的收件人或出境快件的发件人到场,收件人或发件人不能到场的,运营人应向海关提交其委托书,代理收/发件人的义务并承担相应的法律责任。

(9)海关认为必要时,可对进出境快件予以径行开验、复验或者提取货样。

二、进出境快件的清关

1. 清关的概念

清关是指海关对快递服务组织呈交的单证和快件依法进行审核、查验、征收税费、批准进口或出口的全部过程。在快件进出境过程中,有时还需要办理"报检"手续。报检是指按照法律、法规、合同的规定,根据需要向检验检疫机构申请办理检验、检疫、鉴定工作的手续。一般情况下,报检手续的办理先于报关手续。

进出境快件的运输多数是依靠航空运输的方式,涉及总快件快递运单与分快件快递运单。

(1)总快件快递运单:(Master AWB)集中托运商以自己的名义向航空公司订舱托运,航空公司收运后签发给集中托运商的称为总快件快递运单。

(2)分快件快递运单:(House AWB)集中托运商在取得航空公司签发的总快件快递运单后,签发自己的分快件快递运单给真正的收发货人。它是集中托运商接收货物的初步证据,是集中托运商的目的港代理人交付货物给收货人的正式文件,也是集中托运商与托运人结算运费的依据。

2.各类报关快件的申报方式(表6-5)

进出境快件申报方式　　　　　　　　　　表6-5

进 境 快 件		
类型		申报方式
文件类		KJ1
个人物品类		进出境快件个人物品申报单
货物类	货物Ⅰ类(免税及税额≤50元)	KJ2
	货物Ⅱ类(应税)	KJ3(除需进口付汇、加工贸易的以外)
	正式报关(D类)	按进口货物通关规定办理
出 境 快 件		
类型		申报方式
文件类		KJ1
个人物品类		进出境快件个人物品申报单
货物类	货物Ⅰ类(许可证管理、需征税、出口收汇、退税的除外)	KJ2
	正式报关(D类)	按出口货物通关规定办理

在快件的申报过程中,不同类型的快件申报方式是不同的,按照快件类型,报关方式主要分为以下几种:

(1)文件类进出口快件报关时,运营人应当向海关提交中华人民共和国海关进出境快件KJ1报关单(图6-12)、总快件快递运单(副本)和海关需要的其他单证。

(2)个人物品类进出口快件报关时,运营人应当向海关提交中华人民共和国海关进出境快件个人物品申报单(图6-15)、每一进出境快件的分快件快递运单、进境快件收件人或出境快件发件人身份证件复印件和海关需要的其他单证。

(3)货物类进口快件报关时,运营人应当按下列情形分别向海关提交报关单证。

①对于关税税额在《中华人民共和国进出口关税条例》规定的关税起征数额以下(人民币50元)的货物和海关规定准予免税的货样、广告品,应提交中华人民共和国海关进出境快件KJ2报关单(图6-13),每一进境快件的分快件快递运单、发票和海关需要的其他单证。

②对应予征税的货样、广告品(法律、法规规定实行许可证件管理的、需进口付汇的除外),应提交中华人民共和国海关进出境快件KJ3报关单(图6-14),每一进境快件的分快件快递运单、发票和海关需要的其他单证。

(4)货物类出境快件报关时,运营人应按下列情形分别向海关提交报关单证。

对货样、广告品(法律、法规规定实行许可证件管理的、应征出口关税的、需出口收汇的、需出口退税的除外),应提交中华人民共和国海关进出境快件KJ2报关单,每一出口快件的分快件快递运单、发票以及海关需要的其他单证。

(5)对上述以外的其他货物,按照海关对进出口货物通关的规定办理,详情查阅《中华人民共和国海关进出口货物申报管理规定》。

中华人民共和国海关进出境快件KJ1报关单

报关单编号：

运营人名称：		进/出口岸：		运输工具航次：		进/出口日期：		总运单号码：	
序号	分运单号码	名称		件数	重量(kg)	收/发件人名称			验放代码

本运营人保证：海关申报的上述货物为《中华人民共和国海关对进出境快件监管办法》中的文件类范围内的货物，并就申报的真实性和合法性向你关负法律责任。

（运营人报关专用章）　　　　　　年　月　日　向　　　　报关员：　　申报日期：

以下由海关填写

海关鉴章：	经办关员：	日期：	查验关员：	日期：

图6-12　中华人民共和国海关进出境快件KJ1报关单

项目六 国际及中国港澳台快件的收派

中华人民共和国海关进出境快件KJ2报关单

报关单编号:

运单人名称: 进出口岸: 运输工具航次: 进/出境日期: 总运单号码:

序号	分运单号码	经营单位编码	经营单位名称	货物名称	价值(RMB)	重量(kg)	件数	商品编码(HS)	收/发件人名称	验放代码

本运营人保证: 年 月 日 向 海关申报的上述货物为《中华人民共和国海关对进出境快件监管办法》中的关税税额起征数额以下的进境货物和海关规定准予免税的进境货样、广告品,并就申报的真实性和合法性向你关负法律责任。
(运营人报关专用章) 报关员: 申报日期:

以下由海关填写

| 海关签章: | 经办关员: | 日期: | 查验关员: | 日期: |

图6-13 中华人民共和国海关进出境快件KJ2报关单

中华人民共和国海关进出境快件KJ3报关单

报关单编号：

报关人名称：　　　　进/出口岸：　　　　运输工具航次：　　　　进/出境日期：　　　　总运单号码：

序号	分运单号码	经营单位编码	经营单位名称	货物名称	价值(RMB)	重量(kg)	件数	商品编码(HS)	关税税率	关税税额	增值税税率	消费税税率	消费税税额	收/发件人名称	验放代码

本运营人保证：　　　年　　月　　日　向　　　　海关申报的上述货物为《中华人民共和国海关对进出境快件监管办法》中的应予征税的进境货样、广告品，并就申报的真实性和合法性向你关负法律责任。
(运营人报关专用章)　　　　申报日期：　　　　报关员：

以下由海关填写

经办关员：　　　　日期：　　　　查验关员：　　　　日期：

海关签章：

图6-14　中华人民共和国海关进出境快件KJ3报关单

项目六　国际及中国港澳台快件的收派

中华人民共和国海关进出境快件个人物品申报单

报关单编号：

运营人名称：		进出口岸：		运输工具航次：		进/出境日期：		总运单号码：	
序号	分运单号码	物品名称	价值(RMB)	件数	税率	税额	收/发件人名称	国别/地区	证件号码	验放代码

本运营人保证：　年　月　日向　　　海关申报的上述货物为《中华人民共和国海关对进出境快件监管办法》中的个人物品类范围内的物品，并就申报的真实性和合法性向你关负法律责任。
(运营人报关专用章)　　报关员：　　申报日期：

以下由海关填写

海关签章：	经办关员：	查验关员：	日期：

图6-15 中华人民共和国海关进出境快件个人物品申报单

3. 出境快件流程图(图6-16)

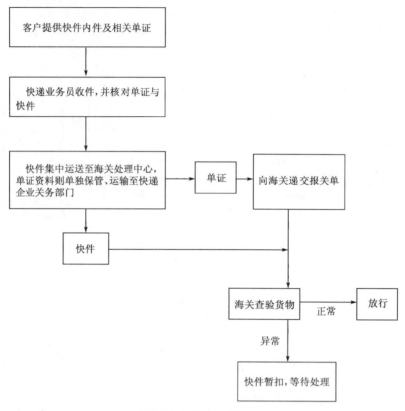

图6-16 出境快件流程图

4. 出口正式报关(D类)清关流程

(1)需客户提供的清关资料

①必须提供的单证:运单、出口货物报关单、出口收汇核销单、代理报关委托书、形式发票、装箱单等。

②其他单证:有的商品出口需中国商品质量检验检阅处查证的商品质量合格证明,需要提供换单凭证/电子转单信息;出口货物有配额限制的要提供出口许可证书;根据海关对出口商品的监管条件,有时还需提供商检、熏蒸证等;经海关批准准予减税、免税的货物,应交海关签章的减免税证明;若货物是化工品的,报关还要提供化工品情况说明及药典证明。

(2)清关流程图(图6-17)

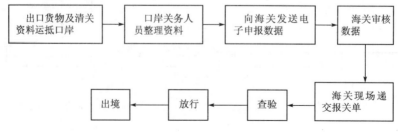

图6-17 清关流程图

(3)申报注意事项:

①出口货物的报关时限为装货的24h以前,不需要征税、查验的货物,自接受申报起1日内办结通关手续。

②征税。我国仅针对少数原材料、矿产品、石油等征收出口税,其他货物不征收。

③查验。指海关在接受报关单位的申报并以已审核的报关数据为依据,通过对出口货物进行实际的核查,以确定报关单证申报的内容是否与实际出口的货物相符的一种监管方式。目前,海关对进出口货物采取随机抽查的方式。

④放行。对于一般出境货物,在发货人或代理人如实向海关申报后,海关在报关单、快件快递运单等相关单证上加盖"海关放行章",出境货物的发货人便可装运出境。

5.海关扣关的种类

(1)申报信息与实际货物不符。如:品名、价值、数量、重量、规格型号、用途、材质。一般的申报不符,可在2~5d内向海关申请重新申报放行;严重申报不符的,海关将会移交缉私科处理,一般会在1~3个月处理完毕。

(2)需要提供相关货物的发票或其他要求提供的单证。如:产品说明书、品牌授权书、电子产品备案书、证明等。

6.海关扣件分析及解决方式(表6-6)

海关扣件分析及解决方式表 表6-6

扣件类型	明 细	产 生 原 因	解 决 方 式
快件信息问题	错报快件类型	清单上的快件类型与实际货物不符	正确制作清单,并严格按文件、包裹的定义进行分类登记
	品名不详实	形式发票上填写物品名称不详细	在填写形式发票时一定要将物品的品牌、规格、型号等填写清楚
	重量不符	清单上的计费重量与实际货物不符	正确计算货物的重量(或体积重量),交货前保证货物的严实包装,避免产生货物变形的操作与包装,据实制作交接清单的计费重量
	物品不符	运单发票申报与实际货物不相符	收货、交货前仔细核实发件人的寄运物品,根据实际货物书写运单发票资料
	有货无单、有单无货	清单与实际到的货物不相符	正确制作交接清单,交货前根据交接清单核实待交的货物,做到单货相符
	信息问题	操作中转要求不明确或不在提供服务范围内	正确制作交接资料及书写操作中转要求,交货前应正确判断所交货物是否在提供的服务范围之内,有疑问的与客服查询
申报问题	要求提供美元报价	报价不规范	美元是国际通用币种,为各国海关所接受,正确的使用美元报价有利于清关,减少清关问题
	价值不符	运单发票上的申报价值与实际货物的价值不符	根据货物的实际价值正确的提供货物向海关申报的价值,正确地填写在运单和发票上
	无发票	随货没有提供发票	发件人必须提供货物的发票,以便正确的向海关申报,为减少货物的清关问题
	数量不符	运单发票申报的数量与实际货物不相符	装箱发货前,点清内装货物数量,并做好封箱。根据实际货物的数量,正确制作运单发票资料

7. 报关范围

按照法律规定,所有进出口的运输工具、货物及物品都需要依法办理报关手续。报关的具体范围如下:

(1)进出境运输工具。进出境运输工具是指用以载乘人员、货物、物品进出境,并在国际运营的各种境内外船舶、车辆、航空器和驮畜等。

(2)进出境货物。进出境货物是指一般进出口货物、保税货物、暂准进出境货物、特定减免税货物、过境、转运和通用及其他进出境货物。

(3)进出境物品。进出境物品是指进出境的行李物、邮递物和其他物品。以进出境人员携带、托运等方式进出境的物品为行李物品;以邮递方式进出境的物品为邮递物品;其他物品主要包括享有外交特权和豁免权的外国机构或者人员的公务用品和自用物品等。

三、国际快件清关单据

收派员在快件的收寄过程中,对客户寄递的物品应严格按照海关的规定,告知客户需要使用到何种相关单据,以及相关单据的简单填写要求。一般个人物品的进、出口寄递主要使用到的单据是快递运单、形式发票,公司间的快件进、出口寄递还需要提供装箱单、进出口货物报关单、代理报关委托书、出口收汇核销单、出境货物通关单、出口许可证等。

1. 进出口货物报关单

进出口货物报关单是由海关总署规定统一格式和填制规范,由进出口货物收发货人或其代理人填制,并向海关提交的申报货物状况的法律文书,是海关依法监管货物进出口、征收关税及其他税费、编制海关统计以及处理其他海关业务的重要凭证。

根据贸易性质和海关监管的要求不同,进出口货物报关单分为进口货物报关单(图6-18)、出口货物报关单(图6-19)、进料加工专用进口货物报关单、进料加工专用出口货物报关单、来料加工补偿贸易专用进口货物报关单、来料加工补偿贸易专用出口货物报关单、外商投资企业专用进口货物报关单、外商投资企业专用出口货物报关单等不同类别。上述各种不同类别的报关单,有的采用不同的颜色,有的在报关单右上角加盖贸易性质的图章等方法加以区别,但报关单的各项申报栏目基本上是相同的。

进口货物报关单一式五联,分别是:海关作业联、海关留存联、企业留存联、海关核销联、进口付汇证明联;出口货物报关单一式六联,分别是:海关作业联、海关留存联、企业留存联、海关核销联、出口收汇证明联、出口退税证明联。

进出口货物报关单可以分为以下几种类型:

(1)按进出口状态划分:进口货物报关单和出口货物报关单。

(2)按表现形式划分:纸质报关单和电子数据报关单。

(3)按使用性质划分:

①进料加工进出口货物报关单(粉红色);

②来料加工及补偿贸易进出口货物报关单(浅绿色);

③外商投资企业进出口货物报关单(浅蓝色);

④一般贸易及其他贸易进出口货物报关单(白色);

⑤需国内退税的出口贸易报关单(浅黄色)。

项目六 国际及中国港澳台快件的收派

（4）按用途划分：
① 报关单录入凭单；
② 预录入报关单；
③ 电子数据报关单；
④ 报关单证明联。

中华人民共和国海关进口货物报关单

预录入编号：　　　　　　　　　　　　　　　　　　　　　　　　　　海关编号：

进口口岸	备案号		出口日期	申报日期		
经营单位	运输方式		运输工具名称	提运单号		
收货单位	贸易方式		征免性质	征税比例		
许可证号	启运国（地区）		装货港	境内目的地		
批准文号	成交方式	运费	保费	杂费		
合同协议号	件数	包装种类	毛重(kg)	净重(kg)		
集装箱号	随付单据			用途		
标记唛码及备注						
项号	商品编号	商品名称/规格型号	数量及单位	原产国（地区）	单价	总价	币制	征免
税费征收情况								
录入员　　录入单位	兹声明以上申报无讹并承担法律责任	海关审单批注及放行日期（签章）	
		审单	审价
报关员		征税	统计
单位地址			
邮编　　电话　　填制日期		查验	放行

图 6-18 进口货物报关单样本

中华人民共和国海关出口货物报关单

预录入编号： 　　　　　　　　　　　　　　　　　　　　　　　海关编号：

出口口岸	备案号		出口日期	申报日期	
经营单位	运输方式		运输工具名称	提运单号	
发货单位	贸易方式		征免性质	结汇方式	
许可证号	运抵国(地区)		指运港	境内货源地	
批准文号	成交方式	运费	保费	杂费	
合同协议号	件数	包装种类	毛重(kg)	净重(kg)	
集装箱号	随付单据			生产厂家	
标记唛码及备注					

项号	商品编号	商品名称/规格型号	数量及单位	最终目的国(地区)	单价	总价	币制	征免

税费征收情况		
录入员　录入单位	兹声明以上申报无讹并承担法律责任	海关审单批注及放行日期(签章) 审单　　　　　　审价
报关员		征税　　　　　　统计
单位地址		
邮编　　电话　　　填制日期		查验　　　　　　放行

图 6-19　出口货物报关单样本

每1份报关单都有1个固定的编号，共18位，例如424020090909038703(表6-7)。

报关单编号　　表6-7

位数	1～4				5～8				9	10	11	12	13～18					
编码	4	2	4	0	2	0	0	9	0	9	0	9	0	3	8	7	0	3

其中，1～4位“4240”代表关区是青岛海关快件监管中心，全国各大关区有不同的4位数代码；5～8位“2009”代表年份；第9位有两个数字0和1，0代表出口报关单，1代表进口报关单；第10位相对来说是比较固定的，每个海关都不一样。例如青岛海关“4220”，出口报关单第10位是“7”，进口为“2”；黄岛海关“4218”的出口报关单第10位是“6”，进口的是“1”；青岛快件“4240”的进口报关单第10位是“4”，出口的是“9”。第11位代表的是关区4位数编码的最后1位数值，如例子中的“0”与青岛海关快件中心“4240”；第12位代表的是年份，如例子中的“9”即代表2009年；最后6位数字没有实际意义，是流水号。

2.代理报关委托书

代理报关委托书是托运人委托承运人或其代理人办理报关等通关事宜，明确双方责任和义务的书面证明。委托方应及时提供报关报检所需的全部单证，并对单证的真实性、准确性和完整性负责(图6-20)。

代理报关委托书

***:

我单位现 ___（A逐票、B长期）委托贵公司代理____等通关事宜。（ A、报关查验 B、垫缴税款 C、办理海关证明联 D、审批手册 E、核销手册 F、申办减免税手续 G、其他）详见《委托报关协议》我单位保证遵守《海关法》和国家有关法规，保证所提供的情况真实、完整、单货相符。否则，愿承担相关法律责任。

本委托书有效期自签字之日起至　　年　　月　　日止。

委托方（盖章）：

法定代表人或其授权签署《代理报关委托书》的人（签字）

年　　月　　日

委托报关协议

为明确委托报关具体事项和各自责任，双方经平等协商签定协议如下：

委托方	
主要货物名称	
HS编码	□□□□□□□□□□
进出口日期	年　月　日
提单号	
贸易方式	
原产地／货源地	
传真电话	
其他要求：	
背面所列通用条款是本协议不可分割的一部分，对本协议的签署构成了对背面通用条款的同意。	
委托方业务签章： 经办人签章： 联系电话：　　年　月　日	

被委托方		
*报关单编码	NO.	
收到单证日期	年　月　日	
收到单证情况	合同□	发票□
	装箱清单□	提（运）单□
	其他	
报关收费	人民币：　　元	
承诺说明：		
背面所列通用条款是本协议不可分割的一部分，对本协议的签署构成了对背面通用条款的同意。		
被委托方业务签章： 经办报关员签章： 联系电话：　　年　月　日		

CCBA（白联:海关留存 黄联:被委托方留存 红联:委托方留存）　　中国报关协会监制

图6-20　代理报关委托书

(1) 委托方责任

委托方负责在报关企业办结海关手续后,及时、履约支付代理报关费用,支付垫支费用,以及因委托方责任产生的滞报金、滞纳金和海关等执法单位依法处置的各种罚款;负责按照海关要求将货物运抵指定场所;负责与被委托方报关员一同协助海关进行查验,回答海关的询问,配合相关调查,并承担产生的相关费用;在被委托方无法做到报关前提取货样的情况下,承担单货相符的责任。

(2) 被委托方责任

被委托方负责解答委托方有关向海关申报的疑问;负责对委托方提供的货物情况和单证的真实性、完整性进行"合理审查"。审查内容包括:

①证明进出口货物实际情况的资料,包括进出口货物的品名、规格、用途、产地、贸易方式等。

②有关进出口货物的合同、发票、运输单据、装箱单等商业单据。

③进出口所需的许可证件及随附单证。

④海关要求的加工贸易(纸质或电子数据的)及其他进出口单证。

因确定货物的品名、归类等原因,经海关批准,可以看货或提取货样。

在接到委托方交付齐备的随附单证后,负责依据委托方提供的单证,按照《中华人民共和国海关进出口报关单填制规范》认真填制报关单,承担"单单相符"的责任,在海关规定和本委托报关协议中约定的时间内报关,办理海关手续。负责及时通知委托方共同协助海关进行查验,并配合海关开展相关调查。负责支付因报关企业的责任给委托方造成的直接经济损失,所产生的滞报金、滞纳金和海关等执法单位依法处置的各种罚款。负责在本委托书约定的时间内将办结海关手续的有关委托内容的单证、文件交还委托方或其指定的人员(详见《委托报关协议》"其他要求"栏)。

(3) 赔偿原则

被委托方不承担因不可抗力给委托方造成损失的责任。因其他过失造成的损失,由双方自行约定或按国家有关法律法规的规定办理。由此造成的风险,委托方可以投保方式自行规避。签约双方各自不承担因另外一方原因造成的直接经济损失,以及滞报金、滞纳金和相关罚款。

(4) 收费原则

一般货物报关收费原则上按当地《报关行业收费指导价格》规定执行。特殊商品可由双方另行商定。

(5) 协商解决事项

变更、中止本协议或双方发生争议时,按照《中华人民共和国合同法》有关规定及程序处理。因签约双方以外的原因产生的问题或报关业务需要修改协议条款,应协商订立补充协议。双方可以在法律、行政法规准许的范围内另行签署补充条款,但补充条款不得与本协议的内容相抵触。

3. 出境货物通关单

为了规范对出入境检验检疫货物的通关管理,国家出入境检验检疫局与海关总署决定从2000年1月1日起实施新的检验检疫货物通关制度,通关模式为"先报验,后报关"。同时,出入境检验检疫部门将启用新的印章、证书(图 6-21)。

中华人民共和国出入境检验检疫
出境货物通关单　　编号：070688

1. 收货人　FUJIYAMA TRADING CORPORATION		5. 标记及唛码　N/M	
2. 发货人　上海进出口贸易公司			
3. 合同/提(运)单号　TXT07081	4. 输出国家或地区　日本		
6. 运输工具名称及号码　MU0752SY	7. 目的地　大阪	8. 集装箱规格及数量　1×20'	
9. 货物名称及规格　DOUBLE OPEN END SPANNER　8×10MM(MTM)　10×12MM(MTM)	10. H.S.编码　8204.1100	11. 申报总值　78 000.00 美元	12. 数/质量、包装数量及种类　2 840 kg　1 400 箱
13. 证明　　上述货物业已报检/申报，请海关予以放行。　　本通关单有效期至　2007 年 12 月 30 日　　　　　　　　　　　　　　　　　　　　　　　签字：×× 　　　　　　　　　　日期：2007 年 12 月 12 日			
14. 备注			

图 6-21　出境货物通关单样本

新的检验检疫制度对原卫检局、动植物局、商检局进行"三检合一"，全面推行"一次报检、一次取样，一次检验检疫，一次卫生除害处理，一次收费，一次发证放行"的工作规程和"一口对外"的新的检验检疫模式。而从 2000 年 1 月 1 日起，对实施进出口检疫的货物启用"入境货物通关单"和"出境货物通关单"，并在通关单上加盖检验检疫专用章，对列入《出入境检验检疫机构实施检验检疫的进出口商品目录》范围内的进出口货物(包括转关运输货物)，海关一律凭货物报关地出入境检验检疫局签发的"入境货物通关单"或"出境货物通关单"验放，取消原"商检、动植检、卫检"以放行单、证书及在报关单上加盖放行章通关的形式。

4. 出口许可证

出口许可证是指在国际贸易中，根据一国出口商品管制的法令规定，由有关当局签发的准许出口的证件。出口许可证制是一国对外出口货物实行管制的一项措施。

根据国家规定，凡是国家公布实行出口许可证治理的商品，不管任何单位或个人，也不分任何贸易方式(对外加工装配方式，按有关规定办理)，出口前均须申领出口许可证；非外贸经营单位或个人运往国外的货物，不论该商品是否实行出口许可证治理，价值在人民币 1 000 元以上的，一律须申领出口许可证；属于个人随身携带出境或邮寄出境的商品，除符合海关规定自用、合理数量范围外,也都应申领出口许可证。

商务部是全国出口许可证的归口管理部门,负责制订出口许可证管理办法及规章制度,监督、检查出口许可证管理办法的执行情况,处罚违规行为。商务部会同海关总署制订、调整和发布年度《出口许可证管理货物目录》。商务部负责制订、调整和发布年度《出口许可证管理货物分级发证目录》。《出口许可证管理货物目录》和《出口许可证管理分级发证目录》由商务部以公告形式发布。

对外贸易经营者(简称经营者)应当在出口前按规定向指定的发证机构申领出口许可证,海关凭出口许可证接受申报和验放。经营者申领出口许可证时,应当提交加盖公章的出口许可证申请表(正本)1份(图6-22)以及其他有关批准文件。

中华人民共和国出口许可证申请表

1.出口商: 代码: 领证人姓名: 电话:	3.出口许可证号:
2.发货人: 代码:	4.出口许可证有效截止日期: 年 月 日
5.贸易方式:	8.进口国(地区):
6.合同号:	9.付款方式:
7.报关口岸:	10.运输方式:
11.商品名称:	商品编码:

12.规格、等级	13.单位	14.数量	15.单价(币别)	16.总值(币别)	17.总值折美元
18.总计					

19.备注 申请单位盖章 申领日期:	20.签证机构审批(初审): 经办人: 终审:

填表说明:1.本表应用正楷逐项填写清楚,不得涂改、遗漏,否则无效;
　　　　　2.本表内容需打印多份许可证的,请在备注栏内注明;
　　　　　3.本表填写一式二份。

图6-22 出口许可证申请表

目前,我国执行审批并签发出口许可证的机关为:许可证事务局及商务部驻各地特派员办事处和各省、自治区、直辖市、计划单列市以及商务部授权的其他省会城市商务厅(局)、外经贸委(厅、局)。各发证机构应当严格按照年度《出口许可证管理货物目录》和《出口许可证管理分级发证目录》的要求,自收到符合规定的申请之日起3个工作日内,签发相关出口货物的出口许可证,不得违反规定发证。

任务四　国际快件分拣

>>> 任务提出 >>>

小刘是某快递公司一名新员工,根据公司安排到国际快件处理中心工作。在分拣快件时,看到快件运单上都是英文名址和相关代码,为保证快件分拣工作的顺利进行,他应能识别世界运单上的英文名址和机场航空代码外,还需要掌握哪些技能?

>>> 任务分析 >>>

作为一名处理员,在国际快件分拣中小刘应能识别主要的国际机场名称及航空代码;识别常见国家的中英文名称、英文名称缩写、邮政编码格式及电话区号;识别各大洲主要国家的重要城市相关常识。

由于国际快递服务营运成本高,国际快递业务主要使用飞机作为运输工具。目前,国际快件大多是以快递运单上航空代码、所在地邮政编码、所在地电话区号等为依据进行分拣。

一、全球主要的国际机场

熟练掌握全球主要的国际机场的名称、航空代码,有利于快件处理业务员在对国际快件进行分拣时做到准确、快速,避免出现差错。全球主要的国际机场如表6-8所示。

主要国际机场(中英文对照)　　表6-8

国际机场(中文名称)	国际机场(英文名称)	航空代码	所属国家
阿姆斯特丹史吉浦国际机场	Amsterdam Airport Schiphol	AMS	荷兰
奥克兰国际机场	Auckland Airport	AKL	新西兰
北京首都国际机场	Beijing Capital International Airport	PEK	中国
孟买国际机场	Bombay Airport	BOM	印度
开罗国际机场	Cairo International Airport	CAI	埃及
德里国际机场	Delhi International Airport	DEL	印度
迪拜国际机场	Dubai International Airport	DXB	阿拉伯联合酋长国
雅典国际机场	Eleftherios Venizelos International Airport	ATH	希腊
法兰克福国际机场	Frankfurt International Airport	FRA	德国
日内瓦国际机场	Geneva International Airport	GVA	瑞士
广州白云国际机场	Guangzhong BaiYun Airport	CAN	中国
香港国际机场	Hongkong International Airport	HKG	中国
仁川国际机场	Incheon International Airport	ICN	韩国

续上表

国际机场（中文名称）	国际机场（英文名称）	航空代码	所属国家
伊斯坦布尔国际机场	Istanbul International Airport	IST	土耳其
吉隆坡国际机场	Kuala Lumpur International Airport	KUL	马来西亚
拉各斯国际机场	Lagos International Airport	LOS	尼日利亚
伦敦希思罗国际机场	London Heathrow International Airport	LHR	英国
莫斯科谢列梅捷沃国际机场	Moscow Sheremetyevo Airport	SVO	俄罗斯
墨尔本国际机场	Melbourne Airport	MEL	澳大利亚
墨西哥城国际机场	Mexico City Airport	MEX	墨西哥
布宜诺斯艾利斯埃塞萨国际机场	Ministro Pistarini International Airport	EZE	阿根廷
东京成田国际机场	Narita International Airport	NRT	日本
纽约约翰·菲茨杰拉德·肯尼迪国际机场	New York John Fitzgerald Kennedy International Airport	JFK	美国
大阪关西国际机场	Kansai International Airport	KIX	日本
巴黎夏尔·戴高乐国际机场	Paris Charles·Charles de Gaulle International Airport	CDG	法国
里约热内卢国际机场	Rio de Janeiro International Airport	GIG	巴西
罗马钱皮诺国际机场	Rome Ciampino Airport	CIA	意大利
圣保罗国际机场	Sao Paulo-Guarulhos International Airport	GRU	巴西
上海浦东国际机场	Shanghai Pudong International Airport	PVG	中国
新加坡樟宜国际机场	Singapore Changi Airport	SIN	新加坡
斯德哥尔摩阿兰达国际机场	Stockholm Arlanda International Airport	ARN	瑞典
悉尼金斯福德·史密斯国际机场	Sydney Kingsford Smith International Airport	SYD	澳大利亚
台北桃园国际机场	Taiwan Taoyuan International Airport	TPE	中国
多伦多皮尔逊国际机场	Toronto Pearson International Airport	YYZ	加拿大
苏黎世国际机场	Zurich International Airport	ZRH	瑞士

二、常见国家的名称、邮政编码格式及电话区号

快件处理人员对国际出口快件进行分拣时，一般是按照国际快件发运路由，依据快件寄达

项目六　国际及中国港澳台快件的收派

国国家名(或缩写)进行操作,有时可能还涉及国家首都名、国际电话区号或国家邮政编码等相关知识。常见国家的名称、邮政编码格式及电话区号如表6-9所示。

常见国家的中英文名称、英文名称缩写、邮政编码格式及电话区号　　表6-9

所在大洲	国家	英文缩写	首都	电话区号	邮政编码格式
亚洲	缅甸 Burma	MM	内比都 Nay Pyi Taw	95	无
	中国 China	CN	北京 Beijing	86	××××××
	印度 India	IN	新德里 New Delhi	91	××××××
	印度尼西亚 Indonesia	ID	雅加达 Jakarta	62	×××××
	伊朗 Iran	IR	德黑兰 Teheran	98	无
	以色列 Israel	IL	耶路撒冷 Jerusalem	972	×××××
	日本 Japan	JP	东京 Tokyo	81	×××-××××
	韩国 Korea	KR	首尔 Seoul	82	××-××××
	马来西亚 Malaysia	MY	吉隆坡 Kuala Lumpur	60	×××××
	巴基斯坦 Pakistan	PK	伊斯兰堡 Islamabad	92	×××××
	菲律宾 The Philippines	PH	马尼拉 Manila	63	××××
	卡塔尔 Qatar	QA	多哈 Doha	974	无
	沙特阿拉伯 Saudi Arabia	SA	利雅得 Riyadh	966	无
	新加坡 Singapore	SG	新加坡 Singapore	65	××××××
	泰国 Thailand	TH	曼谷 Bangkok	66	×××××
	阿拉伯联合酋长国 The United Arab Emirates	AE	阿布扎比 Abu Dhabi	971	无

续上表

所在大洲	国　家	英文缩写	首　都	电话区号	邮政编码格式
欧洲	奥地利 Austria	AT	维也纳 Vienna	43	××××
	白俄罗斯 Belarus	BY	明斯克 Minsk	375	××××××
	比利时 Belgium	BE	布鲁塞尔 Brussels	32	B—××××
	保加利亚 Bulgaria	BG	索非亚 Sofia	359	××××
	捷克 Czech Republic	CZ	布拉格 Prague	420	×××××
	丹麦 Denmark	DK	哥本哈根 Copenhagen	45	DK—××××
	芬兰 Finland	FI	赫尔辛基 Helsinki	358	FIN—×××××
	法国 France	FR	巴黎 Paris	33	×××××
	德国 Germany	DE	柏林 Berlin	49	×××××
	希腊 Greece	GR	雅典 Athens	30	×××××
	匈牙利 Hungary	HU	布达佩斯 Budapest	36	H—××××
	意大利 Italy	IT	罗马 Rome	39	×××××
	荷兰 Netherlands	NL	阿姆斯特丹 Amsterdam	31	××××××
	挪威 Norway	NO	奥斯陆 Oslo	47	××××
	波兰 Poland	PL	华沙 Warsaw	48	××—×××
	葡萄牙 Portugal	PT	里斯本 Lisbon	351	××××—×××
	罗马尼亚 Romania	RO	布加勒斯特 Bucharest	40	××××××
	俄罗斯 Russia	RU	莫斯科 Moscow	7	××××××

项目六 国际及中国港澳台快件的收派

续上表

所在大洲	国家	英文缩写	首都	电话区号	邮政编码格式
欧洲	西班牙 Spain	ES	马德里 Madrid	34	×××××
	瑞典 Sweden	SE	斯德哥尔摩 Stockholm	46	×××××
	瑞士 Switzerland	CH	伯尔尼 Bern	41	××××
	乌克兰 Ukraine	UA	基辅 Kiev	380	×××××
	英国 The United Kingdom of Great Britain and Northern Ireland	GB	伦敦 London	44	多种格式
北美洲	加拿大 Canada	CA	渥太华 Ottawa	1	×××××
	古巴 Cuba	CU	哈瓦那 Havana	53	×××××
	墨西哥 Mexico	MX	墨西哥城 Mexico City	52	×××××
	美国 The United States of America	US	华盛顿、哥伦比亚特区 Washington D. C	1	×××××—××××
南美洲	阿根廷 Argentina	AR	布宜诺斯艾利斯 Buenos Aires	54	××××
	玻利维亚 Bolivia	BO	拉巴斯 La Paz	591	无
	巴西 Brazil	BR	巴西利亚 Brasilia	55	×××××
	智利 Chile	CL	圣地亚哥 Santiago	56	无
	秘鲁 Peru	PE	利马 Lima	51	无
	乌拉圭 Uruguay	UY	蒙得维的亚 Montevideo	598	无
	委内瑞拉 Venezuela	VE	加拉加斯 Caracas	58	无
非洲	阿尔及利亚 Algeria	DZ	阿尔及尔 Algiers	213	×××××

续上表

所在大洲	国家	英文缩写	首都	电话区号	邮政编码格式
非洲	埃及 Egypt	EG	开罗 Cairo	20	无
	肯尼亚 Kenya	KE	内罗毕 Nairobi	254	无
	利比亚 Libya	LY	的黎波里 Tripoli	218	无
	摩洛哥 Morocco	MA	拉巴特 Rabat	212	×××××
	尼日利亚 Nigeria	NG	阿布贾 Abuja	234	无
	南非 South Africa	ZA	开普敦 Cape Town	27	××××
	苏丹 Sudan	SD	喀土穆 Khartoum	249	无
	突尼斯 Tunisia	TN	突尼斯市 Tunis	216	××××
	赞比亚 Zambia	ZM	卢萨卡 Lusaka	260	无
大洋洲	澳大利亚 Australia	AU	堪培拉 Canberra	61	××××
	新西兰 New Zealand	NZ	惠灵顿 Wellington	64	××××

注：×表示任一阿拉伯数字。

三、各大洲主要国家、城市认知

(一)亚洲主要国家

1. 日本主要城市的英文名称、邮政编码和航空代码(表6-10)

日本主要城市名称、邮编和航空代码　　　表6-10

主要城市	英文名称	邮政编码示例	航空代码
东京	Tokyo	150－0000	NRT
大阪	Osaka	540－8570	KIX
横滨	Yokohama	222－0033	YOK
名古屋	Nagoya	450－0002	NGO
仙台	Sendai	980－0001	SDJ

日本(Japan)是位于亚洲大陆东岸外的太平洋岛国,西、北隔东海、黄海、日本海、鄂霍次克海与中国、朝鲜、俄罗斯相望,东濒太平洋。领土由北海道、本州、四国、九州四个大岛和3900多个小岛组成。日本经济高度发达,首都东京不仅是全国第1大城市和经济中心,更是世界数一数二的金融、航运和服务中心。东京成田国际机场(Narita International Airport,航空代码:NRT)和大阪关西国际机场(Kansai International Airport,航空代码:KIX)都是日本的空中交通枢纽。

日本邮政编码由7位数字组成,例如951-8073,其中前3位数字表示区域,后4位数字表示分支。

2. 韩国主要城市的英文名称、邮政编码和航空代码(表6-11)

韩国主要城市名称、邮编和航空代码　　表6-11

主 要 城 市	英 文 名 称	邮政编码示例	航空代码
首尔	Seoul	100-000	SEL
仁川	Incheon	407-705	ICN
釜山	Busan	612-022	PUS

韩国(Republic of Korea)位于亚洲大陆东北,朝鲜半岛南部,东濒日本海,西面与中国山东省隔海相望。全国划分为1个特别市(首尔特别市)、8个道(京畿道、江原道、忠清北道、忠清南道、全罗北道、全罗南道、庆尚北道、庆尚南道)、6个广域市(釜山、大邱、仁川、光州、大田、蔚山)和1个特别自治道(济州特别自治道)。韩国经济发达,首都首尔是韩国政治、经济、文化教育中心,也是韩国海、陆、空交通枢纽,是全球最繁华的现代化大都市之一。仁川国际机场(Incheon International Airport,航空代码:ICN)是韩国最大的国际机场,也是东北亚地区的航运枢纽。

韩国邮政编码包含6个数字,前3个数字后面有一个分隔号,例如110-110,分隔号前3个数字代表地区代码(省份、地区、城镇),后3个数字表示邮政代码。

3. 新加坡的英文名称、邮政编码和航空代码(表6-12)

新加坡主要城市名称、邮编和航空代码　　表6-12

主 要 城 市	英 文 名 称	邮政编码示例	航空代码
新加坡	Singapore	546080	SIN

新加坡(The Republic of Singapore)是东南亚的一个岛国,也是一个城市国家。该国位于马来半岛南端,毗邻马六甲海峡南口,其南面有新加坡海峡与印尼相隔,北面有柔佛海峡与马来西亚相隔,并以长堤相连于新马两岸之间。

新加坡是亚洲最重要的金融、服务和航运中心之一,是东南亚地区联系欧洲、美洲、大洋洲的航空中心。从中国的北京、广州、厦门、上海、深圳、成都、汕头、合肥等城市都可直航新加坡。新加坡樟宜国际机场(Singapore Changi Airport,航空代码:SIN)是世界上最繁忙的机场之一,也是东南亚地区航空枢纽。

新加坡邮政编码包含6个数字,前2位是投递区码,后4位代表投递点,例如546080。

4.印度主要城市的英文名称、邮政编码和航空代码(表6-13)

印度主要城市名称、邮编和航空代码　　　　　　表6-13

主 要 城 市	英 文 名 称	邮政编码示例	航 空 代 码
新德里	New Delhi	110042	DEL
班加罗尔	Bangalore	560078	BLR
孟买	Mumba	400000	BOM

印度是印度共和国(Republic of India)的简称,位于亚洲南部,是南亚次大陆最大的国家,具有绚丽的多样性和丰富的文化遗产和旅游资源,与我国、孟加拉国、缅甸、不丹、尼泊尔和巴基斯坦等国家接壤,与斯里兰卡和马尔代夫等国隔海相望。首都新德里是全国的政治、经济和文化中心,孟买是印度最大的城市。

印度邮政编码称为Postal Index Number(PIN),是一个6位数字编码,例如110034。全国有8个编码区域,第1位数字代表编码区域,前2位数字一起表示一个子区域或者邮区,前3位数字一起表示一个排列/收入分区,后3位数字表示分发的邮局。

5.阿拉伯联合酋长国主要城市的英文名称、邮政编码和航空代码(表6-14)

阿联酋主要城市名称、邮编和航空代码　　　　　　表6-14

主 要 城 市	英 文 名 称	邮政编码示例	航 空 代 码
阿布扎比	Abu Dhabi	无	AUH
迪拜	Dubai	无	DXB

阿拉伯联合酋长国(The United Arab Emirates)简称阿联酋,是一个以产油著称的中东沙漠国家,位于阿拉伯半岛东部,北濒波斯湾,西北与卡塔尔为邻,西和南与沙特阿拉伯交界,东和东北与阿曼毗连。由7个酋长国组成:阿布扎比、迪拜、沙迦、哈伊马角、阿治曼、富查伊拉和乌姆盖万。首都是阿布扎比。迪拜是阿联酋第2大城市,有"阳光之城"之称,是海湾乃至整个中东地区的重要港口和最重要的贸易中心之一,迪拜国际机场(Dubai International Airport,航空代码:DXB)是全球最繁忙的货运机场,是中东地区最重要的航空枢纽。阿拉伯联合酋长国暂不使用邮政编码。

(二)欧洲主要国家

1.德国主要城市的英文名称、邮政编码和航空代码(表6-15)

德国主要城市名称、邮编和航空代码　　　　　　表6-15

主 要 城 市	英 文 名 称	邮政编码示例	航 空 代 码
柏林	Berlin	10623	BER
法兰克福	Frankfurt	60326	FRA
莱比锡	Leipzig	04024	LET
慕尼黑	Munich	82234	MUC
斯图加特	Stuttgart	70182	STR

德国(Germany)位于欧洲西部,东邻波兰、捷克,南接奥地利、瑞士,西接荷兰、比利时、卢森堡、法国,北与丹麦相连并邻北海和波罗的海与北欧国家隔海相望。全国分为16个州,首都是柏林。德国是世界上第4大经济体,仅次于美国、中国和日本,对世界经济和金融形势起着

重要作用,是世界上第2大商品出口国。德国作为空运基地近年来发展活跃,从德国乘飞机出发可以抵达世界所有地区,法兰克福国际机场(Frankfort International Airport,航空代码:FRA)已成为欧洲重要的航空中转中心。

德国邮政编码由5个数字组成,例如26133,其中前2个数字代表省份,后3个数字代表城市地区。

2. 法国主要城市的英文名称、邮政编码和航空代码(表6-16)

法国主要城市名称、邮编和航空代码　　　　　　　　　　　表6-16

主　要　城　市	英　文　名　称	邮政编码示例	航　空　代　码
巴黎	Paris	75000	CDG
波尔多	Bordeaux	33000	BOD
里昂	Lyon	69000	LYS
马赛	Marseille	13000	MRS

法国(The Republic of France)位于欧洲西部,与比利时、卢森堡、瑞士、德国、意大利、西班牙、安道尔、摩纳哥接壤,西北隔拉芒什海峡与英国相望。法国本土共划为21个大区和科西嘉地方行政区以及5个海外大区,首都巴黎是法国政治、经济、文化和交通中心。法国经济发达,国内生产总值居世界第5。法国拥有在欧洲最好并最现代化的交通设施,巴黎戴高乐国际机场(Aéroport international Charles de Gaulle,航空代码:CDG)是法国最主要的机场,也是欧洲最繁忙机场之一。

法国邮政编码由5个数字组成,例如33380,前2位代表省,后3位分别代表城市、地区和邮政分局。

3. 英国主要城市的英文名称、邮政编码和航空代码(表6-17)

英国主要城市名称、邮编和航空代码　　　　　　　　　　　表6-17

主　要　城　市	英　文　名　称	邮政编码示例	航　空　代　码
伦敦	London	RG6 4UT	LHR
伯明翰	Birmingham	B42 2SU	BHX
利物浦	Liverpool	L69 3BX	LPL
曼彻斯特	Manchester	M13 9PL	MAN

英国(The United Kingdom of Great Britain and Northern Ireland)是由英格兰、苏格兰、威尔士和北爱尔兰组成的联合王国,位于欧洲大陆西北面,本土位于大不列颠群岛,是世界经济强国之一,首都伦敦是世界性金融和贸易中心。伦敦希思罗机场(London Heathrow International Airport,航空代码:LHR)是英国最大的国际机场,也是世界最大、最繁忙的机场之一。

英国邮政编码是由英文字及数字混用组成的编码,其邮政编码可以是表6-18中6种格式之一(格式中:×表示任一阿拉伯数字;A表示任一英文字母)。

英 国 邮 编 举 例　　　　　　　　　　　表6-18

格　　式	邮政编码示例	格　　式	邮政编码示例
A××AA	M2 5BQ	AA×××AA	DN16 9AA
A×××AA	M34 4AB	A×A×AA	W1A 4ZZ
AA××AA	CR0 2YR	AA×A×AA	EC1A 1HQ

除此之外，尚有特例"GIR 0AA"（不合上列 6 种格式）也是合法邮政编码。英国所有的邮区编号都可分成 4 个部分：邮域(Postal Area)，最前的 1 或 2 个英文字；邮区(Postal District)，接下来到空白的 1 或 2 个数字及可能有的 1 个英文字；邮政部门(Postal Sector)，空白后的 1 个数字；递送点(Delivery Point)，最后的 2 个英文字。

4.俄罗斯主要城市的英文名称、邮政编码和航空代码（表 6-19）

俄罗斯主要城市名称、邮编和航空代码　　　　　　　　　　表 6-19

主 要 城 市	英 文 名 称	邮政编码示例	航 空 代 码
莫斯科	Moscow	125190	SVO
新西伯利亚	Novosibirsk	630000	OVB
圣彼得堡	St. Petersburg	190000	LED
叶卡特琳堡	Yekaterinburg	620000	SVX

俄罗斯(Russian Federation)位于欧洲东部和亚洲北部，是世界上领土面积最大的国家，西北面邻挪威、芬兰，西面有爱沙尼亚、拉脱维亚、立陶宛、波兰、白俄罗斯，西南面邻乌克兰，南面邻格鲁吉亚、阿塞拜疆、哈萨克斯坦，东南面与中国、蒙古和朝鲜接壤，东面与日本和美国隔海相望。俄罗斯是世界经济大国，首都莫斯科是全国政治、经济、文化和交通中心。莫斯科谢列梅杰沃国际机场(Moscow Sheremetyevo Airport，航空代码：SVO)是俄罗斯航空的枢纽港。

俄罗斯邮政编码由 6 位数字组成，例如 125075，其中前 3 位代表省或者大城市，后 3 位代表投递邮局。

5.意大利主要城市的英文名称、邮政编码和航空代码（表 6-20）

意大利主要城市名称、邮编和航空代码　　　　　　　　　　表 6-20

主 要 城 市	英 文 名 称	邮政编码示例	航 空 代 码
罗马	Rome	00133	ROM
米兰	Milan	21200	MIL
都灵	Turin	10121	TRN
威尼斯	Venice	30176	VCE

意大利(The Republic of Italy)位于欧洲南部，包括亚平宁半岛及西西里岛、撒丁岛等。意大利习惯上分为北部（8 个大区）、中部（6 个大区）和南部（4 个大区和两个岛屿）地区，首都是罗马。罗马钱皮诺国际机场(Rome Ciampino Airport，航空代码：CIA)是意大利最主要的机场。

意大利邮政编码称为 CAP (Codice di Avviamento Postale)，梵蒂冈和圣马力诺也使用意大利的邮政编码系统。意大利邮政编码为 5 位数字（可带前缀"I—"或者"IT—"），例如 00144（I—00144 或 IT—00144），其中第 1 位数字表示邮区，第 2 位数字表示省份，第 3 位数字表示本地，第 4、5 位数字表示投递区域。

6. 荷兰主要城市的英文名称、邮政编码和航空代码(表6-21)

荷兰主要城市名称、邮编和航空代码　　　　表6-21

主 要 城 市	英 文 名 称	邮政编码示例	航 空 代 码
阿姆斯特丹	Amsterdam	1000 AA	AMS
鹿特丹	Rotterdam	3011 AA	RTM
埃因霍温	Eindhvoen	5611 AA	EIN

荷兰(The Kingdom of the Netherlands)是位于欧洲西北部的一个国家,濒临北海,与德国、比利时接壤,地处莱茵河、马斯河和斯凯尔特河三角洲。首都设在阿姆斯特丹,中央政府在海牙。全国划分为12个省:格罗宁根、弗里斯兰、德伦特、欧弗艾塞尔、格尔德兰、乌特勒支、北荷兰、南荷兰、西兰、北布拉邦、林堡、弗雷佛兰。鹿特丹是欧洲最大的炼油中心。海牙是荷兰政府和议会的所在地、荷兰第3大城市、南荷兰省省会,这里交通便利,是荷兰全国政治、商业和金融中心,也是国际会议的中心。

荷兰邮政编码为4位数字和2位字母组成,中间有1个空格,例如1200 AB,其中前2位数字代表地区,后2位数字及2位字母代表街道、门牌号。

7. 瑞士主要城市的英文名称、邮政编码和航空代码(表6-22)

瑞士主要城市名称、邮编和航空代码　　　　表6-22

主 要 城 市	英 文 名 称	邮政编码示例	航 空 代 码
苏黎世	Zurich	8000	ZRH
日内瓦	Geneve	1200	GVA
巴塞尔	Basel	2532	BSL

瑞士(Swiss Confederation)位于欧洲中南部,东界奥地利、列支敦士登,南邻意大利,西接法国,北连德国。瑞士是世界著名的中立国,历史上一直保持政治与军事上的中立,但瑞士同时也参与国际事务,许多国际性组织的总部都设在瑞士。瑞士主要城市有:苏黎世、日内瓦、巴塞尔、伯尔尼和洛桑。首都伯尔尼是全国政治和外交中心。苏黎世是瑞士第1大城市,它既是全国最大的金融和商业中心,又是瑞士重要的文化城市。日内瓦是欧洲的一个重要商业中心,尤以国际组织所在地和国际会议城市著称于世。

瑞士邮政编码为4位数字,例如2544,从西向东按地理位置排列,顺着铁路和公路划分投递区域。

(三)北美洲主要国家

1. 美国主要城市的英文名称、邮政编码和航空代码(表6-23)

美国主要城市名称、邮编和航空代码　　　　表6-23

主 要 城 市	英 文 名 称	邮政编码示例	航 空 代 码
纽约	New York	10000—××××	JK
辛辛那提	Cincinnati	45201—××××	CVG
孟菲斯	Memphis	37501—××××	MEM
圣弗朗西斯科(旧金山、三藩市)	San Francisco	94102—××××	SFO
迈阿密	Miami	33101—××××	MIA
洛杉矶	Los Angeles	90001—××××	LAX

美国(The United States of America、United States、U.S.、USA 或者 America),由50个州和1个联邦直辖特区(首都:华盛顿特区)组成。其东濒大西洋,西临太平洋,北靠加拿大,南接墨西哥。自1870年以来,美国国民经济就一直高居全球第1位。美国拥有完整而便捷的交通运输网络,航空运输以运货量而言,全世界前30个最繁忙的货运机场就有12个在美国,其中,孟菲斯国际机场(Memphis International Airport,航空代码:MEM,在田纳西州)是联邦快递的总部所在地;辛辛那提国际机场(Cincinnati International Airport,航空代码:CVG,在肯塔基州)也是美洲地区重要的快件中转机场。

美国邮政编码(Zip Code)一般写作"ZIP",最基本的ZIP编号包括5个号码,随后增加了4个号码,使邮件可以更精确地传送到目的地。增加号码后的ZIP编号称为"ZIP+4"。例如22162—1010,其中第1、2、3位数字表示分发大区或者处理、分发中心,第4、5位数字表示邮局或者分发区域,第6、7位数字表示小区,第8、9位数字表示区段。

2. 加拿大主要城市的英文名称、邮政编码和航空代码(表6-24)

加拿大主要城市名称、邮编和航空代码　　　　　　　　　　表6-24

主要城市	英文名称	邮政编码示例	航空代码
渥太华	Ottawa	J8L×××	YOW
多伦多	Toronto	M1B×××	YYZ
卡尔加里	Calgary	T1X×××	YYC
温哥华	Vancouver	V5K×××	YVR
汉密尔顿	Hamilton	L8E×××	YHM
蒙特利尔	Montreal	H2A×××	YMQ

加拿大(Canada)位于北美洲北部,东临大西洋,西濒太平洋,西北部邻美国阿拉斯加州,东北与格陵兰(丹)隔戴维斯海峡遥遥相望,南接美国本土,北靠北冰洋达北极圈。首都渥太华,加拿大第1大城市多伦多是全国的金融中心、经济、文化中心。多伦多国际机场(Toronto Pearson International Airport,航空代码:YYZ)是加拿大最主要的机场,也是北美洲最繁忙的机场之一。

加拿大邮政编码为3+3共6个字符的英文字符及数字混合编号,前3字符和后3字符以空白隔开,其中奇数字符(第1、3、5字符)为A—Z英文字母,偶数字符(第2、4、6字符)为0-9数字。例如V0T 1H0,其中前3位代表转送大区,后3位代表本地投递小区。

(四)南美洲主要国家

1. 巴西主要城市的英文名称、邮政编码和航空代码(表6-25)

巴西主要城市名称、邮编和航空代码　　　　　　　　　　表6-25

主要城市	英文名称	邮政编码示例	航空代码
巴西利亚	Brasilia	70000	BSB
圣保罗	Sao Paulo	04103	GRU
里约热内卢	Rio de Janeiro	22441	RIO

巴西联邦共和国(The Federative Republic of Brazil)位于南美洲东南部,北邻法属圭亚那、苏里南、圭亚那、委内瑞拉和哥伦比亚,西界秘鲁、玻利维亚,南接巴拉圭、阿根廷和乌拉圭,

东濒大西洋。巴西全国共分26个州和1个联邦区。主要国际机场有圣保罗、里约热内卢、巴西利亚、累西腓和马瑙斯。巴西利亚是巴西首都,全国政治中心;圣保罗是全国最大的工商业中心;里约热内卢是全国最大的海港,全国工商业和金融中心。

巴西国内邮政编码为5位数字,例如40301。

2.阿根廷主要城市的英文名称、邮政编码和航空代码(表6-26)

阿根廷主要城市名称、邮编和航空代码　　　　表6-26

主要城市	英文名称	邮政编码示例	航空代码
布宜诺斯艾利斯	Buenos aires	1700	BUE
科尔多瓦	Cordoba	5000	COR
门多萨	Mendoza	5500	MDZ
圣胡安	San juan	5400	UAQ

阿根廷共和国(The Republic of Argenti)位于南美洲东南部,东濒大西洋,南与南极洲隔海相望,西邻智利,北与玻利维亚、巴拉圭交界,东北与乌拉圭、巴西接壤。全国划分为24个行政单位。由22个省、1个地区(火地岛行政区)和联邦首都(布宜诺斯艾利斯)组成。

阿根廷邮政编码为4位数字,例如1636。

(五)非洲主要国家

1.埃及主要城市的英文名称、邮政编码和航空代码(表6-27)

埃及主要城市名称、邮编和航空代码　　　　表6-27

主要城市	英文名称	邮政编码示例	航空代码
开罗	Cairo	无	CAI
亚历山大	Alexandria	无	ALX

阿拉伯埃及共和国(The Arab Republic of Egypt)简称埃及,地跨亚、非两大洲,西连利比亚,南接苏丹,东临红海并与巴勒斯坦、以色列接壤,北临地中海,东南与约旦、沙特阿拉伯相望。全国划分为26个省,首都开罗是全国政治、经济中心。开罗国际机场(Cairo International Airport,航空代码:CAI)是联结亚、非、欧的重要国际航空港。埃及暂不使用邮政编码。

2.南非主要城市的英文名称、邮政编码和航空代码(表6-28)

南非主要城市名称、邮编和航空代码　　　　表6-28

主要城市	英文名称	邮政编码示例	航空代码
开普敦	Cape Town	7100	CPT
约翰内斯堡	Johannesburg	1400	JNB
德班	Durban	4000	DUR

南非共和国(The Republic of South Africa)位于非洲大陆最南部,北邻纳米比亚、博茨瓦纳、津巴布韦、莫桑比克和斯威士兰,东、南、西三面为印度洋和大西洋所环抱。全国分为9个省,行政首都比勒陀利亚(现已更名为茨瓦内)是中央政府所在地,立法首都开普敦是国会所在地,是全国第2大城市和重要港口,司法首都布隆方丹为全国司法机构的所在地。现有11个是国际机场,70多个国际航班与非洲、欧洲、亚洲及中东、南美一些国家直接通航。

南非邮政编码为4位数字,例如0083,其中第1、2位数字表示邮区,第3、4位数字表示邮局。

(六)大洋洲主要国家

1. 澳大利亚主要城市的英文名称、邮政编码和航空代码(表6-29)

澳大利亚主要城市名称、邮编和航空代码 表6-29

主要城市	英文名称	邮政编码示例	航空代码
悉尼	Sydney	2055	SYD
墨尔本	Melbourne	3002	MEL
布里斯班	Brisbane	4000	BNE

澳大利亚(Australia)位于南太平洋和印度洋之间,由澳大利亚大陆和塔斯马尼亚岛等岛屿和海外领土组成。澳大利亚全国分为6个州和两个地区,首都是堪培拉。悉尼金斯福德·史密斯国际机场(Sydney Kingsford Smith International Airport,航空代码:SYD)和墨尔本国际机场(Melbourne Airport,航空代码:MEL)都是澳大利亚的空中交通枢纽。

澳大利亚邮政编码由4位数字组成,例如2060,其中第1位数字代表州,后3位以州首府城市中央邮政局000向外递增数字,离首府城市中央邮政局越远,数字越大。

2. 新西兰主要城市的英文名称、邮政编码和航空代码(表6-30)

新西兰主要城市名称、邮编和航空代码 表6-30

主要城市	英文名称	邮政编码示例	航空代码
惠灵顿	Wellington	5028	WLG
奥克兰	Auckland	0600	AKL
基督城	Christchurch		CHC

新西兰(New Zealand)是位于太平洋西南部的一个岛国。全国共分为12个区,首都是惠灵顿,最大的城市是奥克兰。新西兰的国际机场位于奥克兰、惠灵顿和基督城。

新西兰邮政编码为4位数字,例如6011,其中第1、2位数字表示投递区域,第3位数字表示投递方式,第4位数字表示转送区。

四、国际出口快件的处理

(一)国际出口快件分拣前的复核

为提高国际出口快件报关数据的准确性,保障国际出口快件顺利清关,快件分拣前,快件处理人员应对出口快件的报关单(相关报关资料)、快件运单、快件包装以及使用的包装标识等逐项严格进行复核把关。发现不符海关通关规定的,应立即联系寄件人更正补办,快件留仓暂存;不能更正补办的,应退回快件收寄网点,所有退回件一律在快件上粘贴改退标识,注明退往何处和退回原因。

对国际出口快件分拣前,应重点复核快件运单袋内的快件运单、形式发票及相关的报关单据,同时对每票快件进行复重。复核内容包括:

1.快件的品名是否详细

英文品名格式为 sample of＋名词或名词＋sample,如塑料盒样品的英文品名书写为 sample of plastical box 或 plastical box sample。

2.与海关或者相关规定是否相符

对于不符合海关或者相关规定的异常快件,查清具体情况后,结合海关规定以及实际情况给予相应处理。

3.申报价值是否违规

申报的品名与价值是否与实际情况相符,是否有高值低报情况。

4.快件外包装有无破损、油污、水湿等异常情况

(1)对于文件类快件,如果快件封皮破裂或有拆动痕迹的,应在封面上批注发现情况或予以代封,如严重破损不宜发出,则予以撤回。

(2)对于物品类快件,如果快件包装不合规定或者已经破裂,足以使内件受损、漏出或污染其他快件,应当设法加以整理重新包装后再转发,并利用快件差异报告通知上一级处理中心;破损严重不宜转发的快件,予以留仓暂存,利用快件差异报告通知上一级处理中心,同时通知客服联系寄件人协调处理。

5.快件内物品是否是禁寄品

利用安检机的帮助,结合快递物品名称,判断快件内物品是否是海关禁寄品。

6.快件的复重

国际快件分拣前,快件处理人员需要对所有快件逐一复重。对于重量严重不符情况,应利用快件差异报告通知上一级处理中心,同时快件留仓暂存,通知客服联系寄件人协调处理。

(二)国际出口快件分拣组织原则

口岸中心的分拣取决于直封总包的建立和发运路由的制定。分拣是否准确,对快件出口起着关键作用,分拣时一定要看清国名、地名,有时往往因一字之差,谬以千里。如澳大利亚(Australia 缩写 AU)与奥地利(Austria 缩写 AT)的书写只差个别字母,但一个在大洋洲,另一个在欧洲,相隔万里,分拣出错将导致快件遭受极大延误。

国际出口快件分拣组织原则:

(1)凡同寄达国某个口岸中心有直封总包关系的,都应当直封。如果同寄达国多个口岸中心同时有直封关系的,应当按照寄达国划分的中转范围,将快件发往指定的口岸中心。

(2)本口岸中心分拣发现寄往同本中心没有直封总包关系的口岸中心的快件时,应根据发运路由的规定,转发本国其他同寄达国有直封总包关系的口岸中心。

(3)若与寄达国没有直封总包关系的,可采取散寄中转方式,散寄给指定的外国快递企业转发。

五、国际进口快件的处理

国际进口快件经中国海关清关放行后,转入国内中转处理场地进行中转。对国际进口快件总包进行接收时,应认真核对总包数量,重点检查袋身和封装是否完好,有无破损、油污、水湿等异常情况,对异常总包进行复重,核查其实际重量是否与交接单上所注明的重量相符,并就异

常情况向上一环节缮发快件差异报告;同时重点核对快件的相关单证,尤其是快件清关时由快递企业预先垫付关税的税票。总包开拆后,应将各快件的相关单证及税票装入相应快件袋的单证口内,或装入不干胶运单袋内粘贴在快件的合适位置。对优先快件应及时派送,确保时限。

(一)国际进口快件英文名址的批译

正确翻译国际进口快件的名址是准确分拣快件的前提和保证。国际进口快件上收件人地址的书写顺序是:门牌号码、街道名称、寄达城市、我国国名,与汉语的书写顺序正好相反。为便于处理人员分拣,应按照汉语书写顺序,即我国国名、寄达城市、街道名称、门牌号码译成中文。

1. 寄达城市名的批译

一般用汉语拼音书写我国城市名,例如北京汉语拼音写为"Beijing",也有用英文书写的,北京英文写为"Peking",批译时要注意识别,以免错译。类似的城市名还有:南京汉语拼音写为"Nanjing",英文写为"Nanking";天津汉语拼音写为"Tianjin",英文写为"Tientisn";青岛汉语拼音写为"Qingdao",英文写为"Tsingtao"等。

2. 街道名称的批译

常见的街道名称的书写形式有3种:英文书写、汉语拼音书写、英文和汉语拼音混合书写,批译时一定要注意。

(1)英文书写,例如 Address:No. 8 West Changan Avenue Peking.

译为:北京市西长安街8号。

(2)汉语拼音书写,例如:105 Niujie Beijing.

译为:北京市牛街105号。

(3)英文、汉语拼音混合书写,例如:No. 70 Dong Feng Dong Rd. Guangzhou.

译为:广州东风东路70号。

3. 常见中英文名址对照

×××室/房	Room×××
×××号	No.×××
×××宿舍	××× Dormitory
×××楼/层	×××/F
×××巷/弄	Lane×××
×××单元	Unit×××
×××号楼/栋	××× Building
×××公司/有限公司	××× Corp./Co.,Ltd
×××厂	××× Factory
×××宾馆/酒店	××× Hotel
×××路	××× Road
×××街	××× Street
×××大厦/写字楼	××× Tower/Mansion/Plaza
×××胡同	××× Alley(北京地名中的条即是胡同的意思)

×××村	××× Village
×××镇	××× Town
×××区	××× District
×××县	××× County
×××市	××× City
×××省	××× Province

4.应用举例

(1)Room 201,No. 35,Shifan Residential Quarter,Baoshan District.

译为:宝山区示范新村35号201室。

(2)Room 307,No. 23,Lane 111,Xikang Road(South),Hongkou District.

译为:虹口区西康南路111弄23号307室。

(3)Room 36,Zhongzhou Road,Nanyang City,Henan Province.

译为:河南省南阳市中州路36号。

(4)Room 1103,Hongyuan Hotel,Jingzhou,Hubei Province.

译为:湖北省荆州市红苑大酒店1103室。

(5)Room 305,7th Building,Hengda Garden,East District,Zhongshan,Guangdong Province.

译为:广东中山市东区亨达花园7栋305室。

(二)国际进口快件中大专院校的批译

我国一般大专院校的英文名称主要由3部分组成:地域名＋专业特色＋学校性质。如北京(地域名)理工(专业特色)大学(学校性质)

1.地域名可直接按拼音直译

如:Beijing University 直译为:北京大学,Wuhan University 直译为:武汉大学。

2.专业特色

工商管理专业、生物化学专业、电子商务专业、物流管理专业等。

3.学校性质

大学、学院、职业学校等。

(1)大学:University,指综合性大学。

(2)学院:College,表示规模比 University 小的大学或 University 的分院,如:Changzhi Medical College 长治医学院。

(3)专科性学院:Institute 多指专科性学院,如:Huaiyin Institute of Technology 淮阴工学院,Hebei Institute of Physical Education 河北体育学院。

(4)军事、艺术院校:Academy 多指军事、艺术院校,如:Chinese Academy of Science 中国科学院,Cisco Networking Academy 思科网络技术学院。

(5)学校:School,指大学以下的各级学校,如:Beijing No. 4 High School 北京四中。

(三)国际进口快件英文名址批译的审核

对国际进口快件名址批译进行审核是为了保障后续派送工作的顺利进行,保证国际进口快件的时效性和准确性。

1. 审核的意义

审核主要是看对国际进口快件名址翻译的是否合理,是否正确。审核作为一种管理手段,有着重要的意义:

(1)确定现行的批译工作是否符合要求。

(2)对批译中发现的问题及时给予反馈,提高批译的工作质量。

2. 审核的要求

(1)审核必须具有客观性和系统性。

(2)审核必须按照规定的程序和要求进行。

(3)审核的结果应作为管理评价的重要依据。

(4)审核时发现的问题应及时纠正,在备注栏进行批注。

3. 审核操作

由专业人员对快件的英文名址进行检查,检查的重点内容是名址错译、漏译情况。认真仔细核对收件人邮政编码或电话区号,确认收件人地址翻译是否准确。例如河北的"晋州"与辽宁的"锦州"音译均为"Jinzhou",邮政编码、电话区分别为"052200"、"0311"与"121000"、"0416"。如果翻译中文名址与邮政编码或电话区号不能相对应,则说明错译。

4. 审核处理

审核结束后,对翻译的正确率做出判定,同时对审核结果出具审核报告,及时反馈英文名址翻译工作中发现的问题,要求相关人员予以纠正。

六、港澳台快件的处理

港澳台快件是指中华人民共和国境内用户与香港、澳门、台湾地区用户相互寄递的快件。快递企业一般在业务处理中将港澳台快件业务参照国际快件业务对待。需要注意的是:港澳台快件的寄件人和收件人虽属同一个国家,但又分属不同的行政管理特别区域;虽港澳台快件的流通范围没有跨国流动,但因为海峡两岸暨香港地区行政管理的相对独立性,导致港澳台快件依旧需要办理进出口报关业务;同时,对所寄物品的规定和限制,不但要遵守祖国大陆有关的规定,而且还受港澳台地区相关地方法律、法规的影响。

对于寄往港澳台地区的快件,当前国内快递企业大多都是按照国际出口快件处理,国内收寄、转运、分拣按照国内件正常操作,到达口岸中心后,按国际出口快件正常清关,然后委托当地快递企业或由自己的网络进行派送。与国际快件不同的是寄往港澳台地区的快件,寄件人、收件人名址可以只用中文书写,也可以用英文书写,而国际快件寄件人、收件人名址一般是用英文书写。需要注意英文书写台湾地名时不是按照汉语拼音,而是其英文名称,比如:基隆市写成 Keelung。

香港特别行政区英文名称 Hongkong,简称 HK,国际电话区号 00852,位于珠江三角洲南部、珠江口东侧、东、南濒南海,北隔深圳河,由香港岛、九龙半岛、新界及 260 多个离岛组成,香港岛及九龙半岛是香港特别行政区政治、经济、文化、交通中心区域。香港国际机场也称赤鱲(liè)角国际机场,航空代码 HKG,货运量全球排名第一,是亚洲的客货运枢纽中心。

澳门特别行政区英文名称 Macao,简称 MO,国际电话区号 00853,位于我国东南沿海珠江口的西岸,它北以关闸为界与珠海经济特区的拱北相连,东隔伶仃洋与香港相望,南面则濒临浩瀚的南海,包括澳门半岛、仔岛和路环岛,是我国著名的自由贸易港。澳门国际机场航空代码 MFM,是珠江三角洲与世界各地之间的重要桥梁。

台湾英文名称 Taiwan,简称 TW,国际电话区号 00886,位于我国东南海边,东临太平洋,西隔台湾海峡与福建相望,南靠巴士海峡与菲律宾群岛接壤,北向东海,台湾在行政区划上下辖 5 个市:基隆市(Keelung)、台中市(Taichung)、新竹市(Hsinchu)、台南市(Tainan)、嘉义市(Chiayi);2 个"行政院辖市":台北市(Taipei)、高雄市(Kaohsiung)和 16 个县、2 个"福建省政府辖县"。台湾现有 4 个国际机场:桃园国际机场、高雄国际机场、台中清泉岗国际机场和花莲国际机场。桃园国际机场航空代码 TPE,是台湾最大和最繁忙的国际机场,也是亚洲最现代化的国际机场之一。

任务五　国际及中国港澳台快件的派送

>>>任务提出>>>

收派员小李是一名某国际快递公司新招聘的收派员,经过业务培训后,开始上岗派件。为了完成国际快件特别是代缴关税快件的派送,小李需要掌握哪些技能?

>>>任务分析>>>

为了完成国际及中国港澳台快件的派送,小李应熟悉国际及中国港澳台快件的派送流程;能对英文名址进行批译;能派送代缴关税快件;能处理异常国际快件。

一、国际及中国港澳台快件派送流程(图 6-23)

1.收款信息准备

从信息系统下载本人派送段内当班派送快件的相关信息,具体包括关税、检验检疫费、仓储费、到付款等收款信息,记录收款快件的收件人联系方式及需要收取的款项,以便派前通知客户提前做好准备。

2.发票准备

由于进口国际快件货物Ⅰ类和货物Ⅱ类进口清关时,快递企业集中进行清关申报,海关征收关税开具的是总税单(KJ3 税单)。造成代缴关税快件派送时,无法向收件客户提供单独的税单,需要收派员向客户提供收款发票。因此,派送快件前,还需要准备好收款发票。

3.设备准备

检查手持终端、刷卡机、电子秤等设备是否处于正常状态。手持终端检查的要点包括电量是否充足;显示屏是否正常显示扫描信息;按键是否灵敏;条码识别功能是否正常。刷卡机检查的要点包括电量是否充足;打印纸是否充足等。电子秤检查的要点包括电量是否充足;电子秤指针能否归零等。

4.快件交接检查

在企业规定的时间领取所属派送范围的快件,要逐件核实快件的数量、重量,检查快件外包装,将异常快件交回处理人员。交接检查的主要内容如下:

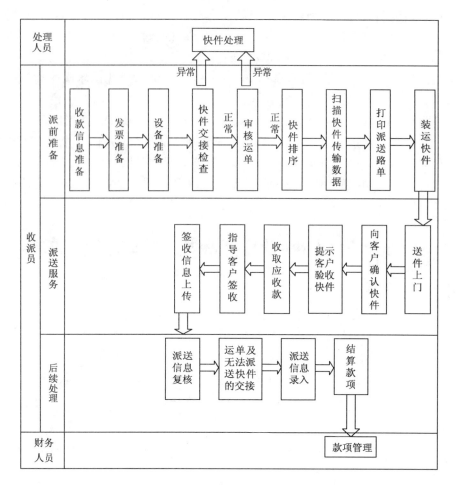

图6-23 国际及中国港澳台快件派送流程

(1) 核实快件总数量,分类核实优先、到付、代缴关税、保价等快件数量。
(2) 代缴关税件、到付件单独交接存放,以免派送时漏收款项。
(3) 检查快件外包装及封口胶纸是否完好。
(4) 检查快件快递运单是否完整清晰。
(5) 对异常及特殊要求的快件进行复重,核对快件实际重量与快递运单所标重量是否相符。

5. 审核运单,核对批译内容

在派送前,大多数快递企业已对国际快件收件人的信息进行批译。由于英文名址的书写不同于中文名址的书写,批译时出现错译、漏译的情况在所难免。为了保证派件正确准时,收派员派件前,必须核对收件人名址,发现错译、漏译的情况及时更正,避免错派快件。

6. 快件排序

快件排序是指将快件按照派送顺序进行排序整理。

7. 扫描快件、传输数据

具体操作步骤如下:

(1)按要求正确输入派送段代码、员工代码及姓名、派送日期和时间等内容。
(2)按顺序进行快件派送扫描。
(3)核对手持终端显示的扫描数据与实际快件数量是否相符。
(4)将快件派送扫描信息上传至企业信息查询系统。

8.打印派送路单

通过手工抄写、计算机系统打印等方式,按派送顺序将快件的相关信息制作成派送路单,作为收派员与处理人员进行派送交接时,核对快件数量、信息比对的依据(图6-24)。

DELIVERY RECORD
派 送 路 单

Employee Signature:　　　　　　　　　　Employee Number:
业 务 员 签 名:　　　　　　　　　　　　　业 务 员 工 号:
　　　　　　　　　　　　　　　　　　　　年　　月　　日

序号	Print Name 收件人	Sender's Account Number 收件人帐号	Package Tracking Number 快件详情单号	Recipient Address 收件人地址	Receivables 应收款		Status 备注
					Freight 运费	Tax 关税	
1							
2							
3							
4							
5							
6							
7							
8							
9							
10							
合计							

处理人员签名:　　　　　　　　　　　　　　第　页　　　共　页

图6-24　某快递企业派送路单示意图

9.装运快件

装运快件是指根据派送顺序将快件装载在运输工具上。

10.送件上门

将快件按照派送顺序妥善捆扎、装载在运输工具上,安全送达到收件客户所处的地点,确认收件人地址,妥善放置交通工具及其他快件。

11. 向客户确认快件

派件前,核实收件人的名址、身份,一票多件快件还需确认件数。如果收件人不在,电话联系收件人,经收件人同意由指定人员代收。

12. 提示客户验收快件

将快件交付客户时,提醒客户在签收前确认快件并查验快件外包装,如果是一票多件快件,还需要提醒客户点验快件总数。

13. 收取应收款

向客户收取快件进口清关时,代客户垫付的关税、检验检疫费、仓储费、贴签费、代垫手续费等税费及到付资费,将税单交付客户或向客户开具收款发票。

14. 指导客户签收

请客户在运单上进行手工签收或在手持终端上进行电子签收。

15. 签收信息上传

客户签收完毕,将快件签收信息上传到企业信息查询系统。

(1)签收扫描操作必须在客户处当场完成,以保证数据的真实与准确,同时确保手持终端信息与运单上签收信息完全一致。如果客户以盖章形式签收快件,在手持终端注明 Stamp(图章),并注明经手人姓名,以备后续核查。

(2)代缴关税快件在收取关税并开具发票后,需将发票号码输入信息系统,以便日后查询。

(3)因客户外出、离职等原因无法派送的快件,应及时进行异常扫描,并输入未能正常派送的原因。

16. 派送信息复核

对已送达的快件及无法派送的快件进行复核。核对已签收的快件,是否足额收取应收款项;核对快件数量是否平衡;核对无法派送的快件是否进行正确批注。

17. 运单及无法派送快件的交接

整理已签收快件运单"派件存根"联及无法派送的快件,移交给指定人员,办理交接手续。

18. 派送信息录入

将已签收快件的信息准确、及时的录入到企业信息系统。

19. 结算款项

将当班收取的款项交给指定的财务人员。

二、英文名址的批译

(一)英文名址的批译

1. 英文地址的书写顺序

英文地址的书写顺序是:门牌号码、街道名称、寄达城市、我国国名,同汉语的书写顺序正相反。

Room42,Zhongzhou Road,Nanyang City,Henan Prov. China. 翻译成中文即为:中国河南省南阳市中州路42号。

2. 人名的批译

收件人姓名批译时一般为音译,如 Suguohua,翻译成中文名即为"苏国华";有时中文人名的批译方法是先名后姓。如 Honghua.Li,翻译成中文即为:李红华。

3.街道名称的批译

常见街道名称的英语书写方式有 3 种:英文书写、汉语拼音书写、英文和汉语拼音混合书写。

英文书写方式:6 East Chang'an Avenue Peking,译为:北京市东长安街 6 号。

拼音书写方式:105 Niujie Beijing,译为:北京市牛街 105 号。

英文、汉语拼音混合书写方式:NO. 70 Dongfeng Rd. Guangzhou,译为:广州东风路 70 号。

4.行政级别的批译

国家:中华人民共和国(The People's Republic of China;P. R. China;P. R. C;China)。

省级:省(Province)、自治区(Autonomous Region)、直辖市(Municipality directly under the Central Government,简称 Municipality)、特别行政区(Special Administration Region,简称 SAR)。

地级:地区(Prefecture)、自治州(Autonomous Prefecture)、市(Municipality)、盟(Prefecture)。

县级:县(County)、自治县(Autonomous County)、县级市(City)、市辖区(District)、旗(County)。

乡级:乡(Township)、民族乡(Ethnic Township)、镇(Town)、街道办事处(Sub-district)。

村级:村(Village)。

(二)常见地址、部门的中英文对照

1.常见地址的中英文对照

大厦/写字楼	Tower/Building
胡同	Alley
路	Road
街	Street
巷/弄	Lane
×××号楼/栋	Building No. ×××
单元	Unit
室/房	Room
公司/有限公司	Corp. /Co. ,Ltd
厂	Factory
宾馆/酒店	Hotel

2.公司(企业)各部门的中英文对照

总公司	Head Office
分公司	Branch Office
营业部	Sales Department
总务部	General Affairs Department

财务部	Finance Department
业务开发部	Business Development Department
企划部	Coperate Planning Department
法律部	Legal Department
人力资源部	Human Resource Department
审核部	Auditing Department
公共关系部	Public Relation Department
国内业务部	Domestic Service Department
国际业务部	Overseas Service Department
销售管理部	Sales Administration Department
采购管理部	Purchasing Administration Department
产品设计部	Product Design Department
生产部	Production Department
材料部	Material Department
设备部	Equipment Department
客户服务部	Customer Service Department

三、代缴关税快件的派送

为了方便客户和保证派送时限，进口国际快件报关时，需要交纳的关税、检疫费等税费及相关手续费，一般都由快递企业或收派员为客户垫付缴纳。因此，收派员派件时，需要向客户收取垫付的关税、检疫费等税费，同时，收取相应的代垫手续费，代垫手续费的费率一般为2%~5%。

（一）关税的收取方式

1. 关税记账

快递企业与客户签有关税定期结算协议，进口国际快件产生关税时，先予以派送，垫付的关税定期与客户结算。

2. 关税现结

快递企业与客户没有签订关税记账协议，快件派送时，客户在派送现场将快递企业垫付的关税支付给收派员的一种代缴关税的结算方式。

3. 关税记账转第三方

收件人本人不支付关税，经收件人与第三方（付款方）共同确认后，由第三方支付快件关税的结算方式。

（二）代缴关税快件的派送

（1）派送交接检查快件时，对有征税标志的快件，需检查是否附有相对应的税单及发票。在核对税款金额时，如果派送路单或"应收款账单"的金额与税单不一致，应以税单为准。因为"应收款账单"或派送路单上的金额是根据税单进行手工录入的，难免会出现录入错误的情况。

(2)关税现结客户,应提前通知客户征收关税事宜,以便客户提前准备税款,同时也节省派件时间。如果征收税款时客户有异议,通知客服部门进行解决。关税现结客户,足额收取关税后,开具收款发票,将快件交付客户签收。

(3)关税记账客户,派送时与客户说明情况,客户确认无误后,将快件交付客户签收,并将快递企业分配给客户的账号认真清楚地填写在运单备注栏内。关税记账转第三方付款的快件,收派员需在确定第三方已付款或第三方已做出付款承诺的情况下,才可以将快件交付收件客户。不能先将快件交付客户,再收取关税。

(4)收取关税时,如果有正本税单,在收费时不需要另外开具发票,将税单交与客户时,由客户在"应收款账单"上签字,表明客户收到正本税单。如果没有正本税单,向客户开具收款发票。

(5)如果客户因故未支付税款,收派员在运单或派送路单上批注拒绝支付的原因及拒绝支付税款的金额,请客户签名确认,将快件带回,按问题件处理并报客服部门备案。

四、异常国际件的处理

1. 快件无人签收

收件人地址为私人住址,无人签收且与收件人无法取得联系时,必须留下派送通知单(有的企业称作留言卡、致歉单)(图6-25、图6-26),告知客户派送情况及下次派送的日期与时间;派送通知单上必须完整填写运单号码和营业场所的地址、电话等信息,以便于收件人联系;并且及时将"客户不在家"的异常派送信息上传到企业查询信息系统。

```
亲爱的顾客:
  兹有您处快递文件/包裹现已到达,在派送时家中无人,请您见此通知后速与我公司联系。
  Dear Customer:
    An air express document/parcel has arrived in BEIJING by XXX—Express LTD.
  Due to your absence we are unable to deliver the shipment at the time indicated.
    Please contact our office immediately to arrange delivery of your shipment.
  快件运单号(Hawb NO.)××××××
  联系电话(Tel):××××××
  公司地址:××××××
  (Address):××××××
  日期(Date):_____日(Day)_____月(Month)_____年(Year)
  时间(Time):_____
  快递业务员签字(Courier):_____
```

图6-25 派送通知单示意图(1)

如果在第二次派送时收件人仍然不在,将再次留下派送通知单,告知派送情况,将异常派送信息上传到企业查询信息系统。将快件带回营业场所转交处理人员,并由其签字。

客服部门通过始发地收寄网点联系寄件人,要求寄件人提供新的收件人姓名、地址,客服部门提供新的收件人姓名和地址后,按正常流程派送,并加收改寄派送的服务费用。

2. 客户拒绝签收

有时收件人会因外包装破损、延误等原因拒绝签收快件,收派员需将收件人拒绝签收的原因批注在派送路单或快件运单等有效单据上,并请收件人签字确认。同时,将异常派送信息上

Info Notice ˢᵐ		
日期 DATE	时间 TIME	致 TO
本公司派员到达贵处，适逢贵处人员外出 本公司尝试 We attempted to:		
送件 Deliver	取件 Pick up	快件寄出国家 Pkg(s) from
第一次 送/取件 1st attempt	第二次 送/取件 2nd attempt	最后一次 送/取件 Final Attempt
预计下次到达的日期为： Next attempt will be made on:		
星期一 M	星期二 T	星期三 W	星期四 Th	星期五 F	星期六 S
预计下次到达的时间为： Approximate time of next attempt:	上午 AM	下午 PM
请准备货件费用合计人民币： Please prepare payment for total amount ¥		
其他事项 Comments		
查询货件情况，请浏览： Info Notice 号码 Info Notice Number	9600 0678 552 7	

图 6-26 派送通知单示意图(2)

传到企业信息查询系统。

对于代缴关税快件来说，如果客户由于一些特殊情况，拒绝签收不支付税款，除需将异常派送原因进行批注并上传到企业信息系统外，在上传异常签收信息时，还需注明未能支付税款的具体金额。

对于进口到付快件来说，如果客户由于一些特殊情况，拒绝签收不能支付到付运费，除需将异常派送信息上传到企业信息系统外，在上传异常签收信息时，还需注明未能支付运费的具体金额。

3. 外包装破损

派送交接时，发现快件外包装破损，首先通过快件运单确定快件品名，如果内件规格较小且无包装，外包装破损的洞口能引起内件遗漏，需要核对快件实际重量与运单所标重量或信息系统内快件重量是否相符。如果快件实际重量与运单或信息系统内的重量相比明显减少，对快件进行破损扫描并报告主管人员，交由指定人员处理；如果内件规格较大或内包装完好，外包装破损的洞口不能引起内件遗漏，不需要重新称重及拆验，加固包装进行派送，将"破损"派送信息输入手持终端并上传到企业信息查询系统。

4. 一票多件快件数量不齐

派送交接时，发现一票多件快件少件，首先进行现场查找，如现场找到，按正常流程进行派送；如现场查找不到，则与上一环节进行联系，确定快件遗漏装运或部分装运。一票多件的代缴关税快件和到付快件没有全部到达，禁止派送，通知客户其他快件未到达的原因，向客户致歉取得谅解，待快件齐全后安排优先派送；代缴关税和到付快件以外的一票多件快件如果没有全部到达，可以与收件人联系，询问客户是否接受部分派送，如果客户接受部分派送，将"部分派送"的信息上传到企业查询信息系统(如共 4 件,送达 3 件),待全票快件派送完毕,再次将"部分派送"的信息上传到企业查询信息系统(如共 4 件,送达 1 件),表示该票快件部分派送成功。

任务六　跨境电商快件的收派

>>> 任务提出 >>>

2014 年我国跨境电商交易规模为 4.2 万亿元,增长率为 33.3%,占进出口贸易总额的 11.9%。跨境电商迅猛发展,各快递企业也非常重视跨境电商快件的业务。为了能够正确收派跨境电商快件,收派员需要掌握哪些知识和技能呢?

>>> 任务分析 >>>

为了能够正确完成跨境电商快件的收派,收派员应熟悉跨境电商快件的收派流程;能在跨境电商仓库现场揽收快件;能为客户进行包装;能正确填写运单;能进行报关单据的整理;能正确派送跨境电商快件。

一、跨境电商概述

1. 跨境电商的定义

跨境电商的定义可以分为狭义和广义的两种。

从狭义上看,跨境电商实际上基本等同于跨境零售,是指分属于不同关境的交易主体,借助计算机网络达成交易、进行支付结算,并采用快件、小包等行邮的方式通过跨境物流将商品送达消费者手中的交易过程。跨境电商在国际上流行的说法是 Cross-border E-commerce,其实指的都是跨境零售,通常跨境电商等同于在网上进行小包的买卖,基本上针对消费者。从严格意义上说,随着跨境电商的发展,跨境零售消费者中也会含有一部分碎片化小额买卖的 B 类商家用户,但现实中这类小 B 商家和 C 类消费者很难区分,也很难界定小 B 商家和 C 类个人消费者之间的严格界限,所以,从总体来讲,这部分针对小 B 的销售也归属于跨境零售部分。

从广义上看,跨境电商基本等同于外贸电商,是指分属不同关境的交易主体,通过电子商务的手段将传统进出口贸易中的展示、洽谈和成交环节电子化,并通过跨境物流送达商品、完成交易的一种国际商业活动。从更广意义上看,跨境电商指电子商务在进出口贸易中的应用,是传统国际贸易流程的电子化、数字化和网络化。它涉及许多方面的活动,包括货物的电子贸易、在线数据传递、电子资金划拨、电子货运单证等内容。从这个意义上看,在国际贸易环节中只要涉及到电子商务应用都可以纳入这个统计范畴内。

跨境电子商务是指不同国境地域的交易主体之间,以电子商务的方式达成交易(在线订购、支付结算),并通过跨境物流递送商品、清关、最终送达,完成交易的一种国际商业活动。

2. 跨境电商和传统电商的区别

传统的电商,其交易买卖双方一般属于一个国家,即国内的商家卖家在线销售给国内的买家;而跨境电商是不同国别或关境地区间的买卖双方进行的交易,从业务模式上简单来看,增加了国际物流、出入境清关、国际结算等业务。

3.跨境电商的分类

(1)按进出口业务划分

跨境业务包括进口业务和出口业务,同样,跨境电商也包括进口跨境电商和出口跨境电商。

①进口跨境电商是海外卖家将商品直销给国内的买家,一般是国内消费者访问境外商家的购物网站选择商品,然后下单,由境外卖家发国际快递给国内消费者(图6-27)。

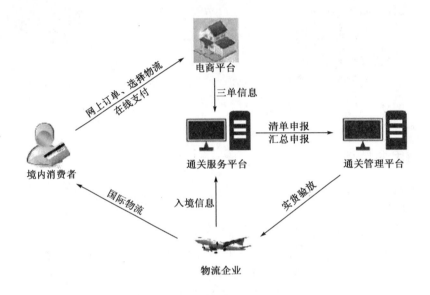

图6-27 跨境电商进口流程图

②出口跨境电商是国内卖家将商品直销给境外的买家,一般是国外买家访问国内商家的网店,然后下单购买,并完成支付,由国内的商家发国际物流至国外买家。

(2)按买卖双方的主体划分

从买卖双方主体的属性上来说,跨境电商也可以分为:B2B、B2C等。

B2B跨境电商平台主要有:阿里巴巴速卖通、中国制造网、敦煌网等;

B2C跨境电商平台主要有:DX、兰亭集势、大龙网、天猫国际、京东全球购、亚马逊海外购、跨境通等。

4.跨境电商的流程

从跨境电商出口的流程看(图6-28),生产商或制造商将生产的商品在跨境电商企业的平台上上线展示,在商品被选购下单并完成支付后,跨境电商企业将商品交付给物流企业进行派送,经过两次(出口国和进口国)海关通关商检后,最终送达消费者或企业,也有的跨境电商企业直接与第三方服务平台合作,让第三方综合服务平台代办物流、通关商检等一系列环节,从而完成整个跨境电商交易的过程。跨境电商进口的流程除了与出口流程的方向相反外,其他内容基本相同(图6-29)。

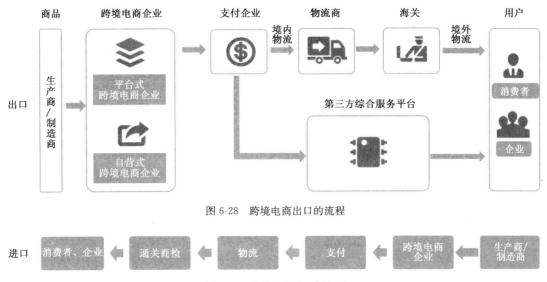

图 6-28 跨境电商出口的流程

图 6-29 跨境电商进口的流程

二、跨境电商出口快件的收寄

数据显示,2014 年我国跨境电商交易规模为 4.2 万亿元,增长率为 33.3%,占进出口贸易总额的 15.9%;其中跨境电商中出口占比达到 85.4%,进口占比在 14.6%;跨境电商 B2B 交易占比达到 93.5%,占据绝对优势。

其中跨境电商 B2B 的进出口,由我国进出口企业与外国批发商和零售商通过互联网线上进行产品展示和交易,线下按一般贸易完成的货物进出口,本质上仍属于传统贸易,该部分货物的进出境大都是通过第三方物流公司或货代公司来完成。而以快件或邮件方式进出口的商品主要是跨境电商 B2C 交易平台产生的,因此我们这里讲的跨境电商的进出口快件就是指跨境电商 B2C 交易产生的商品。

由于跨境电商 B2C 出口件每天的发件量比较大而且集中,目前跨境电商 B2C 一般都与快递企业进行深入合作,快递企业派专员到跨境电商的仓库,实行仓库现场派驻,提供揽收打包服务,适时引入快件收寄终端,与客户的生产链、库存直接对接,实现收寄前移,现场揽收并为客户进行包装、填写运单、报关单据的整理等。

三、跨境电子商务快件的报关

(一)监管要求

(1)电子商务企业或个人通过经海关认可并且与海关联网的电子商务交易平台实现跨境交易进出境货物、物品的,按照本公告接受海关监管。

(2)电子商务企业应提交《中华人民共和国海关跨境贸易电子商务进出境货物申报清单》(以下简称《货物清单》),采取"清单核放、汇总申报"方式办理电子商务进出境货物报关手续;个人应提交《中华人民共和国海关跨境贸易电子商务进出境物品申报清单》(以下简称《物品清单》),采取"清单核放"方式办理电子商务进出境物品报关手续。《货物清单》《物品清单》与《进出口货物报关单》等具有同等法律效力。

(3)存放电子商务进出境货物、物品的海关监管场所的经营人,应向海关办理开展电子商务业务的备案手续,并接受海关监管。未办理备案手续的,不得开展电子商务业务。

(4)电子商务企业或个人、支付企业、海关监管场所经营人、物流企业等,应按照规定通过电子商务通关服务平台适时向电子商务通关管理平台传送交易、支付、仓储和物流等数据。

(二)企业注册登记及备案管理

(1)开展电子商务业务的企业,如需向海关办理报关业务,应按照海关对报关单位注册登记管理的相关规定,在海关办理注册登记。上述企业需要变更注册登记信息、注销的,应按照注册登记管理的相关规定办理。

(2)开展电子商务业务的海关监管场所经营人应建立完善的电子仓储管理系统,将电子仓储管理系统的底账数据通过电子商务通关服务平台与海关联网对接;电子商务交易平台应将平台交易电子底账数据通过电子商务通关服务平台与海关联网对接;电子商务企业、支付企业、物流企业应将电子商务进出境货物、物品交易原始数据通过电子商务通关服务平台与海关联网对接。

(3)电子商务企业应将电子商务进出境货物、物品信息提前向海关备案,货物、物品信息应包括海关认可的货物10位海关商品编码及物品8位税号。

(三)电子商务进出境货物、物品通关管理

(1)电子商务企业或个人、支付企业、物流企业应在电子商务进出境货物、物品申报前,分别向海关提交订单、支付、物流等信息。

(2)电子商务企业或其代理人应在运载电子商务进境货物的运输工具申报进境之日起14d内,电子商务出境货物运抵海关监管场所后、装货24h前,按照已向海关发送的订单、支付、物流等信息,如实填制《货物清单》(图6-30),逐票办理货物通关手续。个人进出境物品,应由本人或其代理人如实填制《物品清单》(图6-31),逐票办理物品通关手续。

除特殊情况外,《货物清单》《物品清单》《进出口货物报关单》应采取通关无纸化作业方式进行申报。

(3)电子商务企业或其代理人应于每月10日前(当月10日是法定节假日或者法定休息日的,顺延至其后的第1个工作日,第12月的清单汇总应于当月最后一个工作日前完成),将上月结关的《货物清单》依据清单表头同一经营单位、同一运输方式、同一启运国/运抵国、同一进出境口岸以及清单表体同一10位海关商品编码、同一申报计量单位、同一法定计量单位、同一币制规则进行归并,按照进、出境分别汇总形成《进出口货物报关单》向海关申报。

电子商务企业或其代理人未能按规定将《货物清单》汇总形成《进出口货物报关单》向海关申报的,海关将不再接受相关企业以"清单核放、汇总申报"方式办理电子商务进出境货物报关手续,直至其完成相应汇总申报工作。

(4)电子商务企业在以《货物清单》方式办理申报手续时,应按照一般进出口货物有关规定办理征免税手续,并提交相关许可证件;在汇总形成《进出口货物报关单》向海关申报时,无须再次办理相关征免税手续及提交许可证件。

个人在以《物品清单》方式办理申报手续时,应按照进出境个人邮递物品有关规定办理征免税手续,属于进出境管制的物品,需提交相关部门的批准文件。

(5)电子商务企业或个人修改或者撤销《货物清单》《物品清单》,应参照现行海关进出口货物报关单修改或者撤销等有关规定办理,其中《货物清单》修改或者撤销后,对应的《进出口货物报关单》也应做相应修改或者撤销。

中华人民共和国海关跨境贸易电子商务进出境货物申报清单

清单编码:××××-××××-I-×××××××××

订单编号	进/出口口岸代码	进/出口日期	申报日期
报关企业名称	报关企业代码	启运国/运抵国(地区)	指运港代码
收发货人名称	收发货人代码	运费	保费
经营单位名称	经营单位代码	监管场所代码	航班航次号
提(运)单号	运输方式	运输工具名称	包装种类代码
许可证号	件数	毛重(kg)	净重(kg)

项号	海关商品备案编号	商品编号(税号)	商品名称/规格型号	条形码	申报数量/法定数量	申报计量单位/法定计量单位	原产国(地区)/最终目的国(地区)代码	单价	总价	币制

录入员 录入单位	兹声明以上申报无讹并承担法律责任	海关审单批注及放行日期(签章)
报关员 单位地址 电话 邮编	申报单位(签章) 填制日期	审单
		查验
		放行

图 6-30 跨境电商进出境货物申报清单

(6)《进出口货物报关单》上的"进出口日期"以海关接受《进出口货物报关单》申报的日期为准。

(7)电子商务进出境货物、物品放行后,电子商务企业应按有关规定接受海关开展后续监管。

中华人民共和国海关跨境贸易电子商务进出境物品申报清单

清单编码：××××-××××-I-××××××××××

订单编号			进/出境日期		申报日期	
进/出境口岸		申报口岸	运输方式	运输工具名称		包装种类
发件人		发件人国别		启运国/运抵国(地区)		
收件人		发件人城市		件数		重量(kg)
收件人国别		收件人城市		收件人身份证信息		收件人电话
备注						

项号	税号	商品名称	规格型号	数量及单位	原产国(地区)	单价	总价	币制

录入员 录入单位 报关员 单位地址 邮编 电话	兹声明以上申报无讹并承担法律责任 申报单位(人)(签章) 填制日期	海关批注及日期(签章) 审单 查验 放行

备注：个人自行向海关申报时，"录入员""录入单位""报关员""单位地址""邮编""电话"无需填写。

图6-31 跨境电商进出境物品申报清单

(四)电子商务进出境货物、物品物流监控

(1)电子商务进出境货物、物品的查验、放行均应在海关监管场所内完成。

(2)海关监管场所经营人应通过已建立的电子仓储管理系统，对电子商务进出境货物、物品进行管理，并于每月10日前(当月10日是法定节假日或者法定休息日的，顺延至其后的第1个工作日)向海关传送上月进出海关监管场所的电子商务货物、物品总单和明细单等数据。

(3)海关按规定对电子商务进出境货物、物品进行风险布控和查验。海关实施查验时，电子商务企业、个人、海关监管场所经营人应按照现行海关进出口货物查验等有关规定提供便利，电子商务企业或个人应到场或委托他人到场配合海关查验。

电子商务企业、物流企业、海关监管场所经营人发现涉嫌违规或走私行为的,应主动报告海关。

(4)电子商务进出境货物、物品需转至其他海关监管场所验放的,应按照现行海关关于转关货物有关管理规定办理手续。

四、跨境电商进口快件的派送

目前我国跨境电商 B2C 进口的快件主要是国内消费者购买的日常消费品,属于个人自用物品。由于我国国内大部分快递企业在国外没有分公司,并且使用国际快递比如 DHL、FedEx、UPS 的费用较高,因此跨境电商进口快件主要是通过邮政小包或是 EMS 寄到国内,经海关查验,收件人缴纳行邮税后,邮寄到手中。

>>> **项目小结** >>>

本项目主要介绍了国际及中国港澳台快递的运单填写、单证制作、快件清关及派送等任务。通过本项目的学习,让收派员熟悉国际及中国港澳台快递收寄及派送流程,能制作常见的报关单证,掌握快件的清关流程等技能。

>>> **知识巩固** >>>

1. 国际快件收寄流程。
2. 如何填写国际快件快递运单？有哪些注意事项？
3. 国际快件主要有哪些收费项目？一般怎样计算收取费用？
4. 形式发票和商业发票的作用及制作。
5. 进出境快件清关的要求及流程。
6. 英文名址的批译。
7. 派送代缴关税快件。

项目七　快递操作安全

>>> 知识目标 >>>

◆掌握快件运输安全要求

◆掌握快件处理安全要求

◆掌握快件派送安全要求

>>> 能力目标 >>>

◆能完成快件安全装载

◆能保证快件运输途中行车安全

◆能保证快件派送安全

◆具备突发事件应急处置能力

>>> 导入案例 >>>

快递违规寄递安全事故多发

快递业是近年来国民经济中最引人注目的一匹"黑马"。邮政部门统计数据显示,中国快递行业连年保持50%以上的增幅,2014年,中国快递业务量超过美国,成为全球第一快递大国;但另一方面,时有发生的违禁品寄递事故,也频频凸显出快递业脆弱的安全链条。

2014年7月,广东省公安部门代号为"蓝箭"的涉枪专案抓捕行动收网,共缴获各类枪支115支、仿真枪1.2万余支。其中多个涉案团伙都是利用物流、快递等方式进行的枪支买卖。犯罪嫌疑人在境内获取订单后,联系境外上家,通过物流、快递等渠道将枪支弹药走私入境,流向国内。

2014年3月,吉祥航空的HO1253航班飞行途中货舱烟雾警告装置被触发,飞机紧急备降济南。经查,系因托运物品中含有易燃危险物品二乙胺基三氟化硫,该货物是某快递企业的快件,由持有航空货运单的上海申海杰国际物流有限公司进行托运。事后,某快递企业的货运销售代理资质被注销,相应网点的快递业务许可证也被依法吊销。

2013年11月,湖北荆门一家化工企业通过某快递企业向山东某制药厂违规寄递高毒化学品氟乙酸甲酯,物品在寄递过程中发生泄漏,多名参与转运的快递企业员工出现身体不适,最终还酿成东营一收件人接触染毒快件死亡的恶性事故。近几年,杭州、广州等地还发生过多起不法分子快递爆炸物品蓄意伤人事故。

目前,我国快递业在快速做大的同时面临经营管理等多方面难题,转型升级任务繁重。但越是如此,越需紧绷公共安全的弦,疏堵结合,加强监管,强化对行业的安全管控,规范经营管理。

任务一　快件运输安全

>>> **任务提出** >>>

2014年4月15日晚,滨莱高速淄博新区收费站出口,高速收费员发现行车道中间多了一包裹,为避免造成安全事故,收费员将包裹搬进岗亭,并通过箱外部快递单上的信息,联系到寄件人,向其询问快递公司的联系方式,最后联系上遗失包裹的货车司机,避免了经济损失。在快件运输过程中,应如何避免此类事件的发生?

>>> **任务分析** >>>

上述事故是由于快件运输车辆尾箱门没正确关闭,导致快件在运输途中被甩出车厢,轻则造成经济损失,重则产生其他严重安全事故,这就要求发车前必须做好安全检查,封好车门,同时确保快件运输交通安全。

一、装卸快件时人身安全

在快件装卸和搬运过程中,作业人员须严格按照装卸搬运的操作规范、注意事项进行操作,如需借用相关的装备或保护物品时,须按要求使用和佩戴,不能因嫌麻烦而忽略安全操作要点,切实做好自我保护工作。

(1)车辆停稳后才能开始作业,不要一拥而上;进出车厢注意扶扶手,避免摔倒。

(2)戴好防护手套、防护腰带(图7-1),穿好防滑鞋,以免损伤身体。

(3)装卸体积大、重量沉的总包快件时,应双人或多人协同作业。

(4)搬运快件时,注意快件外包装上是否有钉、钩、刺,以免造成人员伤害。

图7-1　护腰

(5)装载较重快件时,将身体蹲下,用伸直双腿的力量,不要用背脊的力量,缓慢平稳地将快件搬起,不要突然猛举或扭转躯干。

二、装卸快件时快件安全

装卸搬运操作时,除了注意保护人身安全以外,也要注意快件的安全。在操作过程中,注意细节,保护好每一票快件。

(1)装卸时,要轻拿轻放,普通快件离地面30cm内方能脱手,易碎快件须离地面10cm内方能脱手。要轻放快件,不能直接放手任凭快件掉下,避免震坏内件。

(2)严禁扔、抛、踢、压、踩、坐、拖、拽快件。任何装卸环节,如无法一步卸到指定位置,须采用多人传递或单人搬运,不得为了少走几步路而扔抛快件;需要移动快件时,须双手搬运,不得用脚踢或者在没有任何承托物时在底面推动快件;任何时候不得踩压快件,或者坐在快件上。

(3)装车时遵循"大不压小、重不压轻、先出后进、易碎件单独摆放"的原则。

(4)装车不满厢时,应按阶梯形码放,而不是垂直码放,避免运输途中路况不好,造成快件损坏(图7-2)。

(5)发车前,应重点检查封车情况,确保快件运输过程车门不被打开。同时,检查车辆底部有无异物,避免车辆启动后产生问题。

三、快件运输途中行车安全(图7-3)

图7-2 装车不满厢快件码放

图7-3 行车安全示意图

1. 防范疲劳驾驶

(1)出行之前要有充足的睡眠。

(2)不要服用易让人困倦的药物。

(3)驾驶车辆每3~4h至少停车休息20min。

(4)行车中保持驾驶室空气畅通、温度和湿度适宜,减少噪声干扰。

(5)感到疲劳时,应及时驶离道路,停到安全地带休息。

2. 切勿酒后驾驶

根据我国法律规定,严禁酒后驾驶机动车。饮酒后,人的血液中酒精浓度会增高,从而出现中枢神经被麻痹,理性、自制力降低,视力下降、视线变窄,注意力不集中、身体平衡感减弱等状况,导致驾驶人操纵制动、加速、离合器踏板时反应迟钝、行动迟缓等现象,易引发因转弯不够飞出路外或撞到建筑物上、无视过路行人将其撞伤、无视交通信号或不注意交叉路口而迎面相撞、转错方向盘而迎面撞上驶来的车辆等事故。

3. 超速行驶危害多

超速行驶时,驾驶人精神紧张,心理和生理能量消耗大,视力降低、视野变窄、判断能力变差,直接影响驾驶人的操作稳定性,如遇紧急情况,驾驶人往往措手不及,容易造成碰撞、翻车等交通事故。同时,超速行驶车辆发生机械故障的可能性大大增加,如容易造成爆胎、制动失效等机械故障。

4. 夜间行车,减速慢行

夜间即使开着前照灯,可视距离也比白天短得多,遇到危险时,驾驶人的反应和处置时间相对较短。所以,在夜间行车时,车速更应适当放慢,保证车辆的制动距离在前照灯照亮的距离之内,从而能及时应对危险情况。

任务二 快件处理安全

>>> 任务提出 >>>

2013年,山东潍坊某快递企业处理中心工作人员在卸载、分拣快件时,发现有液态化学品泄漏,48h内先后导致5名工作人员出现中毒症状。处理中心未采取有效措施,导致"染毒"的多件快件在后续派送过程中,多名派送人员也出现不同程度的不良反应,居民刘某在收到网购皮鞋后更是意外中毒身亡。处理中心遇到这样的事故应如何处理?

>>> 任务分析 >>>

通过规范作业流程,严格安全操作,上述事故完全可以避免。在收寄环节严格收寄验视制度,杜绝危化品进入快递渠道是根本;在处理环节,发现安全问题,应立即按照应急预案处理,克服麻痹大意的思想,把危害控制、消灭在萌芽状态是关键。

一、快件处理中心安全作业

1. 设备安全(图7-4)

(1)开启设备后,通过听、闻、看等方式,检查设备是否有异样。

(2)如果出现故障,要通知专业人员维修,严禁私拆设备。

(3)严禁无故使用急停开关或中断设备电源。

(4)作业结束后,要及时清理场地,并检查设备电源是否关闭。

2. 作业人员安全

(1)严禁跨越,踩踏运行中的分拣传输设备。

(2)不能随意触摸带电设备和任何电源装置。

(3)捡取较大快件时,注意不要碰到周围人员和其他快件。

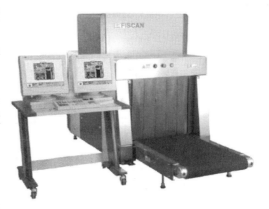

图7-4 安检机

(4)捡取较重快件时,要注意对腰部的保护。

(5)不得使用挂式工牌,长发女工须盘发,头发不允许露出工作帽,以防卷入机器。

3. 作业场地安全

(1)在处理场地设置门禁系统,对进出处理场地的人员进行安检。

(2)对场地内的监控系统每周检查1次,保证场地无监控死角,录像资料应保存3个月以上。

(3)对场地内的消防系统每半年检测、养护1次,重点部位每月检查1次,保证消防系统正常运转。

(4)检查处理场地安全隐患,发现问题随时处理。

(5)保证车辆进出通道畅通,确保消防通道畅通。

4. 快件安全

(1)严格快件操作规范,杜绝野蛮分拣。

(2)制订滞留快件管理办法,安排专人负责滞留件仓库的管理。

(3)加强对小件贵重物品(如手机、数码相机等)管理力度。

(4)加强快件的安检,对含有锂电池、磁性材料、粉末或液体的疑似危险品快件,按照规定及时处理。

二、处理中心的消防安全

必须增强快件处理场地作业人员的消防安全意识,掌握消防安全相关知识,杜绝消防隐患。一旦场地发生火灾,快递业务员应具备自救和主动救火能力。

(1)场地内要保持环境清洁,各种物料码放整齐并远离热源,注意室内通风。

(2)保证场地内防火通道的畅通,出口、通道处严禁摆放任何物品。

(3)场地内不得私接乱拉电源、电线,如确实需要,需报相关部门批准和办理。

(4)使用各种设备必须严格遵守操作规程,严禁违章作业。

(5)电器设备运行期间,要加强巡视,发现异常及时处理。

(6)避免各种电气设备、线路受潮和过载运行,防止发生短路,酿成事故。

(7)场地内禁止使用明火,如确实需要须征得安保部同意,在采取有效安全措施后,方可使用。使用期间须由专人负责,使用后保证处理妥当、无隐患。

(8)负责消防安全人员按时对本部门各部位进行检查,出现问题及时报告。

(9)场地内,消防灭火器等消防器材及设施必须由专人负责,定点放置。定期检查自动报警系统、喷淋设备能否正常使用。

(10)当日工作结束前,应检查场地内所有阀门、开关、电源是否断开,确认安全无误后方可离开。

(11)发现火灾险情要积极扑救,并立即拨打"119"报警求助。

三、人身安全防护

(一)触电应急救护

触电急救的要点是动作迅速,救护得法,切不可惊慌失措,束手无策。要贯彻"迅速、就地、正确、坚持"的触电急救八字方针。发现有人触电,首先要尽快使触电者脱离电源,然后根据触电者的具体症状进行对症施救。

1. 使触电者脱离电源的基本方法

(1)将出事附近电源开关闸刀拉掉或将电源插头拔掉,以切断电源。

(2)用干燥的绝缘木棒、竹竿、布带等物,将电源线从触电者身上拨离或者将触电者拨离电源。

(3)必要时,可用绝缘工具(如带有绝缘柄的电工钳、木柄斧头以及锄头)切断电源线。

(4)救护人可戴上手套或在手上包缠干燥的衣服、围巾、帽子等绝缘物品拖拽触电者,使之脱离电源。

(5)如果触电者由于痉挛手指导线缠绕在身上,救护人先用干燥的木板塞进触电者身下,使其与地绝缘来隔断入地电流,然后再采取其他办法把电源切断。

(6)如果触电者触及断落在地上的带电高压导线,且尚未确证线路无电之前,救护人员不得进入断落地点8~10m的范围内,以防止跨步电压触电。进入该范围的救护人员应穿上绝缘靴或临时双脚并拢跳跃地接近触电者。触电者脱离带电导线后,应迅速将其带至8~10m以外立即开始触电急救。只有在确证线路已经无电,才可在触电者离开触电导线后就地急救。

2. 使触电者脱离电源时应注意的事项

(1)未采取绝缘措施前,救护人不得直接触及触电者的皮肤和潮湿的衣服。

(2)严禁救护人直接用手推、拉和触摸触电者,救护人不得采用金属或其他绝缘性能差的物体(如潮湿木棒、布带等)作为救护工具。

(3)在拉拽触电者脱离电源的过程中,救护人宜用单手操作,这样对救护人比较安全。

(4)当触电者位于高位时,应采取措施预防触电者在脱离电源后,坠地摔伤或摔死(电击二次伤害)。

(5)夜间发生触电事故时,应考虑切断电源后的临时照明问题,以利救护。

3. 触电急救措施

(1)触电者未失去知觉,应让触电者在比较干燥、通风暖和的地方静卧休息,并派人严密观察,同时请医生前来或送往医院诊治。

(2)触电者已失去知觉,但尚有心跳和呼吸,应使其舒适地平卧着,解开衣服以利呼吸,四周不要围人,保持空气流通,冷天应注意保暖,同时立即请医生前来或送医院诊治。若发现触电者呼吸困难或心跳失常,应立即实施人工呼吸及胸外心脏按压急救。

(3)当判断触电者呼吸和心跳停止时,应立即按心肺复苏法就地抢救。方法如下:

①通畅气道。

a. 清除口中异物。

使触电者仰面躺在平硬的地方,迅速解开其领扣、围巾、紧身衣和裤带。如发现触电者口内有食物、假牙、血块等异物,可将其身体及头部同时侧转,迅速用一只手指或两只手指交叉从口角处插入,从口中取出异物,操作中要注意防止将异物推到咽喉深处。

b. 采用仰头抬颏法畅通气道。

操作时,救护人用一只手放在触电者前额,另一只手的手指将其颏颌骨向上抬起,两手协同将头部推向后仰,舌根自然随之抬起,气道即可畅通。为使触电者头部后仰,可于其颈部下方垫适量厚度的物品,但严禁用枕头或其他物品垫在触电者头下。

②人工呼吸法。

a. 口对口人工呼吸法(图7-5)。

使伤员仰卧,松解腰带和衣扣,清除伤员口腔内的痰液、呕吐物、血块、泥土等,保持呼吸道畅通。救护人员一手将伤员下颌托起(或托在伤员的颈部,用力将其颈部上抬,使头部能充分后仰,解除舌下坠的呼吸道梗阻),并使其头尽量后仰,将其口唇撑开,另一只手捏住伤员的两只鼻孔(并将该手掌的外缘压住其前额,并向下用力),深吸一口气,对住伤员口用力吹气,然后立即离开伤员口,同时松开捏鼻孔的手。吹气力量要适中,次数以每分钟16~18次为宜。

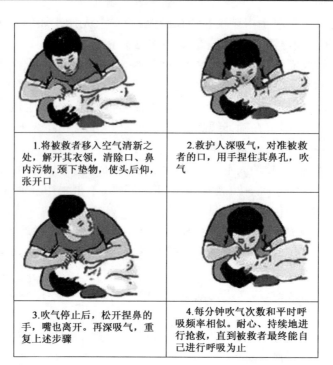

图 7-5　口对口人工呼吸急救

b. 口对鼻人工呼吸法。

伤员因牙关紧闭等原因,不能进行口对口人工呼吸,可采用口对鼻人工呼吸法,方法与"口对口人工呼吸法"基本相同,只是把捏鼻改成捏口,对住鼻孔吹气,吹气量要大,时间要长。

③胸外心脏按压(图 7-6)。

将伤者仰卧在地上或硬板床上,救护人员跪或站于伤者一侧,面对伤者,将右手掌置于伤者胸骨下段及剑突部,左手置于右手之上,以上身的重量用力把胸骨下段向后压向脊柱,随后将手腕放松,每分钟挤压 60~80 次。在进行胸外心脏按压时,宜将伤者头放低以利静脉血回流。若伤者同时伴有呼吸停止,在进行胸外心脏按压时,还应进行人工呼吸。一般做 4 次胸外心脏按压,做 1 次人工呼吸。

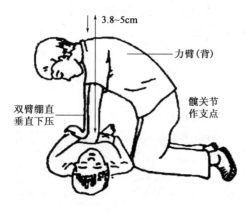

图 7-6　胸外心脏按压急救

(二)机械性伤害急救

由于撞击、摔打、坠落等造成的人体闭合性或开放性创伤和骨折、出血及休克,现场救护的基本方法包括止血、包扎、固定、搬运。

1. 止血

可采用压迫止血法、止血带止血法、加压包扎止血法和加垫屈肢止血法等。

手指压迫止血法(指压法):指压止血法只适用于头面颈部及四肢的动脉出血,但时间不宜过长。

(1)头顶部出血:在受伤一侧的耳前,对准下颌耳屏(就是耳廓前面的瓣状突起,俗称"小耳朵")上前方1.5cm处,用拇指压迫颞浅动脉(在太阳穴附近)。

(2)上臂出血:一手抬高伤员患肢,另一手4个手指对准上臂中段内侧压迫肱动脉(即常规测血压的地方)。

(3)手掌出血:将上肢抬高,用两手拇指分别压迫患者手腕部的尺、桡动脉(即平时搭脉搏的地方)。

(4)大腿出血:在腹股沟中稍下方,用双手拇指向后用力压迫股动脉。

(5)足部出血:用两手拇指分别压迫足背动脉和内踝与跟腱之间的胫后动脉。

2.包扎

有外伤的伤员经过止血后,就要立即用急救包、纱布、绷带或毛巾等包扎起来。如果是头部或四肢外伤,一般用三角巾或绷带包扎,如果没有三角巾和绷带,可以用衣服和毛巾等物来代替。如果是四肢外伤,则要根据受伤肢体和部位采用不同的包扎方法。

3.固定

骨折是一种比较多见的创伤,如果伤员的受伤部位出现剧烈疼痛、肿胀、变形以及不能活动等现象时,就有可能是发生了骨折。这时,应该利用一切可以利用的条件,迅速、准确地给伤员疑似骨折部位进行临时固定,同时拨打"120"急救电话求救。常见骨折包括:四肢骨折和脊柱骨折,应根据骨折的不同部位,采用相应的方法固定。腿部骨折固定方法如图7-7所示。

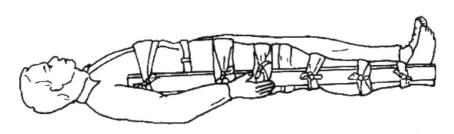

图7-7 腿部骨折固定方法

4.搬运

搬运伤员是一个非常重要的环节。如果搬运不当,可使伤情加重,严重时还能造成神经、血管损伤,甚至瘫痪,难以治疗。如果伤员伤势不重,可采用背、抱、扶的方法将伤员运走。如果伤员有大腿或脊柱骨折、大出血或休克等情况时,就不能用以上的方法进行搬运,一定要把伤员小心地放在担架上抬运。对于脊柱骨折的伤员,一定要用门板做的硬担架抬运。伤员放在担架上要用皮带等物固定好。伤员放至担架上以后,要让他平卧,腰部垫一个衣服垫,然后用3、4根皮带把伤员固定在门板上,以免在搬运中滚动或跌落,否则极易造成脊椎移位或扭转,刺激血管和神经,使下肢瘫痪。

(三)中暑急救

中暑是指在高温环境下人体体温调节功能紊乱而引起的中枢神经系统和循环系统障碍为主要表现的急性疾病。除了高温、烈日曝晒外,工作强度过大、时间过长、睡眠不足、过度疲劳等均为常见的诱因。高温环境下出现头痛、头晕、口渴、多汗、四肢无力发酸、注意力不集中、动作不协调等症状,可以判断为先兆中暑和轻症中暑。

发现自己和其他人有先兆中暑和轻症中暑表现时,首先要做的是迅速撤离引起中暑的高温环境,选择阴凉通风的地方休息;并多饮用一些含盐分的清凉饮料。还可以在额部、颞部涂抹清凉油、风油精等,或服用人丹、十滴水、藿香正气水等中药,如图7-8所示。如果出现血压降低、虚脱时应立即平卧,及时上医院静脉滴注盐水。对于重症中暑者除了立即把中暑者从高温环境中转移至阴凉通风处外,还应该迅速将其送至医院,同时采取综合措施进行救治。

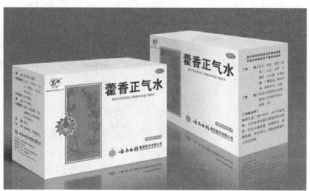

图7-8 风油精和藿香正气水

任务三 快件派送安全

>>> 任务提出 >>>

城区派送快件时,由于城区内人多车杂,情况瞬息万变,个别机动车司机职业道德素质低,不按交通信号行驶、随意变道、加塞。有些老年人反应迟钝,安全意识不强,不会躲避车辆,更有小孩随意横穿马路、跨越护栏、嬉戏逗留、骑自行车你追我赶、飞速奔跑。因此,派送快件尤其需要注意安全。

>>> 任务分析 >>>

派送是整个快递流程的终点,是保证快递服务质量的重要环节,快递业务员应保证派送交通安全,同时确保派送时限,保证快件安全。

一、派送时限

快件的派送时限,是体现快递企业服务水平和竞争实力的重要标志。为保证在承诺的服务时限内将快件送达客户,应做到:

(1)做好派前准备工作,比如做好车辆的安全检查以及准备好发票。

(2)设计合理的派送路线,保证优先快件优先派送。

(3)防止快件彻底延误。彻底延误时限同城快件为3个日历天;省内异地和跨省快件为7个日历天。

二、派送服务安全

(1)业务员将快件派送到客户处,为了快件的安全,防止他人冒领,应在核实客户身份后方能派送。业务员应该要求查看收件人的有效证件,并核实客户名称与运单上填写的内容是否一致。如果客户没有随身携带有效证件,业务员应根据运单上收件人的电话号码与客户联系,确认收件人。

(2)快递业务员将快件交给收件人时,应告知收件人当面验收快件。快件外包装完好,由收件人签字确认。如果外包装出现明显破损等异常情况的,收派员应告知收件人先验收内件再签收。

(3)若收件人本人无法签收时,经收件人允许,可由其他人代为签收。代收时,收派员应核实代收人身份,备注代收人身份证号码。

(4)快件成功签收后,快递业务员要及时、准确、完整地上传签收信息。

(5)当班次派件结束,收派员返回营业网点,与网点工作人员交接未能派送的快件,备注未派原因;与财务人员交接相关资费(到付件快件资费、代收货款、代付关税等)。

三、派送途中快件安全保管

(1)小件不离身的原则。对于体积较小的快件,严格按照捆扎或集装要求,将快件装入随身携带的背包或挎包内,确保件不离身。

(2)零散快件集装携带的原则。对于不能装入包内,也不便于捆扎的快件,使用集装袋集装快件,集装袋须随身携带。

(3)大件不离视线的原则。对于体积较大的不能装入背包或挎包,且无法随身携带的快件,交通工具也没有密封条件的,在派送过程中,要保证快件不离开视线4m范围内。

(4)不能将快件单独放置在无人看管的地方。如确实无法随身携带,且要离开视线的情况下,须将快件妥善放置或安排人员看管快件。

(5)使用汽车派送时,业务员应锁好汽车门窗,并在离开运输工具前用手再次拉动车门手把或推动窗户,确保门窗全部锁好。使用带尾箱的摩托车派送时,离开前应检查摩托车尾箱的锁是否锁好,用手拉一下锁,确保已经锁牢。

四、城区内汽车收派快件安全

(1)驾驶时,要集中精力、全神贯注,不能有丝毫的懈怠与马虎。

(2)严格控制车速,按交通信号顺车流自然行驶,不得随意超车或变道。

(3)要注意横过马路的行人与自行车。在城区交通比较繁忙的地段,时常有行人或自行车从车队间隙中穿越,快递业务员要对周围的行人与车辆动态做出正确判断。

(4)时刻注意前方车辆,保持车距,以免前车紧急制动。无紧急情况一般不要紧急制动,以防后车追尾。

(5)派送快件用的汽车后厢玻璃窗应安装防护网。

(6)下车收派件时,必须车辆熄火,将车钥匙拔下,并锁好车门、车窗。

任务四　突发事件应急处置

>>> 任务提出 >>>

2012年7月21日,北京遭遇了60年来的最大暴雨天气,造成航班延误,部分快递业务员的电动车被积水浸泡导致车辆损坏。某快递企业根据天气预报提前启动针对极端天气的应急预案,保证快递服务顺利进行。

>>> 任务分析 >>>

根据天气预报提前准备,在人员和车辆等方面进行储备,保证随时有备用车辆待命。对于暴雨造成的航班延误,为了弥补损失的时间,在快件落地后,加快快件处理,延长作业时间,及时进行派送,将影响延误降低到最低程度。

为保障快递服务质量,积极预防和努力减少各种突发事件及其所造成的损失,建立健全应急工作机制,提高处置突发事件的组织指挥能力和应急处置能力,确保员工和快件安全。

一、作业场地火灾事故的处置

(1)发现重大火情时,应立即拨打119电话报警,请求支援。

(2)在保证自身安全的前提下,组织人员切断电源并实施救火。

(3)除留下义务消防队员抢救贵重物品外,立即有组织的疏散人员。组织人员往侧风或侧上风方向撤离,操作区域按班组分别在操作间的不同安全通道进行疏散,防止出现人员拥挤、踩踏事件的发生。若有伤员,先救出伤员,搀扶伤员到安全地点(上风口);施救(创口止血、烧伤护理、心肺复苏)。

(4)应安排专人负责安全警戒,防止有人趁火打劫,人员倒流。同时,严格控制大门的进出人员及疏散车辆,寻找好室外消防栓位置,对院内的重点目标、部位加强巡逻力度,并派人接应、引导消防车。

(5)当火灾无法控制时,应果断撤出义务消防人员,避免人员伤亡。

(6)火灾熄灭后,彻底清点处理中心作业人数;配合公安消防人员调查火灾原因,初步确定火灾原因和影响程度,对事件造成的影响进行评估。

二、失窃事故的处置

1. 营业网点失窃

(1)营业网点发生失窃案件后,立即保护现场,核心区域内任何人不得进入。

(2)应急小组及时上报安全部门经理、上级主管部门,并迅速拨打110报警。

(3)管理人员查阅并保管好当日值班表、值班记录及客人来访记录,控制营业网点所有的出入口。

(4)保护好闭路电视及安防系统。

2. 派送途中快件失窃

(1)派送途中发生快件失窃案件后,立即保护现场,仔细观察周边情况,记录每一细节。

(2)业务员应及时上报安全部门经理、上级主管部门,并迅速拨打110报警。
(3)在安全主管及公安人员到场后,清点被盗快件明细。
(4)营业网点经理增派业务员和车辆转移剩余快件,并及时派送。
(5)客服部门通知被盗快件客户,做好解释工作,并根据破案情况及公司规定做进一步处理。

三、爆炸事故的处置

1. 作业场地发生爆炸事故的处置
(1)作业场地发生爆炸事故,应立即疏散人群,开展自救、求救的行动,迅速报警。
(2)注意严格保护现场,任何人不得进入。
(3)在确保人身安全并不会破坏现场的前提下,谨慎、有序地进行重要物资的抢运。
(4)保护闭路电视及安防系统,为警方破案提供依据。

2. 运输途中发生爆炸(自燃)事故的处置
(1)运输途中发生爆炸(自燃)事故时,驾驶员应迅速撤离车辆,实施自救、求救,在确保人身安全的前提下,实施灭火和抢运重要物资。
(2)保护现场,上报安全部门经理和上级领导,并及时报警。

四、自然灾害事故的处置

自然界的各种灾害大都是人类不可抗拒的,当灾害来临时,应积极采取自救和互救,争取将损害降到最低。
(1)有组织地进行人员疏散,确保人员安全。
(2)积极开展自救和互救。
(3)在确保人员安全的前提下,实施物资设备的抢救。
(4)作业场地安排人员值班或执勤,防止有人趁乱打劫。

>>> 项目小结 >>>

快递业属于邮政服务业,抓好安全和服务是立业之本。只有保障安全生产,快递企业才能健康的发展,只有满足社会日益增长的服务需求,才能推进企业可持续发展。无数的安全事故表明,一旦发生安全事故,不仅危及生命安全,造成财产损害,同时给企业造成严重影响。本项目主要介绍了快件运输安全、快件处理安全、快件派送安全以及突发事件的应急处置等内容。要求作业人员重点掌握安全作业要求及突发事件应急处置。

>>> 知识巩固 >>>

1. 装载快件时,如何保证快件安全?
2. 快件处理中心作业人员安全要求有哪些?
3. 快件处理场地消防安全要求有哪些?
4. 如有作业人员触电,应采取的措施是什么?
5. 派送服务安全要求有哪些?
6. 作业场地发生火灾的处置要点是什么?
7. 派送途中发生快件失窃的处置要点是什么?

项目八 快递业务英语

>>> 知识目标 >>>
◆掌握收派过程中的业务问询用语
◆掌握收派业务中的办理用语
◆掌握收派业务中的业务营销用语

>>> 能力目标 >>>
◆能用英语进行日常收派业务的办理

>>> 任务提出 >>>
近年来,国内很多快递企业开始开展国际及中国港澳台快件业务,由于这些业务经常同国外的客户打交道,因此,要求收派员能掌握一定量的业务词汇及业务用语,以便较为流畅地与客户交流,这样才能在与国际巨头的竞争中立于不败之地。

>>> 任务分析 >>>
要达到与客户进行基本的业务交流的目的,需掌握以下技能:
(1)能用英语进行业务问询。
(2)能用英语进行业务办理。
(3)能用英语进行业务营销。

任务一 业务问询用语(Service Enquiries)

1. 询问是否有零钱(Small Change)

A:Oh, have you got any small change? 哦,有零钱吗?

B:No, I'm sorry. 对不起,没有。

A:That's all right. I'll go to get the change. Excuse me for a moment, please. 没关系,我去换。请稍候。

A:Here is your change. 这是找您的钱。

2. 请求验视(Checking Contents)

Would you mind our checking of the express to assure safety during transportation? 为了运输安全,您介意我们开箱核实托寄物的内容吗?

3. 询问营业时间(Business Hours)

A:What are your business/opening hours? 贵公司什么时间营业?

B:Every day from 7:30 am to 8:00 pm. 每天早七点半到晚八点。

Opens at 8 am and closes at 6 pm. 早上八点钟开门,下午六点关门。

A:How about on Sunday? 星期天呢?

B:On Sunday as usual. 星期天照常营业。

4.关于支付(About Payment)

A:What kind of payment methods can I use? 我可以采用什么方式进行支付?

B:You can pay by cash or credit card. 您可以采用现金或信用卡方式支付。

5.关于关税(About Tariff)

A:I intend to buy some products from an overseas supplier. Will I have to pay import duty on the items I purchase?

我准备从一家海外供应商处购买某些商品。请问我是否需要为这些产品支付进口税?

B: You will have to discuss this with the supplier. It depends on the type of commodity you are purchasing, the value of the goods, how the vendor labels them for customs purposes and what country you are importing them into. If the customs imposes a charge, our company will prepay for this in the first instance, then you are responsible for this, whether or not you accept delivery of the goods.

您需要与该供货商协商进口税缴纳问题。这取决于您所购买商品的类型、商品价值、供应商为了通关所做的标记以及将这些商品进口到哪个国家。如果海关征收费用,我们公司将首先支付该款项,但是无论您是否接受该商品的派送,公司都将通知您来交付该费用。

任务二 业务办理用语(Transaction)

1.请填单(Filling in Forms)。

Please complete the forms. 请填单。

Please fill in the forms. 请填单。

2.请问收方公司的中文名字是什么?

Could you tell me the Chinese name of the consignee?

3.若更改付款方式,我司将收取10元更改付款方式手续费。

We will charge 10RMB as formality fees if the way of payment is changed.

4.这份快件重6kg,80元运费。

It weights six kilograms and the cost is 80RMB.

5.运单存根请你收好,可以用来查询。

Please keep the last page of the waybill for your future inquiry.

6.很抱歉这份快件在运输中损坏,按照程序我要带回公司处理。请相信我们会尽快查明原因给您一个满意的答复。

Sorry this express was partly damaged during transportation. I have to take it back to check out the reason. We will make sure to give you a reasonable answer as soon as possible.

7. 您有一份从深圳寄来的快件,请在这里签名。

We have an express from Shenzhen for you, please sign here.

8. 任何问题请致电我们的服务热线12345678。

If you have any question please call our hotline,12345678.

9. 包装建议(Packaging Suggestions)。

Packing express items aims at preventing them from being lost and being damaged which may be caused by stroker shake during transportation, and preventing shipments from being affected by damp and being stolen as well.

快件包装的目的在于防止和避免在运输中丢失以及由于冲击或振动所产生的破损,兼顾防潮和防盗功能。

Due to improper packing, the goods are terribly damaged.

由于包装不善,货物严重受损。

I suggest you put some cushioning material in it. 我建议您在里面放一些填充材料。

You'd better put some absorbent material such as cotton, sponge, absorbent paper and so on between and around them。 您最好在物品之间和周围多放一些吸水材料,如棉花、海绵、吸水纸等。

No string or rope could be used to seal packages. String or rope must be removed and adhesive tapes should be used to send packages before they are accepted.

不能使用绳索或带子捆扎快件。在交寄时必须去除这些绳索或带子,使用胶带进行封箱。

10. 包装材料的种类(Types of Packaging Material)。

Customer: What kinds of packaging material do you have?

Clerk: We have a lot of packaging materials, such as packing boxes from size 1 to size 12, foam padded envelopes from size 1 to 4, big cloth bag, cotton, absorbent paper, adhesive tape, and so on.

客户:你们都有什么包装材料?

收派员:我们这有许多包装材料,如:1号到12号不同大小的包装箱、1号到4号的内衬泡沫信封、大号布袋、棉花、吸水纸、胶带等。

11. 易碎物品的包装(Packaging of Fragile Articles)。

Wine bottles or glass products must be individually cushioned inside the package. Glass items must be individually wrapped with bubble wrap to separate each item at the top, sides, and bottom, or each item must be placed securely in foam-fitting

对于瓷器和玻璃制品必须在包装箱内部6个面加垫防震材料,且箱体内每一件瓷器或玻璃制品必须单独使用泡沫或其他材料进行包装。

12. 流质物品的包装(Packaging of Liquid Substances)。

Customer: I'm going to mail these bottles to Australia.

客户:我要把这些瓶子寄到澳大利亚去。

Courier: Oh, they are liquid substances. Please put some absorbent material such as cotton, sponge, absorbent paper between and around them to prevent leakage in case of breakage.

快递员:哦,它们是流质物品。请您在它们中间和周围放一些吸水材料,如棉花、海绵、吸水纸等以防破碎时渗漏。

Customer:Do I have to put these things?

客户:必须要放这些东西吗?

Courier:Yes,you have to. Because if the packaging is not sufficient enough,your bottle will be broken, and the other parcels will also be spoilt.

快递员:是的,必须要放,因为如果包装不充分,您的瓶子会破碎,其他包裹也会被污染。

13. 时间限制(Time Limit)。

Customer:What's the time limit for domestic and international express?

客户:国内、国际快件的时限如何?

Courier:About three days for domestic express items and about a week for international express.

快递员:国内一般要3天,寄往国外的一般要一周左右。

Customer:Can you guarantee the time limit for express during holidays?

客户:在节假日期间,快件的时限能保证吗?

Courier:Yes. Mail Can be delivered on weekends,holidays and even Spring Festival. We can ensure the delivery of your express items within the guaranteed time limit.

快递员:没问题。我们周末、节假日甚至春节都不休息,可以确保您的快件在规定的时限投递到户。

14. 关于保险(About Insurance)。

We provide financial protection to our customers against all risks of physical loss or damage, from any external cause.

我们从经济上保护我们的客户避免因任何外部因素造成快件实际损失或损坏的风险。

任务三 业务营销用语(Marketing Services)

1. 拜访客户(Visiting Clients)

A:Hello. Can I see Mr. Green? 你好,我能见格林先生吗?

B:Do you have an appointment? 你有预约吗?

A:Sorry, I don't. 对不起,我没有。

　　Yes. At 3 pm. 是的,约的是下午3点。

B:Sorry, Mr. Green can't see you now. 对不起,格林先生现在不能见您。

　　He's on the phone. 他在打电话。

　　Would you wait here for a minute? 您能在这里等一下吗?

　　Would you like something to drink? 您想喝点什么吗?

A:Tea, please. 我喝点茶吧。

B:Mr. Green, Mr. Smith is here. 格林先生,史密斯先生在这里。

Mr. Smith, You may go in now. 您可以进去了。

2. 预约拜访客户的邮件(Making Appointments)

Dear Mr. Thomas,

Thank you for your letter of 24 Aug.

You are one of our VIP clients, we appreciate our cooperation for the past three years. I am planning a trip to the United States and I'll call on you at your office at 10:00 am, SEP 20, 2011.

I am looking forward to seeing you soon.

Yours sincerely

Bob

亲爱的托马斯先生：

感谢您于8月24日的来信。您是我们的贵宾客户，我们非常重视这三年来的合作关系。我将到美国一趟，并将于2011年9月20日上午10点到您的写字楼拜访。

我希望尽快能见到您。

您真诚的

鲍勃

3. 赞同与拒绝(Agreeing and Disagreeing)

(1)在双方交流的过程中，一定要注意倾听对方的发言，如果对对方的观点表示了解，可以说：

I understand.

我明白您的意思。

That's a good idea.

好主意。

I agree with you.

我赞成。

(2)如果有不同意见，最好坦白地提出来而不要拐弯抹角，比如，表示无法赞同对方的意见时，可以说：

I don't think that's a good idea.

我不认为那是个好主意。

Frankly, we can't agree to your proposal.

坦白地讲，我无法同意您的提案。

We're not prepared to accept your proposal at this time.

我们这一次不准备接受你们的建议。

(3)交流期间，由于言语沟通问题，出现误解也是在所难免的，可能是对方误解了你，也可能是你误解了对方。在这两种情况出现后，你可以说：

No, I'm afraid you misunderstood me. What I was trying to say was…

不，恐怕你误解了。我想说的是……

Oh, I'm sorry, I misunderstood you. What I mean is…

哦,对不起,我误解你了。我的意思是……

4. 一般性介绍(General Introduction)

Courier: Good morning! I am from ×××. Do you have any express items to be sent? If you have, you don't need to leave your office. You can simply call ×××××××× and we will go to your place to provide services for you.

快递员:早晨好! 我是×××公司的,您有快件要寄吗? 假如有的话,您不必离开您的办公室,只需拨打××××××××,我们就能上门为您服务。

Customer: That is very convenient.

客户:那太方便了。

Courier: And if the volume of your express items reaches a certain amount, you can get certain discounts.

快递员:而且,如果您的快件达到一定的量,我们还会给您一定的优惠。

Customer: Really? That's good.

客户:真的吗? 太好了。

Courier: Yes. If needed, we can also bring packing materials here and pack the bag for you.

快递员:是的。如果需要,我们也可以把包装箱带过来为您包装。

Customer: Can you ensure the time limit?

客户:你们能确保时限吗?

Courier: Yes. Our company has high reputation for delivery on time.

快递员:能。我们公司在按时投递方面信誉良好。

Customer: Can I follow up my mail at any time?

客户:我能随时跟踪我的快件吗?

Courier: Yes. You can go to www.×××.com or just call ××××× to trace your mail or make an inquiry.

快递员:可以。您可以登录 www.×××.com 或拨打电话××××××××跟踪或查询您的快件。

5. 新业务介绍(Introduction to New Services)

Courier: Good morning! Miss White. We have some new services now. Would you allow me to introduce to you?

快递员:早上好! 怀特小姐,我们最近增加了一些新业务,您想了解一下吗?

Customer: Okay. What kind of new services?

客户:是吗? 都有什么新业务啊?

Courier: We have Next Day Delivery, Pay by Addressee Service, Bulky Parcels Service and so on.

快递员:我们开办了次日递、国际快件收件人付费和超大包裹等业务。

6. 其他

Express service is happening around the globe, twenty-four hours a day, seven days a week and fifty-two weeks a year.

"快递"这项业务一天 24 小时、一周 7 天、一年 52 星期在全球不间断地进行着。

Express is concerned with providing products and services where and when they are needed.

快递所涉及的是在需要的时候和地方提供产品和服务。

>>> 项目小结 >>>

本项目主要介绍了快递业务问询用语、业务办理用语及业务营销英语。通过对本项目的学习,能让收派员用简单的英语同客户交流、沟通并办理业务。

>>> 知识巩固 >>>

1. 常用的业务问询用语。

2. 常用的业务办理用语。

3. 常用的业务营销用语。

附录
快递业务常用词汇（Words and Expressions of Express）

A				
	absorbent material	吸水材料	advice of non-delivery	无法投递通知单
	address	地址	authorities concerned	有关部门
	addressee/recipient/receiver	收件人	avenue	大街；林荫大道
B				
	branch office	分公司	by weight	按重量
	bulk mailing	大宗交寄		
C				
	cardboard box	纸板箱	Conversion rate/exchange rate	兑换率
	cash-on-delivery express	代收货款快递	counter	柜台
	China Post	中国邮政	courier	快件收派员
	complaints	投诉	cumbersome parcel/bulky parcel	过大包裹
	commercial sample	商品货样	cushioning material	填充材料
	commission charge/formality fee	手续费	customs-clearance	通关
	company's certificate	公司的证明	customs counter	海关柜台
	compensation	赔偿	customs declaration	报关
	contents	内装物品	customs rule	海关规定
	consigned express item	委托件	customer satisfaction	用户满意度
	customs inspection	报检	courier company	快递企业
	customs official	海关官员	courier service	快递业务
D				
	dangerous goods	危险品	dimensional weight	体积重量
	delay of express item	快件延误	dispatching	封发
	delivery	派送、投递	domestic express	国内快递
	delivery bill	路单	delivery date	派送日期
	designated place	指定地点	Domestic service /internal service	国内业务
E				
	express association	快递协会	express service organization	快递服务组织
	E-commerce express	电子商务快递	express waybill	快递运单
	express/courier	快递	export	出口
	express personnel	快递从业人员	extra charge	附加费
	express service	快递服务		
F				
	flammable substances	易燃物品	inquiry form	查单
	fluid parcels	流质包裹	fragile	易碎的

253

续上表

F				
	form	表单		
G				
	gross weight	毛重		
H				
	handling procedure	处理手续	hotel	酒店、宾馆
I				
	indemnity	赔偿、赔偿金	international express service	国际快递业务
	inland express service	国内异地快递服务	international exported express	国际出境快递
	inquiry/claim	查询	international imported express	国际进境快递
	insured value	保价金额		
L				
	liquids/liquid substances	流质物品，液体	load	装货
M				
	material	物料	missort	错发 错分
	merchandise	商品		
N				
	name of the contents	内装物品名称	next day delivery	次晨递
	net weight	净重	non-delivery	无法投递
O				
	objection to a payment	拒付	outer wrapping	外包装
P				
	packing box	包装箱	presentation to the Customs charge	送交海关验关费
	packing material	包装材料	proforma invoice	形式发票
R				
	receiver/recipient/consignee	收件人	return	退回
	redirect express item	改寄件	return-receipt express	签回单快递
S				
	seal the van	封车	sender	寄件人
	serial number of express	快件编号	street	街道
T				
	timed express	限时快递	the damage to express item	快件损毁
	the loss of express item	快件丢失		
V				
	valid time for inquiry	查询信息有效期	village	村
W				
	weight	重量	withdrawal	撤回

参 考 文 献

[1] 中华人民共和国国家标准.GB/T 27917.1—2011 快递服务 第1部分:基本术语[S].北京:中国标准出版社,2012.
[2] 中华人民共和国国家标准.GB/T 27917.2—2011 快递服务 第2部分:组织要求[S].北京:中国标准出版社,2012.
[3] 中华人民共和国国家标准.GB/T 27917.3—2011 快递服务 第3部分:服务环节[S].北京:中国标准出版社,2012.
[4] 国家邮政局职业技能鉴定指导中心.快递业务员(初级)快件收派[M].北京:人民交通出版社,2009.
[5] 国家邮政局职业技能鉴定指导中心.快递业务员(初级)快件处理[M].北京:人民交通出版社,2009.
[6] 国家邮政局职业技能鉴定指导中心.快递业务员(中级)快件收派[M].北京:人民交通出版社,2011.
[7] 国家邮政局职业技能鉴定指导中心.快递业务员(中级)快件处理[M].北京:人民交通出版社,2011.
[8] 国家邮政局职业技能鉴定指导中心.快递业务员(高级)快件收派[M].北京:人民交通出版社,2011.
[9] 国家邮政局职业技能鉴定指导中心.快递业务员(高级)快件处理[M].北京:人民交通出版社,2011.
[10] 国家邮政局.快递业务概论[M].北京:人民交通出版社,2011.
[11] 梁华.快递人员业务实操速查手册[M].北京:人民邮电出版社,2010.
[12] 徐家祥.速递业务员[M].北京:人民邮电出版社,2005.
[13] 人民交通出版社.中国交通地图册[M].北京:人民交通出版社,2011.
[14] 中华人民共和国人力资源和社会保障部.快递业务员国家职业技能标准(试行)[M].北京:中国劳动社会保障出版社,2008.
[15] 张剑.邮件分拣员[M].北京:人民邮电出版社,2005.
[16] 朱培生.邮件转运员[M].北京:人民邮电出版社,2005.
[17] 姚雷.报关实务[M].青岛:中国海洋大学出版社,2011.
[18] 国家邮政局.快递业务操作与管理[M].北京:人民交通出版社,2011.
[19] 王小平,葛蕴鲜.邮政英语[M].北京:北京大学出版社,2010.
[20] 牛国崎.物流英语简易教程[M].广州:广东世界图书出版公司,2010.